U0786699

制造业数字化指数及转型之路

董 明 等◎著

科学出版社
北京

内 容 简 介

随着第四次工业革命的到来，制造业企业的数字化转型与升级迫在眉睫。然而，大多数制造企业在数字化转型实践中缺乏顶层设计、模式借鉴、路径分析，进而转型陷入了“试点陷阱”。因此，本书构建了一套制造企业数字化成熟度评价体系，并结合产品空间理论，从数字化战略、运营技术、文化组织能力和生态圈四大维度探究企业数字化重构及转型范式。通过分析全球智能制造标杆的“灯塔工厂”实践案例，对其所采用的数字化措施和转型路径进行了提炼，结合供应链管理理论，提出了“数字化匹配矩阵”，从而为制造业企业开展数字化转型制定了相应的步骤和匹配策略，并提出了相关对策建议。

本书适合于企业管理人员、以及企业数字化教学和研究人员。

图书在版编目（CIP）数据

制造业数字化指数及转型之路 / 董明等著. —北京：科学出版社，2021.12

ISBN 978-7-03-063263-0

Ⅰ. ①制…　Ⅱ. ①董…　Ⅲ. ①制造工业－数字化－研究－中国　Ⅳ. ①F426.4-39

中国版本图书馆 CIP 数据核字（2019）第 249531 号

责任编辑：郝　悦 / 责任校对：贾娜娜

责任印制：张　伟 / 封面设计：有道设计

科学出版社 出版

北京东黄城根北街 16 号

邮政编码：100717

http://www.sciencep.com

北京建宏印刷有限公司 印刷

科学出版社发行　各地新华书店经销

*

2021 年 12 月第　一　版　开本：720 × 1000　1/16

2023 年　1 月第二次印刷　印张：17

字数：330 000

定价：180.00 元

（如有印装质量问题，我社负责调换）

前 言

随着第四次工业革命的到来，制造业重新成为世界各国参与竞争的热点。数字化作为促进企业转型升级的有力工具，已经被诸多制造企业规划并实施。然而，据 2018 年埃森哲与工业和信息化部国家工业信息安全发展研究中心合作发布的《中国企业数字转型指数》报道，仅有 7%的中国企业数字化转型效果显著，更多的企业数字化水平依然处于较低阶段。因此，为了更好地推进企业数字化建设，作者撰写了本书，以期为制造企业转型升级提供一定的帮助。

本书首先基于成熟度模型理论构建了一套制造企业数字化成熟度评价体系，并采用层次分析法（analytic hierarchy process，AHP）和决策试验与评价实验室法（decision making trial and evaluation laboratory，DEMATEL）相结合的评价方法，对中国制造业数字化成熟度进行了评价；同时，本书结合扩展的产品空间理论模型，从数字化战略、运营技术、文化组织能力和生态圈四大维度探究数字化对企业产品转型能力的影响机制。本书主要分为以下五篇。

第一篇是数字化及价值链重构概述。阐述数字化的背景、数字化转型的概念与内涵以及国内外制造业数字化的发展概况，从而使读者对数字化的背景和定义有一个统一的认识。

第二篇是制造业数字化成熟度指数模型的构建与评价。综合前述对有关研究的整理，搭建数字化成熟度评价模型并设计相关问卷展开调研，基于 AHP-DEMATEL 方法对调研数据进行分析并总结，从而使读者对中国制造业的数字化现状有一个清晰的认识，同时为企业提供一个有力的数字化成熟度检测方案。

第三篇是制造企业数字化对企业产品转型能力影响的研究。基于相关文献，搭建对应的结构方程模型并提出假设，通过设计问卷实施调查并获取大样本数据，对数据进行信度和效度检验、验证性因子分析和单因素方差分析以及假设检验，对实证检验结果进行分析与讨论。本篇旨在探究数字化对企业转型升级的影响机制，加深读者关于数字化对企业转型升级促进作用的认识。

第四篇是制造企业转型升级档案。首先对企业价值链及转型升级路径进行概述，然后结合若干制造企业升级路径案例剖析了相应的升级规律。针对不同的制造行业，本书提供了六个企业的案例，通过案例分析，为企业和产业的转型升级提供启发和借鉴实例。该篇还梳理了全球 54 家智能制造标杆的“灯塔工厂”，分析了“灯塔工厂”的实践案例，对其所采用的数字化措施和转型路径进行了提炼，提出了“数字化策略匹配矩阵”，从而为企业开展数字化转型制定了相应的步骤和匹配策略。

第五篇是结论与展望。通过梳理分析结果，对研究给企业和产业带来的启发进行总结，同时讨论本书的不足之处和未来的研究方向。

本书研究将努力摆脱纯理论的束缚，尽量将理论与实践相结合。文献研究、问卷调查以及实证研究是本书所采纳的主要研究方法。通过制造企业数字化领域的文献综述得出现有研究的不足，再结合理论搭建研究框架，根据调查问卷和数理统计的方法收集和分析数据样本，最终得出研究结论。

（1）文献研究法。通过查阅和搜集文献，梳理国内外相关研究现状，总结经典理论和关注焦点，从而为构建本书的相关理论模型打下基础。通过对数字化、成熟度评价模型、产品空间理论等相关理论进行整合和梳理，本书不仅对制造企业数字化建设的由来和发展现状有了清晰的了解，而且明确了制造企业数字化与企业产品转型能力的提升存在一定的逻辑关系，基于此提出了数字化成熟度指数模型和数字化影响企业产品转型能力的相关假设及实证模型。

（2）问卷调查法。问卷调查是社会科学研究中非常经典的研究手段，由于其快速、有效、方便以及结果准确、适合统计和实证研究的特点，被学者们广泛应用。本书首先基于现有文献梳理形成初始的调查问卷。其次在多位专家的指导下，集合数字化、企业转型升级的相关特点进行一定的修正，从而设计出标准的问卷结构，并应用预调研回收的数据修正问卷。最后根据问卷调查的结果，进行下一步的分析和研究。

（3）实证研究法。实证研究是社会科学研究的重要规范化方法之一。本书拟应用实证研究对制造企业数字化成熟度进行评价并验证数字化对企业产品转型能力的影响机制。其中涉及多种具体的研究操作方法，如：①层次分析法，其是一种定性和定量分析相结合的方法，该方法将与决策有关的因素分解为目标层、准则层、方案层等，并在此基础之上进行决策分析（Saaty，2008）；②决策试验与评价实验室法，其是利用图论与矩阵工具进行系统因素分析的方法，通过构建直接影响矩阵分析各因素之间的相互影响关系，进而计算出综合影响矩阵以及每个因素的中心度与原因度（Wu and Lee，2007）；③探索性因素分析（exploratory factor analysis，EFA）和验证性因素分析法（confirmatory factor analysis，CFA），二者都是从变量群中提取共性因子的统计方法，在检验问卷的信度和效度时，需要借助因子分析法（陈晓萍等，2008）；④结构方程模型（structural equation model，

SEM），其是一种适用于多重变量的统计分析方法，多用来检验观察变量与潜变量及潜变量与潜变量之间的假设关系，通常借助问卷调查搜集的数据来检验基于理论所建立的假设模型是否成立（Schumacker and Lomax，2004）。

作者认为，本书主要具有以下理论意义：①通过构建制造企业数字化成熟度指数模型，一方面对现有的成熟度模型理论研究起到了补充作用，另一方面在研究过程中本书对数字化的定义，对数字化成熟度评价维度的划分、评价方法的选择与优化等都进行了详细推理与阐述，可以说为企业数字化的相关研究提供了一定的理论支持并对其进行了一定的扩充；②通过探究数字化对企业产品转型能力的影响机制，一方面补充了目前学界关于数字化影响企业转型的机理等研究的不足，另一方面将产品空间理论及其衍生理论用于推导决定企业产品转型能力的关键因素，一定程度上拓展了产品空间理论的应用，为类似的研究提供了新的思路。

本书的最终目的在于帮助政府和企业认识数字化，促进制造企业数字化的发展，因而本书也具有以下现实意义。对政府来说，本书通过对国内制造企业数字化成熟度的评价分析，可以帮助政府更好地了解制造业的数字化现状，从而为政府在制定制造业数字化发展规划的环节提供一定的参考，如对数字化成熟度严重不足的地区或行业进行重点关注并考虑是否给予一定政策倾斜。对企业来说，本书首先可以加深企业尤其是决策者对数字化的认识，增加企业对数字化持续投资的积极性。其次通过使用本书提供的数字化测评模型，企业可以了解自身处于数字化的哪一阶段，与业内领先企业存在哪些差距，想在企业中成功实施数字化必须具备的条件以及企业当前哪些情况需要进行相应的改变，从而为企业领导者制定决策提供参考。最后通过探究数字化影响制造企业产品转型能力的机制，可以帮助企业领导者更客观、更全面地了解数字化对企业转型的作用，使企业在制定数字化发展战略或企业产品转型战略时更有针对性，从而提高实施效率，规避资源浪费。

本书的研究得到了国家自然科学基金重点项目（71632008）的支持，在此表示感谢！

目　　录

第一篇　数字化及价值链重构概述

第二篇　制造业数字化成熟度指数模型的构建与评价

第四篇 制造企业转型升级档案

第五篇　结论与展望

第一篇　数字化及价值链重构概述

第 1 章　制造业数字化背景

进入 21 世纪以来，大数据、云计算、物联网（Internet of things，IoT）等新一代信息技术飞速发展并迅速普及应用，预示着第四次工业革命的到来。在第四次工业革命中，制造业重新成为世界各国参与竞争的热点，国家级制造业战略应运而生。德国率先提出工业 4.0 的概念，并指出数字化是工业 4.0 落地的抓手；美国相继提出再工业化和先进制造；日本制订工业价值链计划，企图利用 AI 2.0（artificial intelligence 2.0，人工智能 2.0）把日本打造为世界机器人中心①。与此同时，越南、印度等国家以比中国更低的成本优势，逐渐成为接纳发达国家产业转移的新基地，中国制造业正面临着“双向挤压”与“前后夹击”的不利局面（董明，2019），中国制造企业的转型与升级迫在眉睫。《中国制造 2025》规划明确提出，以推进智能制造为主攻方向，实现中国制造业由大变强的历史跨越。实现智能制造意味着制造企业必须要实现全价值链上的数字化转型与升级（董伟龙和屈倩如，2015）。

数字化转型是利用最新信息与通信技术（information and communications technology，ICT）实现业务的升级、创新与增长，包括改进业务流程、创新商业流程、提升用户体验、打造智能化产品与服务、提升品牌营销能力、加强企业管理控制等方面，甚至是实现新的商业模式或行业类型的转型。根据国际数据公司（International Data Corporation，IDC）调研，在 2017 年，数字化转型已经成为许多行业领军企业的共识,在被调查的 1000 家大型企业中约有 67%已经将数字化转型作为公司的战略核心。

然而，国际著名咨询公司埃森哲在 2018 年发布的《创新驱动高质发展——埃森哲中国企业数字转型指数》报告中指出，尽管中国已经成为全球第二大数字经济体，数字经济总量占国内生产总值（gross domestic product，GDP）的比例超过 30%，但仅有 7%的中国企业数字化转型效果显著，能够被称为“转型领军者”，更多的企业依然缺乏数字化、智能化的转型意识和数字技术应用手段。国际数据

① 见《全球工业 4.0 研究报告》（2017 年版）。

公司在其发布的《2018 中国企业数字化发展报告》中也指出，制造业历来是中国的核心产业，但在金融、制造、教育、零售、文娱、政府等六大重点领域中，制造业的数字化水平是最低的，数据显示，超过 50%的中国制造企业的数字化尚处于单点试验和局部推广阶段，中国制造业的数字化仍有巨大的提升空间。在这样的背景下，通过提升制造企业的数字化水平，提高企业在价值链中的地位，进而促进企业转型升级，成为学术界和商业界的关注与研究热点。

对于制造企业而言，数字化有助于企业提高生产效率，增强企业创新能力；信息被提取、整理为相关数据，这些数据经过大数据分析和人工智能处理，成为企业经营决策的重要基础和依据，成为商品和服务的新内容。对于政府而言，制造业数字化是国家加快建设制造强国、发展先进制造业的必经之路。但是，中国制造业数字化起步较晚，企业往往对数字化的理解不清晰，对自身数字化水平的定位、现状和发展路径不明确，缺少系统的数字化方法论和行业内数字化转型的典型案例来指导实践。这些问题使得很多制造企业缺乏实施数字化的动力，即使勉强开展了数字化建设工作，也经常面临事倍功半的结果。

基于以上研究背景，本书认为，建立一套行之有效的制造企业数字化成熟度评价工具，并对中国制造企业的数字化水平进行评价研究，同时针对数字化对企业转型能力的影响机制展开研究，既能满足中国制造企业提升数字化水平的迫切诉求，也可以帮助政府更好地了解企业数字化水平现状，提高政府对企业发展的引导和支持效率。

第 2 章　数字化转型的概念与内涵

1996 年，麻省理工学院教授、未来学家尼葛洛庞帝在其著名的《数字化生存》一书中预言了未来社会的生存图景：“未来互动世界、娱乐世界和资讯世界都将融合，最终包括报纸、电视、娱乐在内的所有人类体验都将数字化。”数字化的概念其实起源于传统媒体行业受到互联网冲击后为实现“数字化生存”进行的一系列探索。而在制造业，数字化最早主要来源于数字控制技术，即以控制为中心的数字化制造。早在 1952 年，美国麻省理工学院就首先实现了三坐标铣床的数控化；1963 年美国出现了计算机辅助设计（computer aided design，CAD）的商品化的计算机绘图设备；20 世纪 80 年代中期，出现了计算机集成制造系统（computer integrated manufacturing system，CIMS）；80 年代末期至今，CAD/CAM（computer aided manufacturing，计算机辅助制造）一体化三维软件大量出现，并应用到机械、航空航天、汽车、造船等领域。

虽然缺少公认的数字技术的定义，但 Yoo 等（2009）率先提出数字技术与早期技术的不同之处主要在于三个方面：①可重新编程性，即设备的功能逻辑与其物理实体分离后依然可以重新编程；②数据的同质性，即允许使用相同的设备和网络存储、传输及处理数字内容；③积极的网络外部性，即其具有的自我参照性可以进一步加速数字设备、网络、服务和内容的创建及应用。由于数字技术更新速度很快，数字技术的分类也随之不断变化，Ackx（2014）和 Evans（2016）提出数字技术可以分为社交（social）、移动（mobile）、分析（analytics）和云技术（cloud）四大类，简称 SMAC。数字社交技术如聊天（chats）、维基（wikis）、富媒体（rich media）等改变了个人的合作对象，跨越了职能、等级和组织的界限（Ackx，2014），移动技术的进步可以使应用程序提供新的获取信息的技术（Harrison et al.，2013），高级分析技术可以支持组织了解并利用大量的数据（Clarke，2016），云计算则为组织和个人提供了一个可以随时随地访问信息和应用程序的基础架构（Marston et al.，2011）。

随着各种数字化相关技术、产品层出不穷，其对制造业的影响愈发深远，数字工厂（digital factory）的概念开始在部分制造企业出现。Worn 等（2000）提出了“数字工厂”的概念，他认为数字工厂就是真实工厂的计算机化的展现，通过在计算机中建立一个与真实工厂虚拟并行的数字工厂，可帮助制造企业加速推出新产品、降低成本、提高生产量。Kuehn（2006）指出数字工厂主要是提供了一种可以改善产品和生产工艺流程的整合方法，其中的关键技术在于其仿真优化能力。

随着数字技术的快速发展以及数字工厂的诞生，人们开始关注数字技术对企业业务更深层次的影响，数字化的概念应运而生。Westerman 等（2014）在其 *LEADING DIGITAL：Turning Technology into Business Transformation* 一书中提到，数字化能力指企业利用数字技术缩短与客户的距离，赋予员工职权并改变内部流程的能力，并提到数字化转型需要自上而下的领导力推动。全球著名互联网技术（Internet technology，IT）调研与咨询服务公司 Gartner 在 2015 年提出，数字化就是利用数字技术改变商业模式，提供新的收入和价值创造的机会，数字化是企业从传统模式向数字业务模式转变的过程。2016 年，Gartner 进一步将数字化定义为使用数字技术改进或打破传统商业模式、业务流程以及产品和服务的过程。同年，全球领先的网络解决方案供应商思科提出“全数字化”的概念，即企业利用信息技术推动业务模式创新、提升客户体验和运营效率，并对传统行业格局产生潜在影响（伍曼，2016）。

高度动态的商业环境不仅要求企业去寻求数字化的机遇，还要求企业对不断变化的业务规则做出反应（Turber and Smiela，2014；Matt et al.，2015）。研究发现，在进行数字化转型时必须解决各种挑战，如处理快节奏的技术创新以及业务流程、组织结构或文化的重组（Markus and Benjamin，1997；Ashurst et al.，2008）。因此，大家开始将关注点转移到促进企业数字化转型的方法的研究中。

IBM 在其 2011 年以“数字化转型”为主题的调研中，提出企业实现数字化的战略途径主要有三种：其一，重塑客户体验，注重价值定位；其二，重塑运营模式，注重价值交付；其三，将前两种途径结合起来，同时转型客户价值主张和组织交付运作方式[①]。2013 年，IBM 进一步提出数字化变革的关键步骤：①对未来的影响保持开放姿态；②与新的生态系统和合作伙伴保持联系；③向整个企业的数字移动化投资[②]。

思科[③]也提出全数字化转型战略应着重于三大主要领域。一是全新的客户体验，通过向每位客户提供无缝的全渠道体验，改善产品和服务，加深客户忠诚度。二是创新的业务模式，通过设备之间的连接收集价值数据，转变业务模式，精简

① *Digital transformation：Creating new business models where digital meets physical*。

② *Digital reinvention：Preparing for a very different tomorrow*。

③ 思科制造业白皮书《数字化转型成就制造业升级》，2016 年。

运营并提高响应市场变化的灵敏度。三是提高员工的创新能力，通过数字化工具，让员工更好地信息联通、更积极地投身于工作、更机动灵活地处理工作（伍曼，2016）。

埃森哲则在其 2017 年发布的《展望》期刊报告中，提出数字化转型三部曲。埃森哲认为，“不知道怎么做”是中国企业领导人的最大困扰，为了抓住数字化的巨大潜力，中国企业需要按照以下三步系统规划自身的数字化转型之路。第一步，制定数字化转型目标。这一阶段，企业领导层需要对未来技术发展、行业发展、消费者趋势等诸多因素进行综合分析，定义对本公司最优的数字化目标。第二步，采取数字化转型行动。在思想上要提升各方对数字化转型的认同感，在技术上应借助产业物联网、人工智能、云计算等数字技术对其运营进行改造升级，提高内部运营效率。第三步，达成数字化转型成果。企业需要利用数字化技术在自身所处的价值链中识别并整合最佳资源，进而为消费者提供最佳体验，建立一个以企业自身、消费者、上游供应商、下游渠道商共同的利润最大化为目标的可持续发展的商业模式。此外，为了支持数字商业模式的可持续运行，企业还需要建立起数字文化。数字化企业需要形成一个适应变化更快、协同合作水平更高、风险接受意愿更强的数字化企业文化。

全球第三大企业级应用软件及服务供应商 Infor 则提出（王盈，2017），制造企业的数字化转型主要包括两个方面，一是实现自动化管理，二是差异化竞争。这就要求企业重构业务、创造新的数据驱动的模式，以提供更好的体验、交付更好的服务和产品，进而促进实现数字化转型的三个目标：提高运营效率、提升客户和员工的参与度。关键的数字化手段包括大数据分析、云计算、物联网、移动化和社交。

麦肯锡咨询公司（简称麦肯锡）在其相关报告中指出，99%的数据在到达决策人手里前就已经流失了，数字化转型的实质是避免数据浪费，发掘数据的巨大价值，通过数据获取、信息整合、洞见挖掘并采取行动，以产生有效影响。同时麦肯锡提出了成功转型领军企业六部曲：①度身定做转型路径图，立即产生价值，快速试点并着眼于长远；②利用数字化技术提升收入并重新创造成本曲线；③设立创业型组织；④构建人员转型思维和数字化能力；⑤加强生态圈合作；⑥强化物联网建设，如信息安全建设[①]。

从各大公司对企业的数字化转型给出的方案中可以看出，数字化转型已经不仅限于数字技术的应用，同时，也是文化与组织的变革。成功的数字化转型，在考虑企业运营能力数字化的同时，还要考虑战略、文化、组织、能力以及生态圈等交互领域的数字化。

① 侯文皓在 2017 中国制造转型升级实践峰会上的演讲“从精益转型到数字化转型”。

国内对于数字化的研究一开始也是从数字化技术、数字化工厂的角度切入的。早在 1999 年，卢继平和何永嘉就指出，数字化工厂是按照虚拟制造的原理为企业提供虚拟产品开发环境，它为企业产品提供了从研发、制造、装配、质量控制到检测以及维护阶段的产品全生命周期过程的仿真，是企业实现虚拟制造的重要工具（卢继平和何永熹，1999）。

赵荣泳等（2004）结合前人研究，对数字化工厂给出了新的定义。数字化工厂是以产品全生命周期的相关数据为基础，利用数字技术，在虚拟环境中对整个产品生产过程进行仿真、优化和重组的新型生产组织方式。数字化工厂的经济学实质是一种凭借有效管理生产知识来实现产品增值的生产方式。

随着数字技术在国内制造企业的普及，制造业数字化的概念逐渐清晰起来，刘文广和赵建峰（2005）提出制造业的数字化就是要求产品设计数字化、制造过程数字化和生产管理数字化。陈红彬（2010）将制造业数字化的特征概括为设计数字化、制造装备数字化、生产过程数字化、管理数字化和企业数字化，扩展了数字化的内涵。2012 年，中国工程院院长周济指出，制造业的数字化、智能化是新工业革命的核心，是实现中国从制造大国到制造强国的跨越式发展的必经之路，其内涵包括产品创新、制造技术创新和产业模式创新三个方面（周济，2012）。此后，国内学者也逐渐展开了对中国企业数字化转型路径的探索研究。

周志明和崔森（2014）以黑龙江斯达造纸有限公司为例，分析研究了我国制造企业数字化转型的模式，指出处于不同生命周期阶段的企业应当采取不同的数字化转型模式，同时提出政府应当为企业数字化创造良好的外部环境，加大制造企业数字化建设的资金扶持力度，企业则应当开展数字化主导型人才培训工作。同年，崔森等通过对国内外有关数字化转型的文献进行调研，概括出 14 个较为普遍的影响企业数字化转型的因素，并通过问卷调研、主成分分析，提取出 5 类最为重要的影响因素，分别为数字化技术、组织内部环境、组织结构、宏观行业环境和微观行业环境。此后，随着国外咨询企业关于数字化转型的研究报告纷至沓来，国内关于制造企业数字化转型的研究也迅速增加。

谢雄标等（2015）指出数字化时代主要有三大特征——智能化、网络化和大数据，并分别就三大特征对企业绿色发展的影响进行了阐述，其影响主要表现在流程优化、工艺优化、配置优化、信息传播、知识获取、科学决策六个方面。张礼立（2016）指出，不同类型的制造业对应的数字化转型的路径与方式也各有不同，共同点在于利用数字化转型为消费者提供全新的功能及智能设备的升级服务。

赵星和董晓松（2017）重点提出数字化革新要求组织具备一系列相关的能力，数字化革新包括整个企业组织的数字化再造。专门的数字化革新项目需要大规模地改变管理核心层及其团队，重新组织数字化管理层，并给予其相应资源，以确保快速高效地展开数字化革新。刘涛和杨雅清（2017）也提出数字化革命已经改变了传统的产品和服务模式，同样也对企业组织的形态和运作方式提出了变革要求，并指出企业组织的数字化转型需要从三方面着手：组织架构从职能型向共享型转变，业务流程由单向流动向实时交互转变，人员由管控到合作转变。唐堂等（2018）结合同济大学工业 4.0–智能工厂实验室和西门子数字化工厂的实践经验，提出智能制造的关键核心是数字化、网络化和智能化，并指出，全面实现数字化是通向智能制造的必由之路。

通过对国内外关于制造企业数字化相关研究的总结和对比可以看到，制造企业数字化转型能够实现整个价值链流程的变革，包括研发、制造、销售、服务以及产品使用期间的所有环节。企业数字化转型就是基于人工智能、大数据、云计算等信息技术所提供的一切所需要的支持，让业务和技术产生交互。但同时本书也发现现有研究存在诸多问题：①初期国内外对于数字化的研究都主要集中在数字化技术的应用上，并没有上升到可以帮助企业“转型”的高度，直到 2013 年左右，数字化的概念被拓宽，人们才逐渐开始意识到制造企业的数字化对于企业实现工业 4.0、智能制造的重要性。因此有关制造企业数字化的研究仍属于比较新的课题，相关研究往往不够深入。②国内对于数字化的研究普遍聚焦于分析特征、探究影响因素，即回答数字化“是什么”的问题，主要是概念层面的理论研究，相对来说，国外关于数字化的研究更加深入，致力于研究数字化路径的选择，并且往往有大量的企业调研数据支撑，值得我们借鉴。

第 3 章　国内外制造业数字化概况

当前，全球经济正处于缓慢复苏阶段，以物联网、大数据、机器人及人工智能等技术为驱动的新一轮工业革命已经到来，实体经济的战略意义愈加凸显，制造业面临着严峻挑战和重大机遇。而制造业数字化、智能化正是新一轮工业革命的核心，推进企业技术创新，加快企业的数字化转型，对振兴实体经济，赢得新工业革命最佳机遇至关重要，在这一背景下，世界主要工业国家近年来纷纷制定相应的战略措施，推动企业的数字化进程。

德国作为老牌制造强国走在了数字化的前列，它在 2011 年就提出了“工业 4.0”概念，旨在通过制造技术和数字技术的融合，促使传统制造业向智能制造转型（Lasi et al.，2014）。西门子是德国制造企业数字化转型的代表，其以“数字化双胞胎”为核心的企业数字化解决方案可覆盖从产品研发、生产到服务的全价值链环节，完整构建企业的数字虚拟模型，与实际的研发、生产环节之间形成一条双向数据流，从而最大限度缩短优化调整时间，实现协同制造（朱建芸，2018）。

美国在 2012 年 3 月启动了“国家制造业创新网络”（National Network for Manufacturing Innovation，NNMI）计划。2016 年 9 月更名为“美国制造”（Manufacturing USA）计划，致力于由政府、学术界、工业界等多方合作，推进革命性制造技术的研发及产业化发展。由于美国政府尤其是美国军方的积极参与，计划实施重点多集中于军工制造类企业。截至 2018 年，美国国防部已牵头建立了 8 家制造创新机构，美国能源部也牵头建立了 5 家，通过研究机构与制造企业合作的模式，促进技术规模化、产业化发展。比如，数字制造与设计创新机构（Digital Manufacturing and Design Innovation Institute）[①]与通用电气公司合作开发数字制造社区（digital manufacturing commons，DMC），社区内的会员可以共享社区中的技术解决方案，美国国防部、通用电气公司、波音公司等都是该社区的会员（刘亚威，2018）。

日本作为亚洲最早实现工业化的国家，也非常重视高端制造业的发展。2017

---

① 2019 年更名为 MxD。

年 3 月，日本首相安倍晋三提出“互联工业”的概念，并指出“互联工业”的核心就是构建系统、设备与人互联的新型数字社会；通过合作协调解决工业新挑战；积极培养高级数字技术人才。为了推进“互联工业”愿景的实现，日本政府和企业做了一系列的工作，包括智能工厂示范项目、机器人引进示范项目等，还建立了“智能制造声援团”，为日本中小企业提供技术普及、专家派遣等支持，此外，日本标准国际化、数字化人才培养、“产官学”合作等，也是支撑“互联工业”的有效手段（及川洋，2017）。

改革开放 40 多年来中国经济保持高速增长，中国制造业也取得了跨越式发展，早在 2010 年，中国制造业总产出就已占世界制造业产出的 19.8%，并超越美国成为世界制造业第一大国（冯林祎和周裕美，2014）。但近年来，随着中国经济增长步入“新常态”，中国制造业也面临新的挑战，宏观上看主要有以下三点：①国内经济减速，国际需求萎缩；②外资制造业回流；③低成本优势逐渐消失[①]。与此同时，制造企业也大都面临着以下三方面挑战：①产能过剩；②处于价值链低端地位并且改变缓慢；③创新能力不足（陈春明和张洪金，2017）。来自宏观和微观上的挑战都要求中国的制造业必须进行转型升级，而制造业数字化正是中国制造业实现转型升级的必由之路（唐堂等，2018）。事实上，在中国，“数字化”“数字经济”的概念已经上升到国家战略层面，2015 年 3 月，国务院政府工作报告就提出制定“互联网+”行动计划（杜壮，2015）。同年 5 月，国务院发布《中国制造 2025》报告，指出到 2020 年，基本实现工业化，制造业大国地位进一步巩固，制造业信息化水平大幅提升。制造业数字化、网络化、智能化取得明显进展。2017 年 3 月，国务院首次将“数字经济”的概念写入政府工作报告，指出要推动“互联网+”深入发展、促进数字经济加快成长。习近平在 2018 年全国网络安全和信息化工作会议上明确指出“要发展数字经济，加快推动数字产业化，依靠信息技术创新驱动，不断催生新产业新业态新模式，用新动能推动新发展”[②]。“数字经济”就是指以数字化知识和信息作为关键生产要素的一系列经济活动（左晓栋，2016），据国家互联网信息办公室统计，2017 年中国数字经济规模已达 27.2 万亿元，占 GDP 比重 32.9%，数字经济规模居全球第二，仅次于美国，但增速高达 20.3%，居全球第一。

尽管中国数字经济规模和增速均位居世界前列，但实际上中国数字化程度高的行业多集中于零售、文娱、金融等靠近消费者的行业，而主要依赖资源推动的制造业数字化程度仍相对较低，大多数企业还没有实现自动化和数字化的结合，与发达国家相比还有较大差距（董明，2019）。总体来看，中国制造业正处于从工

① 见思科制造业白皮书《数字化转型成就制造业升级》，2016 年。

② 习近平在全国网络安全和信息化工作会议上强调 敏锐抓住信息化发展历史机遇 自主创新推进网络强国建设（2018 年 4 月 21 日），http://tv.cctv.com/2018/04/21/VIDEpfonPW4sNnGAgJ4lehO8180421.shtml。

业 2.0 向工业 3.0 发展的阶段（高晓雨等，2017），在全球制造业的四级梯队中，中国处于以中低端制造领域为主的第三梯队，远落后于以科技创新为中心的第一梯队（美国）和以高端制造为主导的第二梯队（德国、日本），仅高于以资源输出为标志的非洲、拉美等地区（王菲，2016）。加快制造企业数字化的发展进程，培育和发展核心优势，在国际产业竞争中赢取主动地位，已经成为中国制造业转型升级的重要战略抉择。

第4章　企业价值链及转型升级路径概述

4.1　企业转型升级的内涵

现代商业环境瞬息万变，一个企业在发展过程中会面临各种各样的挑战和发展瓶颈，企业需要不断地进行转变应对。企业转变应对的方式多种多样，从量变到质变，从微观到宏观，从操作层面到战略层面，包括业务流程重组，纵向集成、端到端集成和横向集成，组织形态和经营策略的调整等，这是企业转型升级的根本原因。然而，人们对于转型升级的内涵理解往往会出现混用、互用和误用的情况，因此需要对转型升级的相关术语定义及内涵给出说明。

4.1.1　“产业升级”与“企业升级”的差异

产业升级一般是指整个产业结构的调整、改变和产业价值链的提升，涉及企业与企业之间的供需关系以及产业集群的运作模式。因此，产业升级的研究对象是宏观的整体产业。一般而言，产业升级包括从低附加值转向高附加值的升级、从粗放型转向集约型的升级、从高能耗高污染转向低能耗低污染的升级等。企业则往往是某个产业的基本组成单位，企业升级是指企业在生产技术和产品质量方面的提升，包括产品质量升级、产品种类升级、工艺技术水平升级、功能升级、过程升级，升级过程中往往伴随着产品及服务的附加值提升和竞争力的提高。企业升级的手段包括生产要素的组合优化，以及生产工艺、技术和管理水平的改进等。可以说，企业升级是产业升级的微观层次，是转变经济发展方式的基石，整体产业结构的调整和升级是通过个体企业的升级来实现的。

4.1.2　"企业升级"与"企业转型"的差异

狭义上，企业升级是指企业由低层次技术向高层次技术转变提升的过程，是企业生产技术和产品质量的改进提高，这时候，企业往往从低质量低价格初级产品向高质量高价格高级产品转变提升。广义上，企业升级可以泛指对企业经营绩效有提升的价值链活动，如新产品研发、产品质量改良、生产工艺改进、产品服务化、人员技能提升等。企业升级可以认为是企业生产更好的产品、更有效地制造产品所需要的过程和活动。企业转型往往被认为是一种经营策略或企业战略的根本性改变和组织变革的过程，包括组织的使命、目标、结构以及企业文化的变革。企业进行转型的目的是在面临变化的企业经营环境时，通过目标转换和组织调整的策略，改变企业的结构形态，创造出适应发展的新经营模式，进而持续维持企业的竞争力。

4.1.3　企业价值链

迈克尔 · 波特对价值链的定义如下："每一个企业可以被认为是在设计、生产、销售、运送和其他辅助过程中进行种种经营活动的集合体。这些互不相同但又相互关联的生产经营活动，构成了一个动态的价值创造过程，即价值链。"

价值链反映了产业链上各行业或业务环节的价值大小。一个行业或业务环节的价值高低取决于竞争者数量的多少、进入门槛的高低、是否为规模经济。竞争者少、进入门槛高、具有规模经济，价值就高；相反，价值就低。企业内部各业务单元之间存在着价值链联结，这些联结构成了企业的价值链（图 4-1），而上下游关联的企业与企业之间存在行业价值链。

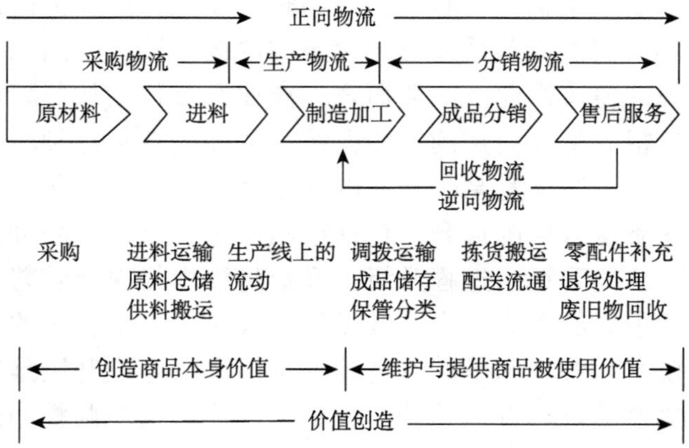

图 4-1　企业价值链

价值链理论揭示了企业与企业的竞争不仅仅是某个经营环节的竞争，而是整个价值链的竞争。

价值链可分为三大环节：技术环节，包括产品研发与设计、原型开发等；生产环节，包括零部件加工、产品装配及测试、包装与库存管理等；营销环节，包括销售物流、售后服务、市场营销、品牌推广等。当把价值链分解深化为增值过程在各国的分工后，传统产业结构的国际分工梯度进而演变为价值链增值环节的梯度转移。按照增值能力划分，上述三个环节呈现出由高到低再转向高的“U”形，即“微笑曲线”。换句话说，微笑曲线诠释了工业化生产模式中的产业分工问题。微笑曲线将一条产业链分为若干个区间，即产品设计与研发、零部件生产、模块零部件生产、组装、品牌营销、售后服务等。其中生产组装环节总是处在产业链上的低利润环节，而产品设计与研发和品牌营销的利润价值高。

制造业品牌是衡量制造业综合发展实力的重要指标，全球制造业品牌排行榜在一定程度上可以反映一个国家制造业的综合实力和国际竞争力。品牌咨询公司英图博略（Interbrand）发布的 2018 年度“全球最具价值 100 大品牌”排行榜显示，美国上榜品牌 49 个，其中制造业品牌 24 个；德国上榜品牌 10 个，其中制造业品牌 7 个；日本上榜品牌 10 个，全部来自汽车及电子制造企业；而韩国也有 3 个制造业企业品牌上榜；中国只有华为（已连续第五年上榜）进入 100 强榜单，排名第 68 位。这也说明中国制造企业目前比较擅长制造及装配环节，成功成为世界知名制造业品牌的企业非常少。

发展中的企业加入全球价值链，能否提升自身的技术能力和管理水平，逐步进入高附加值环节，并最终实现企业的转型升级，是国内外全球价值链研究文献关注的焦点，也是企业关心的核心问题。

从微笑曲线可以发现，最直接的提升价值的方式就是沿着微笑曲线两端去升级。另外，微笑曲线还会随着时间的推进而发生变化。图 4-2 描绘了微笑曲线近年来的变化。20 世纪六七十年代，产业分工相对模糊，制造加工装配环节的附加值较高。随着时间的推进，产业分工越来越细，而单一的制造加工装配环节的利润也越来越低。与传统制造加工装配相比，OEM[①]代工企业（如富士康）往往同时为多家电子产品品牌代工，形成了巨大的规模效应，降低了成本，其价值获取能力要比单一的加工组装企业高。而有些企业［如 Dell（戴尔）］，则朝着价值链的右端转移，越来越重视供应链、销售及售后服务，所以其利润更高。

① OEM 即 original equipment manufacturer，原厂设备制造商，是制造方按采购方之需求与授权，按照采购方特定的条件而生产，所有的设计图等都完全依照采购方的设计来进行制造加工，亦称为定牌生产或授权贴牌生产，俗称代工（生产）。

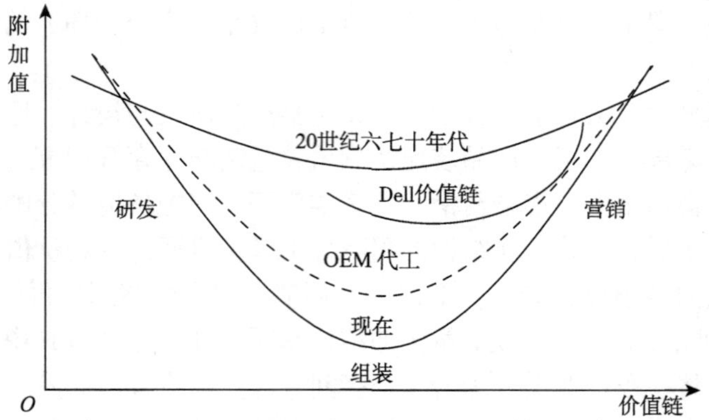

图 4-2　微笑曲线随时间变化示意图

因此，从微笑曲线的图中（图 4-3）可以看出，企业价值链的重构有四条路径。

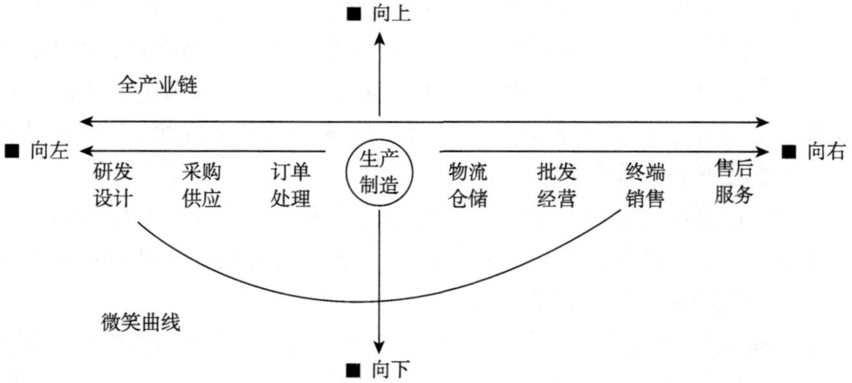

图 4-3　企业价值链重构方向

制造企业的转型升级可分为过程升级、产品升级、功能升级、链条升级。

过程（工艺过程、业务流程）升级是通过加工或业务环节的重组或先进技术的引进，提升加工或业务环节的效率、降低成本（图 4-4）。例如，精益管理。宝山钢铁股份有限公司的数字化制造系统，可以根据客户订单自动计算出需要生产的钢板类型和数量，钢板生产好以后送到剪切中心，根据客户定制要求，又可以自动剪切出符合尺寸的钢板并直接运送到客户那里，从而节省了大量的人力物力。

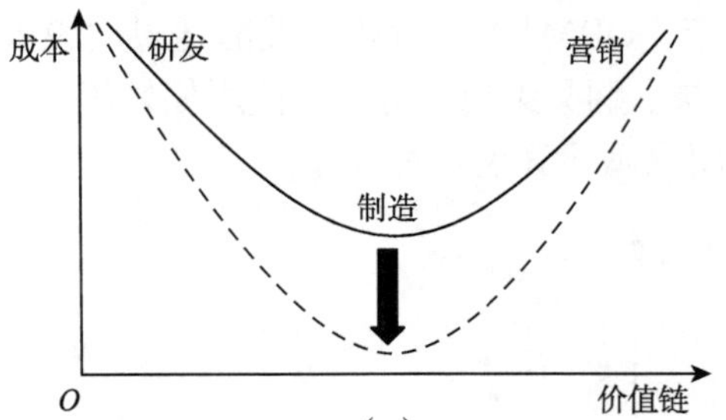

（a）

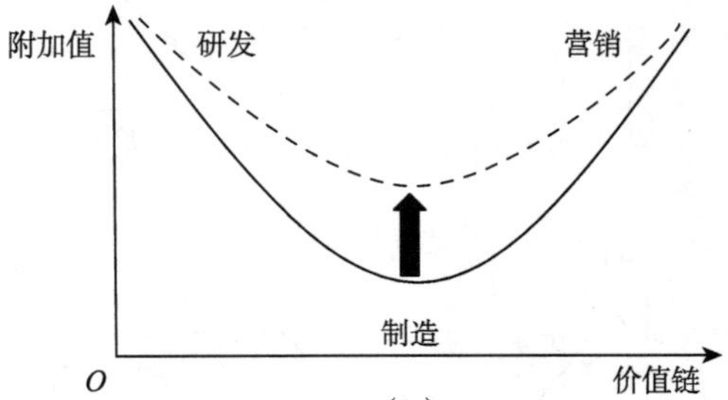

（b）

图 4-4　微笑曲线与对偶微笑曲线

产品升级一般指通过数字化扩展产品功能或引入新产品。核心是产品研发、产品设计取得突破性进展。扩大产品线、产品升级换代、产品转型等都属于产品升级（图 4-5）。例如，海信集团从原来生产收音机生产到黑白电视机再到生产彩电。

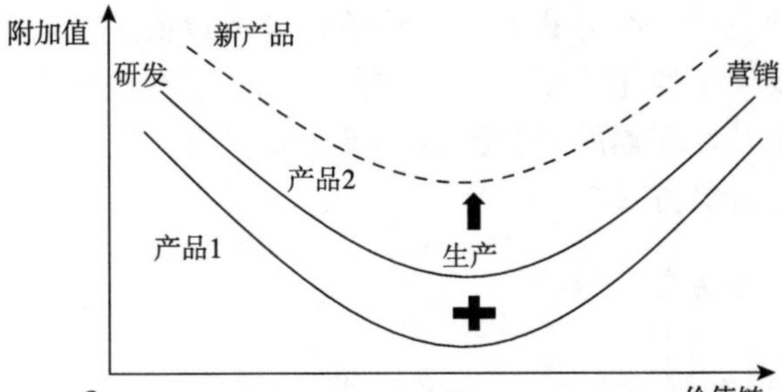

图 4-5　产品升级价值链的变化

功能升级是从低附加值环节转向高附加值环节，并更多地控制战略性价值环节，主要指企业沿价值链在前端品牌设计、研发，后端营销、服务等功能层面有所突破（图 4-6）。例如，先从委托加工（OEM）升级到自主设计与加工（ODM[①]）

① ODM 即 original design manufacture，原厂委托设计，又称为原始设计制造商，是由采购方委托制造方提供从研发、设计到生产、后期维护的全部服务，而由采购方负责销售的生产方式。

再升级到自有品牌生产（OBM[①]）的阶段。美的通过建设大数据平台“美的开普勒”，将用户的购买记录、购买渠道、地域、使用偏好等信息全部标签化，形成完整的用户画像，基于用户画像开展精准营销。

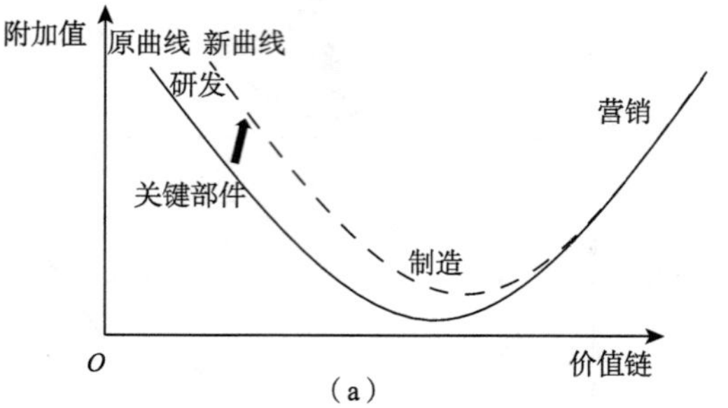

（a）

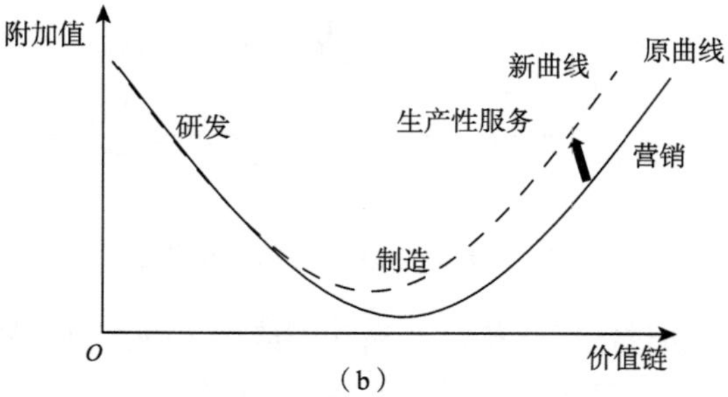

（b）

图 4-6　功能升级价值链的变化

链条升级与前三种升级方式不同，链条升级是指企业转入新的价值链条，即企业的根本业务发生了变化（图 4-7）。例如，360 原本是网络安全软件企业，现在利用公司在安全领域积累的经验转型打造 360 手机；比亚迪从生产电池到生产汽车等都属于链条升级方式。

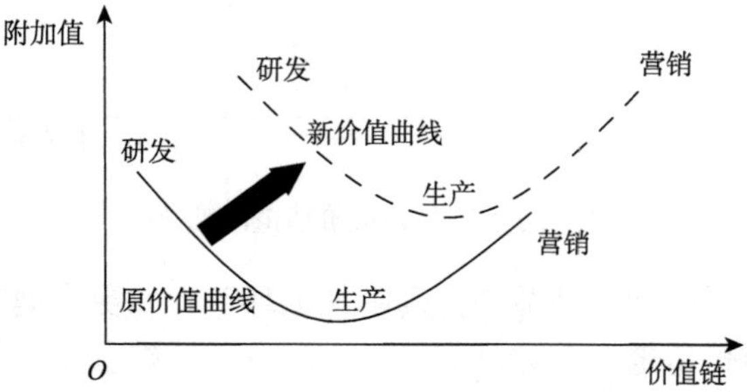

图 4-7　链条升级价值链的变化

① OBM 即 original brand manufacturer，代工厂经营自有品牌，或者说生产商自行创立产品品牌，生产、销售拥有自主品牌的产品。

总体而言，基于价值链的企业升级路径有四种基本途径（表 4-1）。根据一些制造业案例，相关文献研究总结了企业升级的一般轨迹：从最简单的产品组装开始，转变为接单加工生产，然后演化到自主设计与加工生产，最后朝着自有品牌生产升级。伴随着这种阶梯式的升级演化过程，企业所创造的高附加值或留下的价值也逐渐增多。研究发现，20 世纪 70 年代中期日本工业发展“奇迹”的一个重要企业升级方式就是生产工艺创新和渐进式的产品更新换代，即从 OEM 初级生产到 OEM 复杂生产，以工艺过程和产品创新的方式来提升附加值，这种 OEM 内部升级轨迹是一条最切实可行的企业升级路径。通过对巴西制鞋产业集群的研究发现，企业虽然能够较为顺利地实现“过程升级”和“产品升级”，但“功能升级”和“链条升级”却往往很难实现。

表 4-1　基于价值链的企业升级路径汇总

升级类型	升级内涵	升级方式	表现特征	示例
过程升级	通过加工或业务环节的重组或先进技术的引进，提升加工或业务环节的效率、降低成本	对员工进行短期技术培训，更换设备，提高各工厂车间的效率	成本降低，质量提高，市场反应更迅速	精益管理；新工艺、新设备，提升生产效率
产品升级	引进新产品或者改进已有产品，掌握部分产品核心技术	通过引进新的产品或者对已有产品的改造，提升产品销售额	新产品价格提高，市场占有率变化不大	海信从原来生产收音机到生产黑白电视机再到生产彩电
功能升级	从低附加值环节转向高附加值环节，在品牌设计、营销服务等功能层面有所突破	依托自主品牌重构价值链，占领价值链中的核心环节	产品利润增加，技术能力提高	从委托加工到自主设计与加工再到自主品牌生产的升级
链条升级	从一个价值链条转换到另一个“高端”价值链条的升级方式，企业的根本业务发生了变化	突破性的技术进步或者创新，使得价值链跨越式发展	利润较高，销售份额增长，市场占有率提高	海尔从传统家电企业朝着制造创客和平台型组织转型；苹果进军无人驾驶；格力造车；比亚迪从原来生产电池到生产电动汽车

4.1.4　“纵向一体化”与“横向多样化”

纵向一体化（vertical integration）的主要目的是减少交易成本，通过一系列价值链重构后的垂直整合，企业往往可以利用同一企业内部各部门之间的紧密合作（包括从原材料采购到关键部件生产再到产品的装配）来减少产品上市的时间。

垂直整合体系可以更好地保护企业关键核心技术，因此，由于拥有更多的核心技术知识，采取垂直整合的企业更擅长技术创新、更能推动技术提升。

另外，实施横向多样化（horizontal diversification）战略的企业则会把自身的资源和能力扩展到新产品和新服务中。如果一个企业能够成功地将资源和能力共享或将核心竞争力传递到其他业务中，那么横向多样化就会为企业创造更多的新价值。

4.2 若干制造企业升级路径案例

企业在开展转型升级过程中，可以结合自身实际情况将几种基本途径进行组合应用，找到适合自身的转型升级发展路径。

20 世纪 80 年代后期，随着日元的升值，索尼公司实施了横向多样化战略，除了传统的硬件产品如电视机、录音机、录像机及播放器外，开始向软件和娱乐产品扩展。索尼公司的升级路径图见图 4-8。

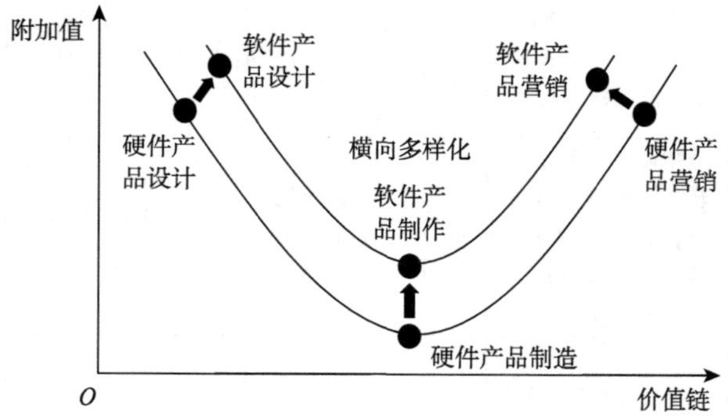

图 4-8 索尼公司的升级路径图

（1）索尼开展了录制音乐的设计、制作及分销，同时启动了歌词与歌曲的授权许可管理，以及电视和电影、电子游戏的动画标题的制作和分销。

（2）索尼开始涉足电视节目的设计与制作以及电视和数字网络的运营管理。

（3）索尼还涉足了不同的金融服务业务，通过旗下的日本保险子公司开展寿险及非寿险的业务、通过一家日本互联网银行子公司开展了银行业务。

与索尼公司不同，韩国三星集团则更聚焦于垂直整合，其业务主要集中在硬件产品，三星集团的升级路径图见图 4-9。

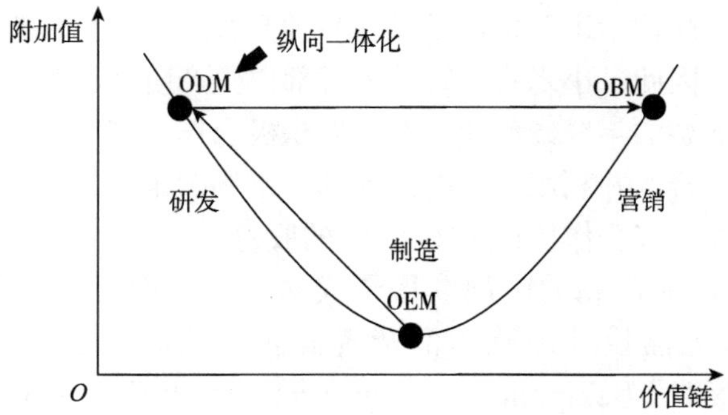

图 4-9　三星集团的升级路径图

（1）三星集团在许多领域拥有自己的核心技术，如存储芯片、系统大规模集成电路、平板显示器、可充电电池等。特别是在存储和显示芯片方面，三星集团已经超越先前领先公司并成为全球领军企业。这使得三星集团能够利用其在关键部件的优势打入平板电视和手机领域。

（2）三星集团的垂直整合结构在其需要快速商业化时减少了上市时间。一般而言，在一个新的行业的初期阶段，往往需要大量的时间来构建一个可靠的供应链体系，而那些动作慢的企业很可能会遇到关键部件短缺的挑战。

从 OEM 升级到 OBM 是许多 OEM 代工企业的发展战略，然而，这一升级过程的挑战性非常高。图 4-10 描绘了中国台湾电子制造企业的典型升级路径。作为全球最大的 Windows Mobile 智能手机生产厂商，HTC（宏达国际电子股份有限公司）最初的主要业务是 OEM，并在向 ODM 的升级中取得了成功。但其在朝着 OBM 转变的升级过程中停滞了，向 OBM 升级的过程中最重要的事情是自有品牌的建立，对应价值链中的营销活动。HTC 升级失败的原因就是市场营销能力的不足。

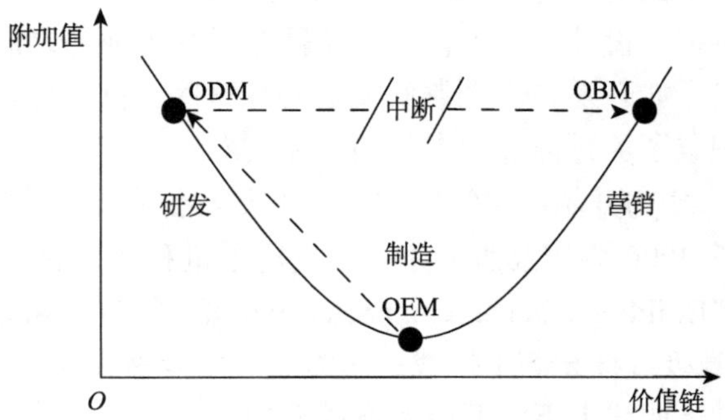

图 4-10　中国台湾电子制造企业（如 HTC）的升级路径图

作为一家专注于智能硬件和电子产品研发的移动互联网公司，中国的小米科技有限责任公司（简称小米）采用了另外一种升级路径。小米起家于智能手机的设计和组装业务，因此，小米直接跨越关键部件生产阶段、跳到了市场营销和分销阶段。小米与下游的年轻或创业企业开展积极合作，甚至一些旅行箱和运动鞋的制造商也与小米合作并利用小米的设计师、市场营销人员和分销渠道，作为回报，小米拥有这些生态合作伙伴 10%~20%的股份。

小米在具有巨大市场的中国取得了成功，在印度市场，小米也成功抓住了那些对价格和亮丽设计敏感的消费者群体。然而，小米的这种直接跨越 ODM 的“跨越策略”（skipping strategy）同时也变成了其弱点，跳过价值链研发环节的升级策略造成小米研发能力的薄弱，特别是缺少前沿技术的知识产权。小米不是一家能够创造出具有独树一帜特征的颠覆性创新产品的企业，小米的重点是基于其强大设计能力的末端横向多样化战略。在全球化方面，小米主要集中在新兴市场，还不是一个真正意义上的全球知名品牌。小米的升级路径图见图 4-11。

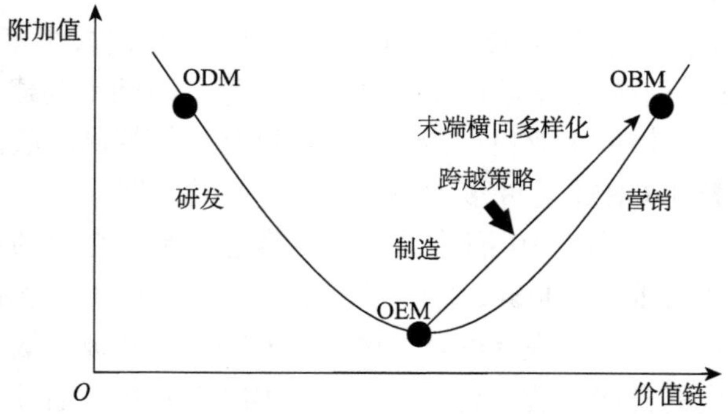

图 4-11　小米的升级路径图

与小米不同，中国的华为则采取了类似三星集团的价值链升级路线图。华为首先向微笑曲线左端（设计研发）移动，在赢得了 ICT 业务之后，华为立刻投入大量资金进行研发，如开发 5G 调制解调器芯片这些关键部件。付出多年努力之后，华为成功地积累了关键部件的专门知识和技术。

从 2013 年起，华为开始向微笑曲线右端（市场品牌及分销渠道）移动，当年华为在中国建立了 4000 多家品牌专卖店，进行手机和平板的销售。2014 年，华为在全球发起了“Building a Better Connected World”的市场和品牌主题宣传。从 ODM 到 OBM 的升级过程充满了挑战，华为之所以能够成为一家全球知名企业，主要依赖于其在微笑曲线上下游两端的卓越表现。

本书第四篇提供了相关制造企业的转型升级案例，并结合实际案例阐述了企业转型升级的不同实施路径。

本篇小结

本篇介绍了制造业数字化的背景，随后介绍了数字化转型的概念及制造企业数字化的国内外发展现状与趋势，还从微笑曲线中引出企业价值链重构的四条路径：过程（工艺过程、业务流程）升级、产品升级、功能升级和链条升级。通过本篇内容可以看出数字化转型的重要性，以及目前国内面临制造企业数字化程度较低，关于制造企业数字化的科学研究也不足的现状，进一步突出了本书研究的理论与现实意义。

第二篇　制造业数字化成熟度指数模型的构建与评价

第5章　数字化成熟度模型的研究现状

5.1　成熟度模型的概念和内涵

成熟度是一套管理方法论，通常将事物的发展过程由低到高分成多个级别，每个级别都是基于前一个级别的进一步完善，从而形成一个贯通、递进的改进模型[①]。1987年9月，卡内基·梅隆大学的软件工程研究所（Software Engineering Institute，SEI）应美国政府要求开发了一套软件能力成熟度框架以及对应的软件成熟度问卷，经过4年的发展，SEI将成熟度框架演变为能力成熟度模型（capability maturity model，CMM）（Paulk et al.，1993），此后经过不断发展与改进，CMM的实用性和可操作性越来越强，并逐渐扩展应用到其他领域（邓景毅等，2002）。CMM的主要特点在于：①以质量管理为核心；②以分级思想评估对象，区分对象的成熟度情况；③基于评估结果提供一个改进路线（王轩，2011）。2001年，SEI综合了软件能力成熟度模型（capability maturity model for software，SW-CMM）、电子行业协会临时标准（Electronic Industries Alliance Interim Standard，EIA/IS）和集成产品开发能力成熟度模型（integrated product development capability maturity model，IPD-CMM）等多个CMM扩展模型的特点，形成了成熟度模型的集成版本CMMI（capacity maturity model integration）[②]。2004年，Paul等参考CMM和价值链理论提出流程成熟度模型（business process maturity model，BPMM），并将流程成熟度分为初始级、重复级、可定义级、可管理级和优化级共五个等级。2005年，美国国防部为评估在采办项目中遇到的制造能力和管理制造风险问题，开始采用制造成熟度（manufacturing readiness level，MRL）模型，该模型涵盖了制造工艺从研发到成熟并最终用于生产的整个过程，具有较高的应用价值[③]。2007年，Michael进一步提

---

① 见《智能制造能力成熟度模型白皮书（1.0版）》。

② 见CMMI产品组2002年报告 *Capability maturity model® integration*（*CMMISM*），*version 1.1*。

③ *Manufacturing Readiness Levels*（*MRLs*）*Manufacturing Readiness Assessments*（*MRAs*）。

出流程和企业成熟度模型（process and enterprise maturity model，PEMM），该模型设计了两组评价指标体系，分别为业务流程成熟度评价指标体系（包含五个促进业务流程绩效提升的流程能动因素）和企业能力成熟度评价指标体系（包含四个有助于流程文化在企业中渗透的企业能动因素），评价范围更加全面。

国内对于成熟度模型的研究一开始也是基于 CMM 理论。杨一平（2000）从 CMM 的结构框架出发，通过对比国内外软件产业对 CMM 的应用现状，并结合我国国情提出了依据 CMM 模型理论发展我国软件产业的基本思路。白静（2001）基于CMM模型提出了主题公园建设过程能力成熟度模型(theme park development process capability maturity model，TP-DPCMM)，将成熟度模型的应用从软件业扩展到了其他行业。刘成明等（2003）从企业组织变革的现状入手，构建了组织成熟度模型，该模型将企业的组织能力按其成熟度划分为谋生型、荣誉型、压力型、开拓型和事业型共 5 个等级，并设立了 10 个评价指标，按照 1~5 的评价尺度，建立了一套比较完善的组织成熟度评价体系，并采用加权平均的计算方法，对某软件企业的组织成熟度进行了评价。此后成熟度模型在各行各业得到了广泛应用，如李松辉（2004）提出了区域创新系统成熟度模型，并探讨了区域创新系统成熟度过程曲线的类型及成熟度测定方法，谢泓（2005）基于 CMM 提出了营销能力成熟度模型，王磊等（2009）进一步结合制造业的特点，从管理过程能力、产品管理能力、集成管理能力、产品开发团队能力四个维度构建了制造业持续发展能力评价体系，刘云生（2009）将成熟度的概念引入金融领域，构建了金融成熟度模型，刘腾和熊熊（2016）则从中国保险业现状出发，构建了中国保险业成熟度指数评价模型，陈建业等（2018）以某高新技术企业为例，提出了企业人才管理成熟度模型。

5.2 数字化成熟度模型综述

数字化的概念逐渐被人们熟知并应用后，国内外各大咨询企业和研究机构相继展开了构建企业数字化成熟度模型或类似模型的研究(表 5-1~表 5-2)。2015 年，德国机械设备制造业联合会（Verband Deutscher Maschinen-und Anlagenbau，VDMA）针对机械工程行业提出了一个工业 4.0 准备度（industrie 4.0 readiness）模型，该模型将企业分为入门者、中等级别者、经验丰富者、专家、顶级人士五种类型，并从战略和组织、智能工厂、智能操作、智能产品、数据驱动服务、员工六大维度评价企业的工业 4.0 准备度，VDMA 还为此向公众提供了一个在线自测平台来测评自己所在公司的工业 4.0 准备度。2016 年，著名咨询公司 Forrester

Research 发布了数字化成熟度模型 4.0 报告，该模型从文化、组织、技术和洞察四个维度衡量企业的数字化成熟度，并按照评分高低将企业数字化成熟度水平分为怀疑者、采用者、协作者和差异化者四个等级，Forrester Research 还在报告中指出数字化团队在整合过程中必须关注三个关键功能活动：制定数字化战略、跨职能数字化活动的治理以及数字化实施过程的卓越运营。同年，Schumacher 等构建了一个用于评估制造企业工业 4.0 成熟度的模型，该模型将产品、客户、运营、技术作为基本评估要素，同时将组织方面的战略、领导力、治理、文化以及人员等要素也纳入评估，通过在企业中搜集问卷数据并整理分析，帮助企业了解自身的工业 4.0 成熟度现状。Leyh 等（2016）也建立了一个衡量企业数字化水平的成熟度模型，该模型将数字化成熟度分为五个等级，分别为基本数字化、跨部门数字化、横向和纵向数字化、完全数字化以及已优化的完全数字化。2017 年，米兰理工大学教授 de Carolis 等提出了一个用于制造企业数字化准备度测评的成熟度模型，该模型将制造业数字化的关键流程分为五个领域——设计和工程、生产管理、质量管理、维护管理以及物流管理，并基于 CMMI 模型的五级框架将数字化成熟度等级划分为初始级、可管理级、已定义级、集成和可互操作级以及以数字为导向级。同年，德国国家科学与工程院发布了《工业 4.0 成熟度指数模型——管理公司数字化转型》报告，将工业 4.0 分为计算机化、可连接性、可见性、通透性、可预测和自适应六个发展阶段，并将公司架构分为资源、信息系统、文化和组织结构四个结构性领域，将企业流程分为开发、生产、物流、服务、营销和销售五个功能性领域，该指数模型旨在用于为不同企业制定相应的数字化路线图，帮助企业实现相关领域的数字化转型。

表 5-1　国外不同数字化成熟度模型及类似模型对比

模型名称	发布时间	作者/机构	维度划分	等级划分	分析方法	主要缺陷
Industrie 4.0 readiness	2015	VDMA	6 个，战略和组织、智能工厂、智能操作、智能产品、数据驱动服务、员工	5 级，入门者、中等级别者、经验丰富者、专家、顶级人士	加总平均	分析方法较粗糙，更适用于了解整个产业而非具体企业的工业 4.0 成熟度
The digital maturity model 4.0	2016	Forrester Research	4 个，文化、组织、技术和洞察	4 级，怀疑者、采用者、协作者和差异化者	加总平均	评价维度、等级划分不够细致，分析方法也比较简单
Industry 4.0 maturity model	2016	Schumacher 等	9 个，产品、客户、运营、技术、战略、领导力、治理、文化、人员	5 级，1~5 分分别代表工业 4.0 未实现到完全实现	利克特量表评价每个指标的重要程度，并采用加权平均法计算	仅针对底层指标进行了加权平均，没有区分 9 个维度的重要性

续表

模型名称	发布时间	作者/机构	维度划分	等级划分	分析方法	主要缺陷
System integration maturity model industry 4.0	2016	Leyh 等	4 个，垂直整合、横向集成、数字化产品开发、横截面技术标准	5 级，基本数字化、跨部门数字化、横向和纵向数字化、完全数字化、已优化的完全数字化	仅构建出模型，尚未提出具体的评价方法	该模型旨在评估企业内信息技术系统的工业 4.0 成熟度，不适用于整个企业
Digital readiness assessment maturity model	2017	de Carolis 等	5 个，设计和工程、生产管理、质量管理、维护管理以及物流管理	5 级，初始级、可管理级、已定义级、集成和可互操作级以及以数字为导向级	加总平均和雷达图展示	维度集中于研发、生产、物流环节，缺乏对软实力的评价，分析方法也比较简单
Acatech industrie 4.0 maturity index	2017	德国国家科学与工程院	4 个，资源、信息系统、组织结构、文化	6 级，计算机化、可连接性、可见性、通透性、可预测、自适应	加总平均和雷达图展示	分析方法较粗糙，缺乏对不同维度重要性的区分

表 5-2　国内不同数字化成熟度模型及类似模型对比

模型名称	发布时间	作者/机构	维度划分	等级划分	分析方法	主要缺陷
服务型企业数字化转型影响因素概念模型	2015	崔森	3 个，技术、组织和环境	4 级，数字化转型初始期、基础设施变革期、业务流程数字化转型期和战略变革期	主成分分析、结构方程模型	针对服务型企业，影响因素与制造企业有较大差别
面向制造企业的数字化工厂评估模型	2016	蔡敏等	3 个，数字化工厂工程技术应用、数字化工厂管理技术应用和数字化工厂支撑技术应用	3 级，初级、中级和高级	层次分析法	仅针对数字化工厂进行评估，更侧重技术因素
智能制造能力成熟度模型	2016	中国电子技术标准化研究院	10 个，设计、生产、物流、销售、服务、资源要素、互联互通、系统集成、信息融合、新兴业态	5 级，规划级、规范级、集成级、优化级、引领级	加权平均	缺乏对不同维度、不同问题重要性的区分

续表

模型名称	发布时间	作者/机构	维度划分	等级划分	分析方法	主要缺陷
工业互联网成熟度评估模型	2017	工业互联网产业联盟	3 个，互联互通、综合集成、数据分析利用	5 级，尚未启动、刚刚起步、逐步推进、比较完善和水平领先	加权平均	针对工业互联网成熟度，与数字化考虑因素有较大差别
埃森哲企业数字转型指数模型	2018	埃森哲	6 个，数字渠道与营销、智能生产与制造、智能支持与管控、产品与服务创新、数字商业模式、数字创投与孵化	2 级，转型领军者和一般企业	加总平均	针对所有企业，指标设计较宏观，等级划分也比较简单

国内也陆续有学者和机构展开了构建企业数字化成熟度模型或类似模型的研究，崔森（2015）提出了服务型企业数字化转型影响因素概念模型并用结构方程模型进行了检验分析，该模型从技术、组织和环境三个维度考虑对数字化转型的影响因素，并将数字化转型阶段分为数字化转型初始期、基础设施变革期、业务流程数字化转型期和战略变革期，此外还对不同阶段的侧重影响因素进行了详细分析。2016 年，蔡敏等为有效评估制造企业数字化工厂的实施水平，构建了一套面向制造企业的数字化工厂评估指标体系，该体系从数字化工厂工程技术应用、数字化工厂管理技术应用和数字化工厂支撑技术应用三大维度考虑数字化工厂建设水平，并将制造企业数字化工厂实施阶段分为初级、中级和高级三个等级。同年 9 月，由工业和信息化部主导，中国电子技术标准化研究院主编的《智能制造能力成熟度模型白皮书（1.0 版）》发布，该报告从设计、生产、物流、销售、服务、资源要素、互联互通、系统集成、信息融合、新兴业态共 10 个维度评估企业智能制造成熟度，并将成熟度等级分为规划级、规范级、集成级、优化级和引领级共 5 个等级，此外该模型还可以根据使用者的不同需求，从整体成熟度和单项能力成熟度两个不同角度进行评估。2017 年 7 月，工业互联网产业联盟（Alliance of Industrial Internet，AII）公布了《工业互联网成熟度评估白皮书（1.0 版）》，其中工业互联网成熟度评估模型基于《工业互联网体系架构（版本 1.0）》的核心思想，将工业互联网成熟度评估的三大核心要素归纳为互联互通、综合集成、数据分析利用，并将参评企业按照评估结果分为尚未启动、刚刚起步、逐步推进、比较完善和水平领先共五个等级，目前该模型已经开展了分别面向离散型和流程型制造企业的在线评估验证服务。2018 年，埃森哲针对中国企业推出了《埃森哲中国企业数字转型指数报告》，该报告从

数字渠道与营销、智能生产与制造、智能支持与管控、产品与服务创新、数字商业模式、数字创投与孵化六大核心要素评估企业的数字化成熟度，与其他成熟度模型不同的是埃森哲企业数字转型指数模型没有对成熟度等级进行细致的分级，而是重点提出了“转型领军者”的概念，并以领军者企业为标杆，对一般企业与领军者企业之间的差距进行详细分析，进而提出了成为“数字化转型领军者”的五大要务：一把手推动、活性客户关系、生态系统赋能、数据驱动以及打造动态组织。

通过仔细阅读数字化成熟度模型或类似模型的相关研究文献可以发现，过往的研究主要存在以下三个问题：①分析方法以较简单的加总平均或加权平均为主，往往缺乏足够的科学理论支撑；②在评价维度和成熟度等级（阶段）的划分上往往比较随意或倾向于使用机构本身已有研究，客观性难免不足；③尽管已有少量有关数字化成熟度模型的研究，但专门针对制造企业数字化成熟度评价模型的研究仍然处于几乎空白的状态。

第6章 制造业数字化成熟度指数的提出

6.1 指数构建原则

与评价制造企业数字化成熟度相关的指标有很多，尽管我们对指标选取是在大量文献研究、专家讨论的基础上进行的，但也不可避免地伴随着评价人员的主观性。因此，为了建立更加规范、贴合实际的指标体系，我们在选取指标时努力遵循了以下五项原则。

1. 科学性

科学性是进行科学研究必须遵循的基本原则，遵循科学性原则即要求在选取指标时必须对指标内涵有清楚的理解，遵循科学理论和客观事实，理性决定每一个指标的去留。

2. 完备性

完备性指在构建指标体系时要尽可能系统、全方位考量，力求不重不漏，使指标体系能够全面衡量制造企业的数字化水平，从而使得评价结果与实际情况更接近。

3. 独立性

独立性是指选取的指标间应尽可能不存在相关关系，从而使评价结果更真实可信。

4. 客观性

客观性指构建指标时不能随意主观做决定，也不能完全照搬前人的评价体系，要以当前我国制造企业数字化发展现状为核心，同时参考前人研究成果，在深入调研和充分讨论的基础上构建我们的指标体系。

5. 可操作性

可操作性指在选取指标体系时要充分考虑到填写问卷的企业员工对指标的理解能力，所选取的指标应当既能反映制造企业的数字化水平，又能保证填写者能够准确理解，从而使调研结果更加容易采集且真实有效。

6.2 指数框架体系

基于五项基本原则，我们首先构建了如表 6-1 所示的制造企业数字化成熟度指数模型。为便于区分，我们将一级指标命名为维度，二级指标命名为类，三级指标命名为域，并为每个指标标明了其对应的符号以便于后续分析。

表 6-1　制造企业数字化成熟度指数模型

一级指标（维度）	二级指标（类）	三级指标（域）
战略（A）	与业务战略关联性（A_1）	与业务战略关联性（A_{11}）
	以长期数字化战略为导向（A_2）	以长期数字化战略为导向（A_{21}）
	以实现客户价值为中心（A_3）	以实现客户价值为中心（A_{31}）
运营技术（B）	数字化研发（B_1）	快速研发（B_{11}）
		客户定制（B_{12}）
	数字化采购（B_2）	支出可视化（B_{21}）
		协作型先进平台（B_{22}）
		采购到付款流程（B_{23}）
		采购绩效管理（B_{24}）
	数字化制造（B_3）	资源/流程效能（B_{31}）
		生产质量管理（B_{32}）
		劳动力效率（B_{33}）
		资产利用率（B_{34}）
	数字化供应链（B_4）	供应链战略（B_{41}）
		供应链规划（B_{42}）
		实物流（B_{43}）
		供应链绩效管理（B_{44}）
		订单管理（B_{45}）
		供应链协作（B_{46}）
	数字化营销（B_5）	营销管理策略（B_{51}）
		市场分析（B_{52}）
		数字营销管理（B_{53}）
		客户体验（B_{54}）

续表

一级指标（维度）	二级指标（类）	三级指标（域）
文化组织能力（C）	文化（C_1）	风险偏好（C_{11}）
		测试并学习（C_{12}）
		速度/敏捷性（C_{13}）
	组织（C_2）	角色与职责（C_{21}）
		人才与领导力（C_{22}）
		治理机制/数字化 KPI[1]（C_{23}）
		组织科学决策（C_{24}）
	能力（C_3）	数据驱动型决策（C_{31}）
		组织流程自动化（C_{32}）
		IT 系统支持（C_{33}）
生态圈（D）	内部协作（D_1）	内部协作（D_{11}）
	外部适应力（D_2）	外部适应力（D_{21}）

6.3　数字化成熟度等级划分

数字化转型并不是一蹴而就的，而是一个渐进的、逐渐向愿景迈进的过程。我们以国内外成熟度模型的等级划分方式为参考，结合预实验结果，总结处于相同分数区间的企业数字化水平的共同特点，将制造企业数字化成熟度水平分为数字化入门者、数字化升级者、数字化转型者、数字化专家以及数字化引领者共五个等级，具体见图 6-1。

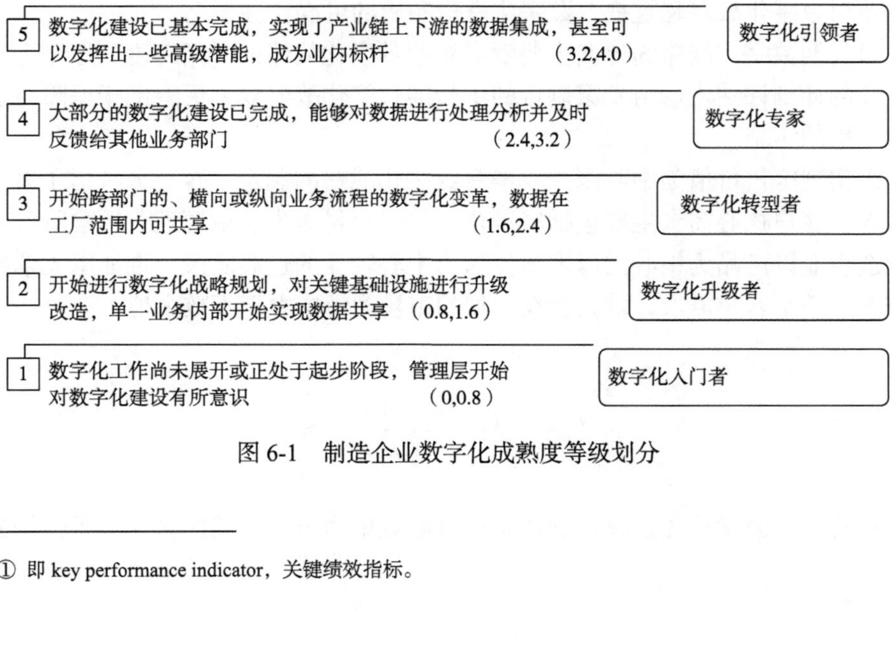

图 6-1　制造企业数字化成熟度等级划分

① 即 key performance indicator，关键绩效指标。

第 7 章　指数评价模型解析

7.1　战　　略

企业战略决定着企业未来的发展方向，对于企业的可持续发展至关重要。姜勇和修国义（2007）指出，企业战略转型就是企业为克服困难并获得竞争优势而对企业目标以及达成目标的途径进行重新规划的过程，随着全球新技术的快速发展，企业必须重新审视其战略定位，必要时需要进行适当的战略调整。因此，企业在进行数字化建设时，首先要制定相应的数字化战略，数字化战略举措的成功实施是企业数字化建设顺利展开的前提。我们主要从与业务战略关联性、以长期数字化战略为导向和以实现客户价值为中心三个类别来评价企业数字化战略的实施水平。

与业务战略关联性主要考虑企业的数字化战略与企业战略的融合度以及数字化战略在企业战略中的角色与地位，一般数字化战略与业务战略关联度越高，说明企业对数字化战略越重视，数字化举措实施的可操作性越高。

以长期数字化战略为导向主要考虑企业数字化战略的时间跨度，原则上经过对企业的详细评估之后由专家制订的中长期数字化战略规划更有助于保障企业数字化举措的实施。

以实现客户价值为中心则主要考察数字化战略的制定是否充分考虑了客户核心需求，客户核心需求主要包括客制化、快速交付能力、敏捷性、风险降低等，在制造企业以产品为中心向以客户需求为中心转变的过渡阶段，谁能率先掌握客户需求、满足客户需求，谁就能在激烈的市场竞争中立于不败之地。

7.2　运 营 技 术

运营技术因素往往是决定制造企业核心竞争力最重要的因素，也是传统的数字化升级中最关注的部分。基于波特的价值链理论，我们将运营技术分为数字化研发、数字化采购、数字化制造、数字化供应链、数字化营销五个类别。

其中，数字化研发分为快速研发和客户定制两个域。快速研发主要考察企业对于诸如计算机辅助工程技术、三维（3 dimensions，3D）打印技术、虚拟仿真测试技术等数字化技术的应用程度及运行效率，进而实现产品快速迭代；客户定制主要考察企业产品模块化、定制化的实现程度。

数字化采购包括支出可视化、协作型先进平台、采购到付款流程、采购绩效管理四个域。支出可视化主要考察企业采购支出数据的可视化、自动化程度；协作型先进平台主要考察企业品类战略端到端平台、业务协作门户、供应商协作平台等的设立和运行情况；采购到付款流程主要考察企业数字化技术对于采购到付款流程的审批及合规、索赔管理的支持程度；采购绩效管理主要考察企业供应商绩效和采购组织绩效评分与管理的自动化程度。

数字化制造分为资源/流程效能、生产质量管理、劳动力效率、资产利用率四个域。资源/流程效能考察企业在能耗管理、生产批次柔性管理、实时收率优化等方面的数字化水平；生产质量管理主要考察企业质量管理的数字化，尤其是对于先进过程控制（advanced process control，APC）和统计过程控制（statistical process control，SPC）两个数字化过程控制工具的使用程度；劳动力效率主要考察企业对于人机合作、知识型工作自动化、可穿戴设备、虚拟现实技术等可以提升劳动力效率的数字化举措的实施程度；资产利用率考察企业对于机器柔性、远程监控、预见性维护、基于增强现实的 MRO（maintenance，repair & operations，维护、维修与运行）等可以提高企业资产设备利用率的数字化举措的实施程度。

数字化供应链则主要从供应链战略、供应链规划、实物流、供应链绩效管理、订单管理、供应链协作六个域来考量，其中，供应链战略主要考察企业动态网络配置和供应链细分的数字化能力；供应链规划主要考察企业针对需求的预测性分析能力、先进闭环计划能力、先进利润优化能力；实物流主要考察企业仓储自动化、人机交互、智能物流计划算法等方面的能力；供应链绩效管理主要考察供应链数字化绩效管理能力、KPI 的自动根因分析能力；订单管理主要考察企业非接触式订单流程、在线订单跟踪能力、实时计划重排能力等；供应链协作主要考察企业供应链端到端互联能力，包括客户、公司和供应商之间的联合供应链平台运行能力。

数字化营销包括营销管理策略、市场分析、数字营销管理以及客户体验四个域。营销管理策略主要考量企业对于客户细分与定位、自动化定价与优化以及数字化多渠道策略的运用情况；市场分析主要考量企业利用大数据技术分析市场行情、预测市场趋势的能力；数字营销管理考察企业在社交媒体互动、数字化精准营销方面所做出的成果；客户体验则考察企业是否采用诸如增强现实技术等提升企业产品或服务的客户体验度。

7.3 文化组织能力

文化组织能力因素是分别从文化、组织、能力三个类别来考察企业的数字化水平。

企业文化代表着一家企业的精神，在数字化转型期间，如果企业缺乏与数字化相匹配的企业文化，将严重影响企业数字化举措的实施。2017 年，全球著名咨询公司 Capgemini 在其报告中指出，企业文化变革是数字化转型的前提，企业数字化转型的成败在于企业组织是否接受了数字化变革将不是技术问题而是企业文化变革这一事实①。因此，我们将文化因素作为评价企业数字化实施水平的关键因素之一。

文化因素包括风险偏好、测试并学习、速度/敏捷性三个域。风险偏好考察企业对于实施数字化所能承担风险的接受程度；测试并学习考察企业是否有完善的系统和预算来支持企业进行数字化新举措的测试并学习；速度/敏捷性考察企业数字化组织内决策制定的速度以及关键数字化举措的执行速度。

数字化变革不仅要求企业对产品和服务模式进行变革，而且要求企业对组织的形态和运作方式进行变革，企业在进行数字化建设时，必须拥有一支有能力驾驭数字化的组织团队（刘涛和杨雅清，2017）。因此，企业组织的数字化水平也是需要重点关注的领域之一。

组织因素包括角色与职责、人才与领导力、治理机制/数字化 KPI、组织科学决策四个域。角色与职责主要考察企业对于数字化流程中相关的角色与职责是否已明确定义，是否有一个清晰的数据所有权结构；人才与领导力考察企业数字化负责人的数字化经验丰富度、数字化负责人在企业领导团队中的地位层级；治理机制/数字化 KPI 考察企业数字化 KPI 的建立、跟踪与改进措施、相关绩效的问责制度以及数字化举措本身及其制定流程的透明度和一致性水平；组织科学决策考察企业数字化举措在投资决策、职能预算和资源分配中的重要程度。

能力因素主要指企业合理利用数字化工具辅助工作的能力，有些企业尽管已经拥有了一定的数字化基础，但能否充分利用已有的数字化工具解决企业问题，提高工作效率才是企业数字化实施成功与否的真正标志。因此应当对企业的数字化能力因素进行评价。

能力因素包括数据驱动型决策、组织流程自动化以及 IT 系统支持三个域。数

① 见报告 *The digital culture challenge：closing the employee – leadership gap*。

据驱动型决策主要考察企业通过分析数据（如基于态度和行为细分客户的数据）产生有关数字化能力和绩效洞见（如可预测客户行为的模型）的能力；组织流程自动化主要考察企业利用数字化工具促进员工工作流程自动化的水平；IT 系统支持主要考察企业 IT 架构和平台对核心数字化举措实施的支持程度、企业 IT 基础建设投资预算和管理、企业 IT 基础设施及其维护能力在同行业中的水平。

7.4 生 态 圈

万物互联的时代打破了原本栅格分明的商业边界，企业竞争与合作的范围也不断扩大，在这样的背景下，发展企业所在商业生态圈的价值，成为当下时代对企业提出的新要求。数字化生态圈就是指企业借助物联网、大数据等数字技术，构建由企业自身与上下游伙伴合作组成的利益联盟（江远涛，2016）。合格的数字化生态圈，不仅要求企业拥有优秀的合作机制，能够充分借助外部合作伙伴的力量提升自己的数字化水平，还要求企业自身拥有强大的协调管理能力以支撑数字化举措的实施。

因此，数字化生态圈因素是分别从内部和外部来衡量的，包括内部协作和外部适应力两个类别。内部协作主要考察企业内部在数字化举措的实施上能否有效合作、拥有多大程度上的高绩效文化愿景和责任制度；外部适应力主要指企业在数字化举措实施中缺乏资源、能力时，是否积极寻求并能够得到诸如其他企业、政府、学校、研究院、咨询公司等来自外部的合作或从外部伙伴中获取资源帮助。

第8章　指数评价问卷设计与调查实施

8.1　调查问卷的设计流程

本书的目的是针对我国制造企业数字化的成熟度现状进行评价，因此，设计能够承担大样本数据调研的调查问卷就尤为重要，尤其是设计流程应当更加全面和谨慎，以使问卷整体结构更为合理，题项设置更为科学，这样研究结果真实性也就能有所保证，从而能够真正起到看清企业数字化水平现状的作用。

针对本次研究的问卷设计流程包含了如图 8-1 所示的四个步骤。

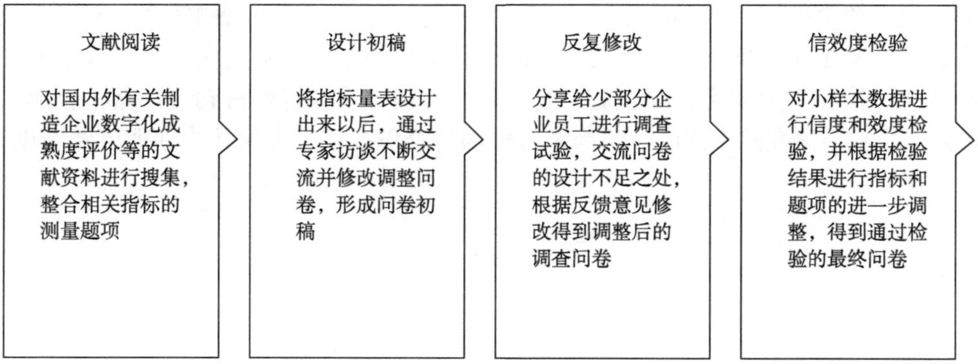

图 8-1　调查问卷设计流程示意图

首先对国内外有关制造企业数字化成熟度评价等的文献资料进行搜集，尤其是关注国际国内的顶级期刊，整合相关指标的测量题项。

将指标量表设计出来以后，通过专家访谈不断交流并修改调整问卷，尤其是着重明晰具体特征要素和题项内容，形成调查问卷的完整初稿。

将调查问卷初稿分享给少部分企业员工进行调查试验，并和这些调研群体直接交流问卷设计的不足之处，根据反馈意见，对一些题项语义不清的地方予以修改，并对部分词语的使用进行调整。同时，通过调整问卷题项的分布以达到尽可能缩减篇幅的目的，进而得到调整后的调查问卷。

此时，经过多方意见汇总后的调查问卷就已经比较成熟了，然后通过小规模预调研，对小样本数据进行信度和效度检验，并根据检验结果进行指标和题项的进一步调整，确保调查问卷的测量题项是合适的，问卷结构是合理的，从而形成能够实现大样本数据采集的调查问卷。

这样，适合本书的调查问卷就被设计出来。下一步工作是将调查问卷进行大量的发放、填写和回收，通过汇总调查结果获得大样本数据，这些大样本数据将被用于进行数字化成熟度评价研究。

8.2　问题设计与测度

本书采用 5 级利克特量表设计了针对三级指标的测量量表，如表 8-1 所示。为确保问卷可以准确衡量每一个指标在企业的实施水平，本书针对各指标设立了 1~5 个不等的测量问题，每一个测量问题不仅要求填写者给予 0~4 分的评分，还要求填写者针对该测量问题对企业数字化的重要性进行 0~4 分的评分。其中，针对测量问题的 0~4 的评分分别代表企业在该模块的数字化成熟度很不成熟、比较不成熟、一般、比较成熟和很成熟；针对测量问题重要性的 0~4 的评分分别代表该模块对企业数字化建设的影响很不重要、比较不重要、一般、比较重要和很重要。

表 8-1　制造企业数字化成熟度评价问卷示例

1.贵公司的数字化战略/举措在多大程度上可以融入企业战略中？[单选题]*						
○0 分：没有专门的数字化战略或者有一些数字化举措，但这些举措并不能构成统一的数字化战略，也不能对企业战略起到帮助						
○1 分：数字化举措可以统一成数字化战略，但没有融入企业战略						
○2 分：数字化举措可以统一成数字化战略，但仅有少部分可以融入企业战略						
○3 分：数字化举措可以统一成数字化战略，但数字化战略并不连贯，并且还有部分未融入企业战略中去						
○4 分：数字化举措可以形成连贯统一的数字化战略，并且可以完全融入企业战略中去						
2.考虑到上一问题所涵盖的领域，以及该领域做得好与差会对公司造成的影响，您认为该问题对贵公司数字化建设的重要程度是多少？[单选题]*						
很不重要	○0	○1	○2	○3	○4	很重要

对于本次调查的问卷结构，本书将调查问卷分为以下五部分内容。

（1）标题：列示调查问卷的标题，使得被调查人员清晰地知晓问卷目的和调查活动。

（2）导言：包括欢迎辞、保密承诺以及对本问卷的调研情况进行解释，并说明填写者应当注意的要点。

（3）个人及企业基本信息：包括被调查者的受教育程度、公司职位以及所在企业的名称、所属行业、所在地区、企业年收入、员工人数、企业性质、企业经营管理模式等。

（4）企业数字化水平的主体量表分成战略、运营技术、文化组织能力、生态圈四大维度，共 13 个类，35 个域，包含 102 个测量问题以及 102 个对应的重要性衡量问题。

（5）致谢部分包括致谢内容、调查人员的联络方式等。

8.3　预　调　查

为了使问卷调查更具备有效性，当问卷设计结束后，先选取 50 位企业员工进行了初步的问卷调查，并询问被调查人员是否存在对调查问卷内容有疑惑的部分。为提高调查质量和回收效率，同时采取线上和线下两种调查方式，当问卷完成后则马上进行回收，这也保障了调查问卷回收后的真实性。初步调查实施后将问卷结果予以梳理，对数据结果进行了信度和效度检验，结果显示，调查问卷的信度和效度均处于适宜的区间内，题项设置合理，并不需要删减。另外，在与调查对象的沟通了解中发现，调查者对调查问卷的内容理解上并没有较大的困惑和质疑。

8.4　正式调查数据收集结果

本书的研究数据主要是通过调查问卷的发放与回收获取。本次发放调查问卷的方式主要包括：①通过问卷星等网络调查辅助工具面向全国多家制造企业管理人员发放调查问卷；②事先沟通征得同意后，通过电子邮件的方式向部分制造企业管理人员发送调查问卷；③通过电话访谈和实地走访的方式向本校的工商管理专业硕士同学和校友中的企业管理者发放问卷。

然后，通过对调查问卷填写结果进行汇总整理，删除部分无效样本，删除原则主要包括以下四个方面。

问卷填写过于迅速，明显未经思考和阅读题项的。

问卷答案带有过于明显的倾向性的，如答案根据 0~4 排列或全部为某一选项的。

问卷未填写完整的。

问卷填写人员不属于制造企业员工的。

足够的样本数量可以使得处理数据的信度和效度更为精准。鉴于本书的研究模型评价指标较多，层次关系也相对复杂，最终，本次一共发放了 779 份调查问卷，回收了有效问卷 515 份，有效回收率为 66.11%，因此，本书的样本容量的最终结果为 515 份。

第 9 章 问卷数据质量检验

9.1 样本描述性统计分析

问卷首先调查了填写者及所在企业的基本信息，这是为了保证问卷调查覆盖人群与企业的合理性与代表性。调查对象描述性统计见表 9-1。

表 9-1 调查对象特征描述性统计

项目	类型	频数	百分比	项目	类型	频数	百分比
受教育程度	小学及以下	0	0.00%	所属行业	材料	43	8.35%
	初中	0	0.00%		电力设备	25	4.85%
	高中	6	1.17%		机械装备	102	19.81%
	大专	41	7.96%		航空航天	4	0.78%
	本科	345	66.99%		化工	35	6.80%
	硕士	114	22.14%		农林造纸	12	2.33%
	博士	9	1.75%		汽车整车制造	31	6.02%
公司职位	普通员工	1	0.19%		汽车零部件	42	8.16%
	主管（储备主管）	42	8.16%		制药	22	4.27%
	部门经理或副经理（储备经理）	140	27.18%		医疗器械	13	2.52%
	业务总监（分公司经理）	183	35.53%		快消	26	5.05%
	公司总经理或副总经理	129	25.05%		服装鞋业	24	4.66%
	董事长	13	2.52%		家用家居	23	4.47%
	其他	7	1.36%		消费电子	49	9.51%
企业性质	国有	83	16.12%		电子元器件	28	5.44%
	民营	322	62.52%		半导体	5	0.97%
	外资	55	10.68%		其他	31	6.02%
	中外合资	52	10.10%	所在地区	东部	386	74.95%
	其他	3	0.58%		中部	58	11.26%

续表

项目	类型	频数	百分比	项目	类型	频数	百分比
所在地区	西部	48	9.32%	企业年收入/元	0~100 万	6	1.17%
	东北	23	4.47%		100 万~500 万	28	5.44%
员工人数	少于 50	35	6.80%		500 万~1000 万	70	13.59%
	50~150	78	15.15%		1000 万~5000 万	125	24.27%
	150~500	175	33.98%		5000 万~1 亿	91	17.67%
	500~1000	107	20.78%		1 亿~10 亿	125	24.27%
	1000~5000	88	17.09%		10 亿~50 亿	44	8.54%
	5000 以上	32	6.21%		50 亿以上	26	5.05%

从汇总表中可以发现，问卷数据有较好的离散程度，不同类型数据占比也基本符合现实情况。在被调查对象中，学历以本科为主，占比 66.99%；公司职位以中高层管理者为主，其中经理级别（部门经理或副经理、业务总监、公司总经理或副总经理）占比达 87.76%；企业性质以民营为主，占比达 62.52%；所属行业类型较分散，其中机械装备行业（19.81%）、消费电子行业（9.51%）、材料行业（8.35%）、汽车零部件行业（8.16%）以及化工行业（6.80%）数量较多；企业年收入集中在 1000 万~10 亿元，占比 66.21%；员工人数多在 150~1000，占比 54.76%；企业所在地区集中在经济发达的东部地区，占比 74.95%。

9.2　信度和效度分析

9.2.1　信度指标分析

信度指标反应量表的可靠性，指的是通过使用测量工具或相同指标对某一事物进行反复测量时，对于结果是否一致的衡量（张文彤，2004）。通常采用 Cronbach's α 值来反映。如果量表的 Cronbach's α 值大于 0.7，可以认为量表及题项的可靠性高；如果量表的 Cronbach's α 值在 0.5~0.7，可以认为量表及题项的信度一般；如果量表的 Cronbach's α 值小于 0.5，可以认为量表及题项的信度较低，需要考虑重设量表。

本书采取 SPSS 25.0 对问卷总的 Cronbach's α 值进行了计算，得到总 Cronbach's α 值为 0.968，大于 0.7，之后又对各级指标对应的信度系数进行了计算，得到的结果见表 9-2。分析可知，全部指标的 Cronbach's α 值均超过了 0.5，其中绝大部分 Cronbach's α 值大于 0.7，说明信度指标合理，可靠性可以接受。因而，调查问卷具有理想的可靠性。

表 9-2　样本信度检验分析

维度	Cronbach's α	类	Cronbach's α	域	删除项后的 Cronbach's α
A	0.791	A_1	0.967	A_{11}	0.967
		A_2	0.968	A_{21}	0.968
		A_3	0.968	A_{31}	0.968
B	0.932	B_1	0.599	B_{11}	0.967
				B_{12}	0.968
		B_2	0.829	B_{21}	0.968
				B_{22}	0.966
				B_{23}	0.967
				B_{24}	0.967
		B_3	0.894	B_{31}	0.967
				B_{32}	0.966
				B_{33}	0.966
				B_{34}	0.966
		B_4	0.914	B_{41}	0.966
				B_{42}	0.966
				B_{43}	0.967
				B_{44}	0.967
				B_{45}	0.967
				B_{46}	0.966
		B_5	0.663	B_{51}	0.967
				B_{52}	0.967
				B_{53}	0.968
				B_{54}	0.968
C	0.916	C_1	0.678	C_{11}	0.968
				C_{12}	0.967
				C_{13}	0.967
		C_2	0.900	C_{21}	0.967
				C_{22}	0.966
				C_{23}	0.966
				C_{24}	0.966
		C_3	0.794	C_{31}	0.966
				C_{32}	0.966
				C_{33}	0.967
D	0.518	D_1	0.967	D_{11}	0.967
		D_2	0.968	D_{21}	0.968

9.2.2　效度指标分析

效度指标反映量表的有效性，通常指问卷对目标事物特性或功能进行测量的准确程度。一般可分为内容效度和结构效度。

1. 内容效度

内容效度指问卷内容的确切性，问卷内容能否充分反映本书所研究的主要内容。本书设计的指标体系是在参考国内外典型的数字化成熟度模型及相关文献的基础上，通过与行业专家反复讨论最终形成的，指标包含的内容全面、客观。而本问卷的设计则是在参考国内外经典量表的基础上，以本书设计的指标体系为基础，然后与相关领域的专家进行访谈，听取各方面建议，并邀请 50 位企业员工进行预调查，在多方反馈的基础上进行调整才最终确定了问卷所有题项及问卷格式。因此，可以认为本问卷具有一定的内容效度。

2. 结构效度

结构效度指测量问卷与其所依据的理论或概念框架的相结合程度，反映的主要是能否使用该问卷测量出所研究的抽象概念这类问题（徐天和和徐勇勇，2004）。通常使用因子分析法对结构效度进行评价。因子分析就是通过对原始变量进行变换和处理后综合为少数几个强因子，并且用强因子对可观测变量进行最大限度地解释说明，进而揭示原始变量与因子变量间相互关系的一种降维分析方法。在做因子分析前，首先通常用 KMO-Bartlett 检验变量间的相关性，从而分析样本数据是否适合做因子分析。在 Bartlett 球形检验值小于 0.001 的前提下，KMO 值越接近 1，表示样本数据越适合做因子分析。如表 9-3 所示，经 SPSS 25.0 进行 KMO-Bartlett 检验，样本的 KMO 值为 0.979，Bartlett 球形度检验值为 0.000，说明样本数据适合进行因子分析。

表 9-3　样本 KMO-Bartlett 检验结果

KMO 取样适切性量数		0.979
Bartlett 球形检验	近似卡方	13 027.131
	自由度	595
	显著性	0.000

在因子分析中每个指标在某一个公因子上有较高的载荷值，并且所有公因子的累积方差贡献率至少达到 40%，才能够认为问卷的结构效度是良好的（杨小平等，2006）。用 SPSS 25.0 对调研数据做因子分析之后得到了各变量旋转后的因子载荷矩阵（表 9-4）。

表 9-4　方差最大正交旋转后的因子载荷矩阵

编号	因子 1	因子 2	因子 3
A_{11}	0.215	0.279	**0.751**
A_{21}	0.113	0.334	**0.683**
A_{31}	0.086	0.262	**0.721**
B_{11}	**0.689**	0.215	**0.431**
B_{12}	0.287	0.177	**0.541**
B_{21}	**0.449**	0.089	**0.488**
B_{22}	**0.699**	0.347	0.396
B_{23}	**0.597**	0.288	0.372
B_{24}	**0.621**	0.306	0.305
B_{31}	**0.668**	0.287	0.298
B_{32}	**0.674**	0.334	0.295
B_{33}	**0.792**	0.293	0.188
B_{34}	**0.790**	0.339	0.181
B_{41}	**0.633**	**0.443**	0.219
B_{42}	**0.732**	**0.415**	0.145
B_{43}	**0.783**	0.307	0.046
B_{44}	**0.675**	0.365	0.135
B_{45}	**0.513**	**0.463**	0.271
B_{46}	**0.657**	**0.555**	0.209
B_{51}	0.344	**0.502**	0.211
B_{52}	0.387	**0.578**	0.071
B_{53}	**0.652**	0.246	0.036
B_{54}	0.179	**0.434**	0.271
C_{11}	0.292	**0.525**	0.105
C_{12}	0.317	**0.612**	0.078
C_{13}	0.332	**0.636**	0.281
C_{21}	0.308	**0.701**	0.330
C_{22}	**0.418**	**0.651**	0.303
C_{23}	**0.440**	**0.649**	0.248
C_{24}	**0.494**	**0.636**	0.269
C_{31}	**0.544**	**0.619**	0.161
C_{32}	**0.499**	**0.600**	0.263
C_{33}	0.189	**0.615**	0.292
D_{11}	0.164	**0.592**	0.284
D_{21}	0.165	**0.581**	0.187

如表 9-4 所示，本书共提取出 3 个公因子，其累积方差贡献率为 59.495%，高于 40%。经过方差最大正交旋转后，得到各指标的因子载荷矩阵，一般认为因

子载荷值的标准界值为 0.4，可以看出，表中每个指标都在其中某一个公因子上有较高的载荷值（表中单元格加粗显示的部分），该值在 0.415~0.792，而在其他公因子上的载荷值较低。因此可以认为，本问卷具有较好的结构效度。

第 10 章 制造企业数字化成熟度评价过程

10.1 评价方法的选择

AHP 法的基本思想是把衡量复杂目标的多个指标权重的整体判断转变为对这些指标在同一层次间进行“两两比较”，然后再对这些指标的权重进行排序判断，最后确定各指标的组合权重（彭国甫等，2004）。相对 DEMATEL 法来说，AHP 法要更加客观、准确和有效，但理论上来说，只有模型各个指标间相互独立时，AHP 法确定的权重才是真实可信的，而制造企业数字化评价指标体系是一个涉及多方面多层次的复杂体系，很难保证各个影响因素间的独立性。因此若仅采用 AHP 法进行评价可能会忽略因素间的相互影响，造成评价结果与实际情况发生偏离（瞿英等，2016）。

DEMATEL 法是一种运用矩阵论原理对各个因素间的因果关系进行分析和判定，进而识别出系统中主要因素的方法（李仲琦和焦建华，2018）。由于 DEMATEL 法主要通过分析各因素间影响和被影响程度来确定权重，因此可以有效解决因素之间的非独立性问题（彭晗等，2014）。因此，本书首先运用 AHP 法确定各指标的权重，其次利用 DEMATEL 法确定各指标的原因度和中心度，进一步与 AHP 法确定的权重结合得出各指标的综合影响度，即基于 AHP-DEMATEL 法的组合权重，最后以该组合权重为基础计算制造企业数字化的成熟度分值。这样一方面充分利用了 AHP 法可以有效避免主观随意性、结构层次更加鲜明的优点，另一方面通过 DEMATEL 法弥补了单纯使用 AHP 法无法考虑各指标相互关系的缺陷，使得评价结果更加逼近真实情况（图 10-1）。

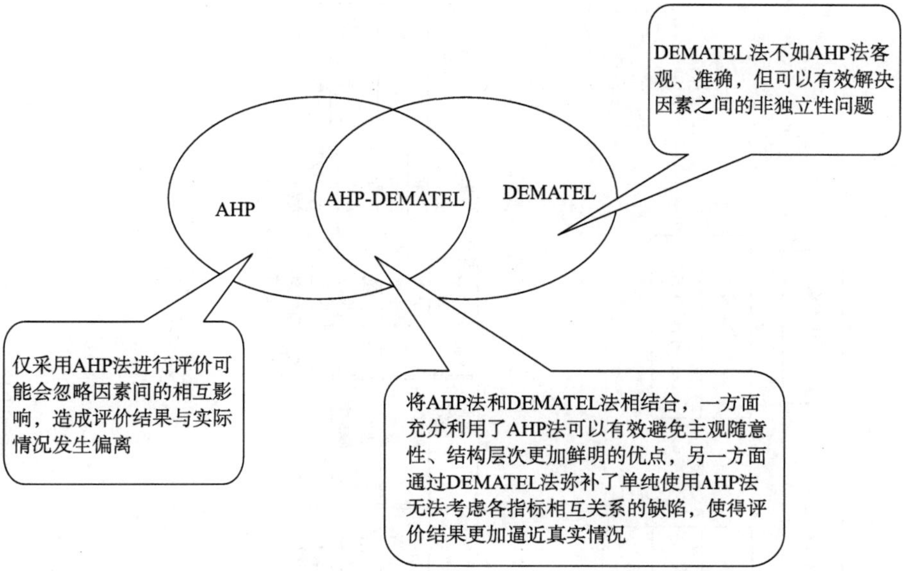

图 10-1　AHP 法和 DEMATEL 法各自及结合的优劣比较

10.2　构建层次结构模型

基于 AHP 法的基本原理与步骤，本书首先根据此前构建的指标体系构建制造企业数字化成熟度评价的层次结构模型，具体如图 10-2 所示。其中，目标层为确定企业数字化综合得分，准则层 1 为制造企业数字化成熟度评价体系的一级指标，即战略、运营技术、文化组织能力、生态圈四大维度；准则层 2 为二级指标，即 13 个类；准则层 3 为三级指标，即 3 个域。

10.3　构造判断矩阵及其一致性检验

为了比较同一层各指标对其上层指标的影响程度，需要构建判断矩阵，如表 10-1 所示。记 $X=\left(x_{ij}\right)_{n\times n}$，则 X 为指标 $x_1,x_2,\cdots,x_n$ 相对于上层 C_s 指标的判断矩阵。

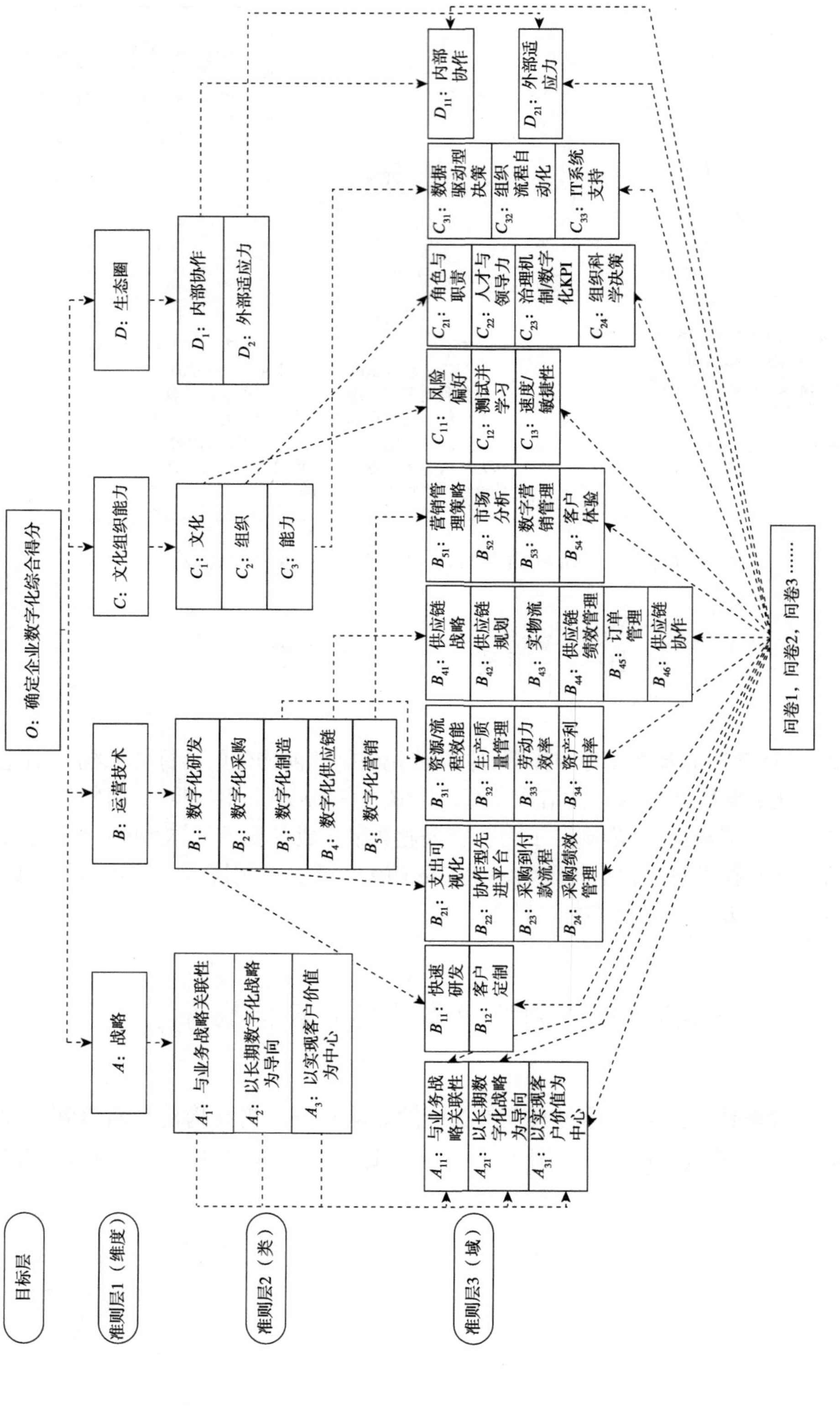

图 10-2　制造企业数字化成熟度评价的层次结构模型图

表 10-1　判断矩阵 X

C_s	x_1	x_2	…	x_n
x_1	x_{11}	x_{12}	…	x_{1n}
x_2	x_{21}	x_{22}	…	x_{2n}
⋮	⋮	⋮	⋮	⋮
x_n	x_{n1}	x_{n2}	…	x_{nn}

在对指标进行两两比较判断时，一般采用 1~9 标度区分指标的重要程度，标度值的具体含义如表 10-2 所示。其中，标度值 x_{ij} 表示对 C_s 而言，方案 x_i 比 x_j 相对重要的程度。

表 10-2　指标比较标度及其描述

标度值	含义
1	表示指标 x_i 与 x_j 比较，具有同等的重要性
3	表示指标 x_i 与 x_j 比较，x_i 比 x_j 稍微重要
5	表示指标 x_i 与 x_j 比较，x_i 比 x_j 明显重要
7	表示指标 x_i 与 x_j 比较，x_i 比 x_j 非常重要
9	表示指标 x_i 与 x_j 比较，x_i 比 x_j 极端重要
2，4，6，8	表示上述相邻判断的中间值
倒数	表示指标 x_i 与 x_j 重要性之比为 x_{ij}，则 x_j 比 x_i 重要性之比为 $x_{ji}=1/x_{ij}$

根据构造的判断矩阵，可计算出判断矩阵的特征向量 ω_i 和最大特征根 $\lambda_{\max}$，由于所构造的判断矩阵是专家主观判断得到的，需要对判断矩阵进行一致性和随机性检验，以避免出现问题矩阵（诸如甲比乙极端重要，乙比丙极端重要，丙又比甲极端重要这样的错误判断），从而确保所求出的特征向量（即权重值）的合理性，检验公式为

$$\mathrm{CR}=\mathrm{CI}/\mathrm{RI} \tag{10-1}$$

式中，CR——判断矩阵的随机一致性比率；

RI——判断矩阵的平均随机一致性指标，具体见表 10-3；

表 10-3　AHP 法的平均随机一致性指标值 RI

n	1	2	3	4	5	6	7	8	9	10	11	12	13	14	15
RI	0	0	0.52	0.89	1.12	1.26	1.36	1.41	1.46	1.49	1.52	1.54	1.56	1.58	1.59

CI——判断矩阵一致性指标，可由式（10-2）计算得出

$$\mathrm{CI}=\frac{\lambda_{\max}-n}{n-1} \tag{10-2}$$

式中，n——判断矩阵阶数。

如果对应判断矩阵的 $\mathrm{CR}<0.1$，则认为该矩阵具有相对一致性，如果 $\mathrm{CR}>0.1$，则需专家重新讨论两两指标间的比值，直到 $\mathrm{CR}<0.1$ 为止。

本书组织经验丰富的专家团按照两两指标对比的原则，在经过反复集体讨论后，根据 1~9 标度法构建各层指标的判断矩阵并进行一致性检验，由于篇幅限制这里仅列出各层两两指标间比值，整理得出的判断矩阵见表 10-4，该表所对应的判断矩阵均已通过一致性检验。

表 10-4　各层两两指标间比值

A/B	A/C	A/D	B/C	B/D	C/D	A_1/A_2	A_1/A_3
1/3	5	7	7	9	4	2	1/2
A_2/A_3	B_1/B_2	B_1/B_3	B_1/B_4	B_1/B_5	B_2/B_3	B_2/B_4	B_2/B_5
1/2	1/3	1/4	1/2	1/2	1	3	2
B_3/B_4	B_3/B_5	B_4/B_5	C_1/C_2	C_1/C_3	C_2/C_3	D_1/D_2	B_{11}/B_{12}
4	5	2	1/2	1	1	1/2	3
B_{21}/B_{22}	B_{21}/B_{23}	B_{21}/B_{24}	B_{22}/B_{23}	B_{22}/B_{24}	B_{23}/B_{24}	B_{31}/B_{32}	B_{31}/B_{33}
3	2	4	1/2	2	3	1/4	1/3
B_{31}/B_{34}	B_{32}/B_{33}	B_{32}/B_{34}	B_{33}/B_{34}	B_{41}/B_{42}	B_{41}/B_{43}	B_{41}/B_{44}	B_{41}/B_{45}
1/3	2	2	1	2	1/2	1	2
B_{41}/B_{46}	B_{42}/B_{43}	B_{42}/B_{44}	B_{42}/B_{45}	B_{42}/B_{46}	B_{43}/B_{44}	B_{43}/B_{45}	B_{43}/B_{46}
1/2	1/4	1/2	1	1/4	2	4	1
B_{44}/B_{45}	B_{44}/B_{46}	B_{45}/B_{46}	B_{51}/B_{52}	B_{51}/B_{53}	B_{51}/B_{54}	B_{52}/B_{53}	B_{52}/B_{54}
2	1/2	1/3	2	1/3	2	1/4	1/3
B_{53}/B_{54}	C_{11}/C_{12}	C_{11}/C_{13}	C_{12}/C_{13}	C_{21}/C_{22}	C_{21}/C_{23}	C_{21}/C_{24}	C_{22}/C_{23}
2	1/5	1/4	1	1	1	2	1
C_{22}/C_{24}	C_{23}/C_{24}	C_{31}/C_{32}	C_{31}/C_{33}	C_{32}/C_{33}			
2	2	1/3	1/2	1			

10.4　各指标单层权重及组合权重的计算（基于 AHP 法）

由已通过一致性检验的判断矩阵所求得的特征向量 ω_i ，即各指标单层权重，进一步可求出各指标对应总目标 O 的组合权重，结果如表 10-5 所示。

表 10-5　各指标单层权重及组合权重（基于 AHP 法）

维度	单层权重	组合权重	类	单层权重	组合权重	域	单层权重	组合权重
A	28.77%	28.77%	A_1	31.19%	8.97%	A_{11}	100.00%	8.97%
			A_2	19.76%	5.69%	A_{21}	100.00%	5.69%
			A_3	49.05%	14.11%	A_{31}	100.00%	14.11%
B	56.95%	56.95%	B_1	7.69%	4.38%	B_{11}	75.00%	3.28%
						B_{12}	25.00%	1.10%
			B_2	29.20%	16.63%	B_{21}	46.58%	7.74%
						B_{22}	16.11%	2.68%
						B_{23}	27.71%	4.61%
						B_{24}	9.60%	1.60%
			B_3	38.80%	22.09%	B_{31}	8.90%	1.97%
						B_{32}	43.28%	9.56%
						B_{33}	23.91%	5.28%
						B_{34}	23.91%	5.28%
			B_4	13.32%	7.59%	B_{41}	14.41%	1.09%
						B_{42}	7.21%	0.55%
						B_{43}	28.82%	2.19%
						B_{44}	14.41%	1.09%
						B_{45}	7.59%	0.58%
						B_{46}	27.54%	2.09%
			B_5	10.99%	6.26%	B_{51}	23.38%	1.46%
						B_{52}	9.56%	0.61%
						B_{53}	46.38%	2.90%
						B_{54}	20.68%	1.29%

续表

维度	单层权重	组合权重	类	单层权重	组合权重	域	单层权重	组合权重
C	10.05%	10.05%	C_1	26.11%	2.62%	C_{11}	10.07%	0.26%
						C_{12}	46.63%	1.22%
						C_{13}	43.30%	1.14%
			C_2	41.11%	4.13%	C_{21}	28.57%	1.18%
						C_{22}	28.57%	1.18%
						C_{23}	28.57%	1.18%
						C_{24}	14.29%	0.59%
			C_3	32.78%	3.30%	C_{31}	16.98%	0.56%
						C_{32}	44.29%	1.46%
						C_{33}	38.73%	1.28%
D	4.23%	4.23%	D_1	33.33%	1.41%	D_{11}	100.00%	1.41%
			D_2	66.67%	2.82%	D_{21}	100.00%	2.82%

10.5 综合影响矩阵的计算

根据 DEMATEL 法的基本原理与步骤，首先构建直接影响矩阵 $U=\left(u_{ij}\right)_{n\times n}$，其中 u_{ij} 表示因素 u_i 对 u_j 的直接影响程度；用 0～4 标度来表示因素之间的影响强度，其中 0～4 分别代表“没影响”“稍弱影响”“弱影响”“较强影响”“很强影响”。若 $i=j$，则 $u_{ij}=0$。本书组织经验丰富的专家团，以准则层 3 的各要素域为基本元素，构建直接影响矩阵 U 如表 10-6 所示。根据式（10-3）对其进行规范化处理，得到规范化影响矩阵 G 如表 10-7 所示，并根据式（10-4）计算出综合影响矩阵 T，如表 10-8 所示。

$$G=\left(g_{ij}\right)_{n\times n}=\frac{U}{\max\sum_{j=1}^{n}u_{ij}}，\ i=1,2,\cdots,n \tag{10-3}$$

$$T=G\left(I-G\right)^{-1} \tag{10-4}$$

式中，I ——单位矩阵；

$\left(I-G\right)^{-1}$——$\left(I-G\right)$ 逆矩阵；

表 10-6　直接影响矩阵 U

域	A_{11}	A_{21}	A_{31}	B_{11}	B_{12}	B_{21}	B_{22}	B_{23}	B_{24}	B_{31}	B_{32}	B_{33}	B_{34}	B_{41}	B_{42}	B_{43}	B_{44}	B_{45}	B_{46}	B_{51}	B_{52}	B_{53}	B_{54}	C_{11}	C_{12}	C_{13}	C_{21}	C_{22}	C_{23}	C_{24}	C_{31}	C_{32}	C_{33}	D_{11}	D_{21}
A_{11}	0	1	1	0	1	1	1	1	1	1	1	1	1	1	0	0	1	1	1	1	0	1	0	1	1	1	1	1	1	1	1	1	1	1	1
A_{21}	1	0	1	0	1	1	1	1	1	1	1	1	1	1	0	0	1	1	1	1	0	1	0	1	1	1	1	2	1	1	1	1	1	1	1
A_{31}	1	1	0	1	2	0	0	0	0	1	2	1	1	1	0	0	1	1	1	1	1	1	2	1	1	1	1	1	1	1	1	1	1	2	1
B_{11}	0	0	0	0	2	0	2	0	0	1	1	1	0	0	0	0	0	0	1	0	0	0	1	1	1	0	0	0	0	0	1	1	0	1	1
B_{12}	0	0	0	1	0	0	0	0	0	0	1	0	0	0	0	0	0	0	1	1	1	1	1	1	1	1	0	1	1	1	1	0	0	1	1
B_{21}	0	0	0	0	0	0	1	2	1	0	0	0	0	0	0	0	0	0	0	0	0	0	0	0	0	0	0	0	0	0	1	0	0	0	0
B_{22}	0	0	0	1	0	2	0	2	1	0	0	0	0	1	0	1	0	1	1	0	0	0	0	0	1	1	0	0	0	1	1	1	0	2	0
B_{23}	0	0	0	0	0	1	1	0	1	0	0	0	0	0	0	0	0	0	0	0	0	0	0	0	0	0	0	0	0	1	0	1	0	0	0
B_{24}	0	0	0	0	0	2	1	1	0	0	0	0	0	0	0	0	0	0	0	0	0	0	0	0	0	1	1	0	1	1	1	0	0	0	0
B_{31}	0	0	0	1	1	0	0	0	0	0	1	1	2	0	0	0	0	0	1	0	0	0	0	1	0	0	0	0	0	0	0	0	0	1	0
B_{32}	0	0	0	2	2	0	0	0	0	2	0	2	2	0	0	0	0	0	1	0	0	0	0	1	0	0	0	0	0	0	0	1	0	1	1
B_{33}	0	0	0	2	0	0	0	0	0	2	2	0	2	0	0	2	0	1	0	0	0	0	0	1	0	0	0	0	0	0	0	0	0	1	0
B_{34}	0	0	0	1	1	0	0	0	0	2	2	2	0	0	0	0	0	0	0	0	0	0	0	1	0	0	0	0	0	0	0	0	0	1	0
B_{41}	0	0	0	0	1	0	0	0	0	0	0	0	0	0	2	2	2	2	2	0	0	0	0	0	0	0	0	0	0	1	0	0	0	0	0
B_{42}	0	0	0	0	1	0	0	0	0	0	0	0	0	0	0	1	2	2	2	0	0	0	0	0	0	0	0	0	0	0	0	0	0	0	0
B_{43}	0	0	0	1	1	0	0	0	0	0	0	0	0	0	1	0	2	0	2	0	0	0	0	1	0	0	0	0	0	1	0	0	0	2	0
B_{44}	0	0	0	0	1	0	0	0	0	0	0	0	0	0	1	1	0	1	1	0	0	0	0	0	0	0	0	0	0	1	1	0	0	0	0
B_{45}	0	0	0	1	2	0	1	0	0	0	0	0	0	0	0	2	0	0	2	0	0	0	0	1	0	0	0	0	0	0	1	1	0	1	1
B_{46}	0	0	1	2	2	0	2	1	0	0	0	0	0	0	0	2	1	2	0	0	0	0	0	1	0	0	1	0	0	1	0	1	0	2	3
B_{51}	0	0	0	0	2	0	0	0	0	0	0	0	0	0	0	0	0	0	0	0	1	1	1	0	0	0	0	0	0	1	0	0	0	0	0
B_{52}	0	0	0	1	2	0	0	0	0	0	0	0	0	0	0	0	0	0	0	2	0	2	1	0	0	0	0	0	0	1	1	0	0	0	0
B_{53}	0	0	0	0	2	0	0	0	0	0	0	0	0	0	0	0	0	0	0	2	0	0	1	0	0	0	0	0	0	1	0	0	0	0	0
B_{54}	0	0	1	1	2	0	0	0	0	0	0	0	0	0	0	0	0	0	0	2	1	0	0	0	0	1	0	0	0	0	1	0	0	0	0
C_{11}	1	1	1	1	0	0	0	0	0	0	1	0	0	1	1	1	0	1	1	1	1	1	1	0	1	1	1	1	1	2	2	0	2	2	1

续表

域	A_{11}	A_{21}	A_{31}	B_{11}	B_{12}	B_{21}	B_{22}	B_{23}	B_{24}	B_{31}	B_{32}	B_{33}	B_{34}	B_{41}	B_{42}	B_{43}	B_{44}	B_{45}	B_{46}	B_{51}	B_{52}	B_{53}	B_{54}	C_{11}	C_{12}	C_{13}	C_{21}	C_{22}	C_{23}	C_{24}	C_{31}	C_{32}	C_{33}	D_{11}	D_{21}
C_{12}	1	1	1	1	1	0	0	0	0	1	1	1	1	1	0	0	0	0	0	0	0	0	0	0	0	1	1	1	1	2	1	1	0	1	1
C_{13}	1	0	1	1	1	0	0	0	0	1	1	1	1	1	1	2	0	0	0	0	0	1	0	0	0	0	1	1	1	1	1	1	0	1	1
C_{21}	1	1	1	1	0	1	1	1	1	1	1	1	1	1	1	1	1	1	1	1	1	1	0	1	0	1	0	1	1	1	1	1	1	2	2
C_{22}	0	1	1	2	1	1	1	1	1	1	1	1	1	1	1	0	1	1	1	1	1	1	0	1	1	1	2	0	1	2	1	1	0	2	1
C_{23}	0	0	0	1	0	1	0	0	1	1	1	1	1	1	0	0	1	1	1	0	0	1	0	1	0	1	2	1	0	2	1	1	0	1	1
C_{24}	1	1	1	2	1	1	2	1	1	1	1	1	1	1	2	1	1	1	1	1	1	1	0	1	1	1	2	1	2	0	2	1	0	1	1
C_{31}	1	1	1	2	1	1	2	1	1	1	1	1	1	1	1	1	1	1	1	2	1	2	1	1	0	1	1	1	2	2	0	1	0	2	1
C_{32}	1	1	1	2	2	1	1	2	2	2	2	3	2	1	1	2	1	1	2	1	2	1	2	1	1	1	2	0	1	2	1	0	1	1	2
C_{33}	1	1	1	2	2	2	2	2	2	2	2	2	2	1	0	2	1	2	2	1	2	2	2	1	1	1	1	0	1	2	1	1	0	2	2
D_{11}	1	1	1	2	1	0	2	2	1	2	2	2	2	1	1	2	0	2	2	1	1	1	1	2	1	2	2	0	1	1	1	2	1	0	2
D_{21}	1	1	1	1	1	0	1	1	0	1	1	1	1	0	0	1	0	1	2	1	1	0	0	0	0	1	0	0	0	1	0	0	0	1	0

表 10-7　规范化影响矩阵 G

域	A_{11}	A_{21}	A_{31}	B_{11}	B_{12}	B_{21}	B_{22}	B_{23}	B_{24}	B_{31}	B_{32}	B_{33}	B_{34}
A_{11}	0.000	0.020	0.020	0.000	0.020	0.020	0.020	0.020	0.020	0.020	0.020	0.020	0.020
A_{21}	0.020	0.000	0.020	0.000	0.020	0.020	0.020	0.020	0.020	0.020	0.020	0.020	0.020
A_{31}	0.020	0.020	0.000	0.020	0.039	0.000	0.000	0.000	0.000	0.020	0.039	0.020	0.020
B_{11}	0.000	0.000	0.000	0.000	0.039	0.000	0.039	0.000	0.000	0.020	0.020	0.020	0.000
B_{12}	0.000	0.000	0.000	0.020	0.000	0.000	0.000	0.000	0.000	0.000	0.020	0.000	0.000
B_{21}	0.000	0.000	0.000	0.000	0.000	0.000	0.020	0.039	0.020	0.000	0.000	0.000	0.000
B_{22}	0.000	0.000	0.000	0.020	0.000	0.039	0.000	0.039	0.020	0.000	0.000	0.000	0.000
B_{23}	0.000	0.000	0.000	0.000	0.000	0.020	0.020	0.000	0.020	0.000	0.000	0.000	0.000
B_{24}	0.000	0.000	0.000	0.000	0.000	0.039	0.020	0.020	0.000	0.000	0.000	0.000	0.000
B_{31}	0.000	0.000	0.000	0.020	0.020	0.000	0.000	0.000	0.000	0.000	0.020	0.020	0.039
B_{32}	0.000	0.000	0.000	0.039	0.039	0.000	0.000	0.000	0.000	0.039	0.000	0.039	0.039

续表

域	A_{11}	A_{21}	A_{31}	B_{11}	B_{12}	B_{21}	B_{22}	B_{23}	B_{24}	B_{31}	B_{32}	B_{33}	B_{34}
B_{33}	0.000	0.000	0.000	0.039	0.000	0.000	0.000	0.000	0.000	0.039	0.039	0.000	0.039
B_{34}	0.000	0.000	0.000	0.020	0.020	0.000	0.000	0.000	0.000	0.039	0.039	0.039	0.000
B_{41}	0.000	0.000	0.000	0.000	0.020	0.000	0.000	0.000	0.000	0.000	0.000	0.000	0.000
B_{42}	0.000	0.000	0.000	0.000	0.020	0.000	0.000	0.000	0.000	0.000	0.000	0.000	0.000
B_{43}	0.000	0.000	0.000	0.020	0.020	0.000	0.000	0.000	0.000	0.000	0.000	0.000	0.000
B_{44}	0.000	0.000	0.000	0.000	0.020	0.000	0.000	0.000	0.000	0.000	0.000	0.000	0.000
B_{45}	0.000	0.000	0.000	0.020	0.039	0.000	0.020	0.000	0.000	0.000	0.000	0.000	0.000
B_{46}	0.000	0.000	0.020	0.039	0.039	0.000	0.039	0.020	0.000	0.000	0.000	0.000	0.000
B_{51}	0.000	0.000	0.000	0.000	0.039	0.000	0.000	0.000	0.000	0.000	0.000	0.000	0.000
B_{52}	0.000	0.000	0.000	0.020	0.039	0.000	0.000	0.000	0.000	0.000	0.000	0.000	0.000
B_{53}	0.000	0.000	0.000	0.000	0.039	0.000	0.000	0.000	0.000	0.000	0.000	0.000	0.000
B_{54}	0.000	0.000	0.020	0.020	0.039	0.000	0.000	0.000	0.000	0.000	0.000	0.000	0.000
C_{11}	0.020	0.020	0.020	0.020	0.000	0.000	0.000	0.000	0.000	0.000	0.020	0.000	0.000
C_{12}	0.020	0.020	0.020	0.020	0.020	0.000	0.000	0.000	0.000	0.020	0.020	0.020	0.020
C_{13}	0.020	0.000	0.020	0.020	0.020	0.000	0.000	0.000	0.000	0.020	0.020	0.020	0.020
C_{21}	0.020	0.020	0.020	0.020	0.000	0.020	0.020	0.020	0.020	0.020	0.020	0.020	0.020
C_{22}	0.000	0.020	0.020	0.039	0.020	0.020	0.020	0.020	0.020	0.020	0.020	0.020	0.020
C_{23}	0.000	0.000	0.000	0.020	0.000	0.020	0.000	0.000	0.020	0.020	0.020	0.020	0.020
C_{24}	0.020	0.020	0.020	0.039	0.020	0.020	0.039	0.020	0.020	0.020	0.020	0.020	0.020
C_{31}	0.020	0.020	0.020	0.039	0.020	0.020	0.039	0.020	0.020	0.020	0.020	0.020	0.020
C_{32}	0.020	0.020	0.020	0.039	0.039	0.020	0.020	0.039	0.039	0.039	0.039	0.059	0.039
C_{33}	0.020	0.020	0.020	0.039	0.039	0.039	0.039	0.039	0.039	0.039	0.039	0.039	0.039
D_{11}	0.020	0.020	0.020	0.039	0.020	0.000	0.039	0.039	0.020	0.039	0.039	0.039	0.039
D_{21}	0.020	0.020	0.020	0.020	0.020	0.000	0.020	0.020	0.000	0.020	0.020	0.020	0.020

续表

域	B_{41}	B_{42}	B_{43}	B_{44}	B_{45}	B_{46}	B_{51}	B_{52}	B_{53}	B_{54}	C_{11}	C_{12}	C_{13}
A_{11}	0.020	0.000	0.000	0.020	0.020	0.020	0.020	0.000	0.020	0.000	0.020	0.020	0.020
A_{21}	0.020	0.000	0.000	0.020	0.020	0.020	0.020	0.000	0.020	0.000	0.020	0.020	0.020
A_{31}	0.020	0.000	0.000	0.020	0.020	0.020	0.020	0.020	0.020	0.039	0.020	0.020	0.020
B_{11}	0.000	0.000	0.000	0.000	0.000	0.020	0.000	0.000	0.000	0.020	0.020	0.020	0.000
B_{12}	0.000	0.000	0.000	0.000	0.000	0.020	0.020	0.020	0.020	0.020	0.020	0.020	0.020
B_{21}	0.000	0.000	0.000	0.000	0.000	0.000	0.000	0.000	0.000	0.000	0.000	0.000	0.000
B_{22}	0.020	0.000	0.020	0.000	0.020	0.020	0.000	0.000	0.000	0.000	0.000	0.020	0.020
B_{23}	0.000	0.000	0.000	0.000	0.000	0.000	0.000	0.000	0.000	0.000	0.000	0.000	0.000
B_{24}	0.000	0.000	0.000	0.000	0.000	0.000	0.000	0.000	0.000	0.000	0.000	0.000	0.020
B_{31}	0.000	0.000	0.000	0.000	0.000	0.020	0.000	0.000	0.000	0.000	0.020	0.000	0.000
B_{32}	0.000	0.000	0.000	0.000	0.000	0.020	0.000	0.000	0.000	0.000	0.020	0.000	0.000
B_{33}	0.000	0.000	0.039	0.000	0.020	0.000	0.000	0.000	0.000	0.000	0.020	0.000	0.000
B_{34}	0.000	0.000	0.000	0.000	0.000	0.000	0.000	0.000	0.000	0.000	0.020	0.000	0.000
B_{41}	0.000	0.039	0.039	0.039	0.039	0.039	0.000	0.000	0.000	0.000	0.000	0.000	0.000
B_{42}	0.000	0.000	0.020	0.039	0.039	0.039	0.000	0.000	0.000	0.000	0.000	0.000	0.000
B_{43}	0.000	0.020	0.000	0.039	0.000	0.039	0.000	0.000	0.000	0.000	0.020	0.000	0.000
B_{44}	0.000	0.020	0.020	0.000	0.020	0.020	0.000	0.000	0.000	0.000	0.000	0.000	0.000
B_{45}	0.000	0.000	0.039	0.000	0.000	0.039	0.000	0.000	0.000	0.000	0.020	0.000	0.000
B_{46}	0.000	0.000	0.039	0.020	0.039	0.000	0.000	0.000	0.000	0.000	0.020	0.000	0.000
B_{51}	0.000	0.000	0.000	0.000	0.000	0.000	0.000	0.020	0.020	0.020	0.000	0.000	0.000
B_{52}	0.000	0.000	0.000	0.000	0.000	0.000	0.039	0.000	0.039	0.020	0.000	0.000	0.000
B_{53}	0.000	0.000	0.000	0.000	0.000	0.000	0.039	0.000	0.000	0.020	0.000	0.000	0.000
B_{54}	0.000	0.000	0.000	0.000	0.000	0.000	0.039	0.020	0.000	0.000	0.000	0.000	0.020
C_{11}	0.020	0.020	0.020	0.000	0.020	0.020	0.020	0.020	0.020	0.020	0.000	0.020	0.020

续表

域	B_{41}	B_{42}	B_{43}	B_{44}	B_{45}	B_{46}	B_{51}	B_{52}	B_{53}	B_{54}	C_{11}	C_{12}	C_{13}
C_{12}	0.020	0.000	0.000	0.000	0.000	0.000	0.000	0.000	0.000	0.000	0.000	0.000	0.020
C_{13}	0.020	0.020	0.039	0.000	0.000	0.000	0.000	0.000	0.020	0.000	0.000	0.000	0.000
C_{21}	0.020	0.020	0.020	0.020	0.020	0.020	0.020	0.020	0.020	0.000	0.020	0.000	0.020
C_{22}	0.020	0.020	0.000	0.020	0.020	0.020	0.020	0.020	0.020	0.000	0.020	0.020	0.020
C_{23}	0.020	0.000	0.000	0.020	0.020	0.020	0.000	0.000	0.020	0.000	0.020	0.000	0.020
C_{24}	0.020	0.039	0.020	0.020	0.020	0.020	0.020	0.020	0.020	0.000	0.020	0.020	0.020
C_{31}	0.020	0.020	0.020	0.020	0.020	0.020	0.039	0.020	0.039	0.020	0.020	0.000	0.020
C_{32}	0.020	0.020	0.039	0.020	0.020	0.039	0.020	0.039	0.020	0.039	0.020	0.020	0.020
C_{33}	0.020	0.000	0.039	0.020	0.039	0.039	0.020	0.039	0.039	0.039	0.020	0.020	0.020
D_{11}	0.020	0.020	0.039	0.000	0.039	0.039	0.020	0.020	0.020	0.020	0.039	0.020	0.039
D_{21}	0.000	0.000	0.020	0.000	0.020	0.039	0.020	0.020	0.000	0.000	0.000	0.000	0.020

域	C_{21}	C_{22}	C_{23}	C_{24}	C_{31}	C_{32}	C_{33}	D_{11}	D_{21}
A_{11}	0.020	0.020	0.020	0.020	0.020	0.020	0.020	0.020	0.020
A_{21}	0.020	0.039	0.020	0.020	0.020	0.020	0.020	0.020	0.020
A_{31}	0.020	0.020	0.020	0.020	0.020	0.020	0.020	0.039	0.020
B_{11}	0.000	0.000	0.000	0.000	0.020	0.020	0.000	0.020	0.020
B_{12}	0.000	0.020	0.020	0.020	0.020	0.000	0.000	0.020	0.020
B_{21}	0.000	0.000	0.000	0.000	0.020	0.000	0.000	0.000	0.000
B_{22}	0.000	0.000	0.000	0.020	0.020	0.020	0.000	0.039	0.000
B_{23}	0.000	0.000	0.000	0.020	0.000	0.020	0.000	0.000	0.000
B_{24}	0.020	0.000	0.020	0.020	0.020	0.000	0.000	0.000	0.000
B_{31}	0.000	0.000	0.000	0.000	0.000	0.000	0.000	0.020	0.000
B_{32}	0.000	0.000	0.000	0.000	0.000	0.020	0.000	0.020	0.020
B_{33}	0.000	0.000	0.000	0.000	0.000	0.000	0.000	0.020	0.000

续表

域	C_{21}	C_{22}	C_{23}	C_{24}	C_{31}	C_{32}	C_{33}	D_{11}	D_{21}
B_{34}	0.000	0.000	0.000	0.000	0.000	0.000	0.000	0.020	0.000
B_{41}	0.000	0.000	0.000	0.020	0.000	0.000	0.000	0.000	0.000
B_{42}	0.000	0.000	0.000	0.000	0.000	0.000	0.000	0.000	0.000
B_{43}	0.000	0.000	0.000	0.020	0.000	0.000	0.000	0.039	0.000
B_{44}	0.000	0.000	0.000	0.020	0.020	0.000	0.000	0.000	0.000
B_{45}	0.000	0.000	0.000	0.000	0.020	0.020	0.000	0.020	0.020
B_{46}	0.020	0.000	0.000	0.020	0.000	0.020	0.000	0.039	0.059
B_{51}	0.000	0.000	0.000	0.020	0.000	0.000	0.000	0.000	0.000
B_{52}	0.000	0.000	0.000	0.020	0.020	0.000	0.000	0.000	0.000
B_{53}	0.000	0.000	0.000	0.000	0.020	0.000	0.000	0.000	0.000
B_{54}	0.000	0.000	0.000	0.000	0.020	0.000	0.000	0.000	0.000
C_{11}	0.020	0.020	0.020	0.039	0.039	0.000	0.039	0.039	0.020
C_{12}	0.020	0.020	0.020	0.039	0.020	0.020	0.000	0.020	0.020
C_{13}	0.020	0.020	0.020	0.020	0.020	0.020	0.000	0.020	0.020
C_{21}	0.000	0.020	0.020	0.020	0.020	0.020	0.020	0.039	0.039
C_{22}	0.039	0.000	0.020	0.039	0.020	0.020	0.000	0.039	0.020
C_{23}	0.039	0.020	0.000	0.039	0.020	0.020	0.000	0.020	0.020
C_{24}	0.039	0.020	0.039	0.000	0.039	0.020	0.000	0.020	0.020
C_{31}	0.020	0.020	0.039	0.039	0.000	0.020	0.000	0.039	0.020
C_{32}	0.039	0.000	0.020	0.039	0.020	0.000	0.020	0.020	0.039
C_{33}	0.020	0.000	0.020	0.039	0.020	0.020	0.000	0.039	0.039
D_{11}	0.039	0.000	0.020	0.020	0.020	0.039	0.020	0.000	0.039
D_{21}	0.000	0.000	0.000	0.020	0.000	0.000	0.000	0.020	0.000

表 10-8　综合影响矩阵 T

域	A_{11}	A_{21}	A_{31}	B_{11}	B_{12}	B_{21}	B_{22}	B_{23}	B_{24}	B_{31}	B_{32}	B_{33}	B_{34}
A_{11}	0.007	0.026	0.028	0.020	0.039	0.028	0.032	0.031	0.028	0.034	0.035	0.034	0.033
A_{21}	0.027	0.008	0.028	0.021	0.039	0.028	0.033	0.031	0.029	0.034	0.036	0.034	0.034
A_{31}	0.027	0.027	0.010	0.043	0.063	0.007	0.014	0.011	0.008	0.036	0.057	0.036	0.036
B_{11}	0.004	0.004	0.005	0.012	0.049	0.004	0.045	0.006	0.004	0.027	0.028	0.027	0.008
B_{12}	0.004	0.004	0.006	0.031	0.013	0.003	0.008	0.005	0.004	0.008	0.027	0.008	0.007
B_{21}	0.001	0.001	0.001	0.002	0.001	0.003	0.022	0.041	0.022	0.001	0.001	0.001	0.001
B_{22}	0.004	0.004	0.005	0.030	0.011	0.044	0.010	0.047	0.025	0.007	0.008	0.008	0.007
B_{23}	0.001	0.001	0.001	0.003	0.003	0.023	0.023	0.004	0.022	0.002	0.002	0.002	0.002
B_{24}	0.002	0.002	0.002	0.005	0.003	0.043	0.024	0.024	0.004	0.004	0.004	0.004	0.003
B_{31}	0.002	0.002	0.002	0.027	0.025	0.001	0.004	0.002	0.001	0.006	0.026	0.025	0.043
B_{32}	0.003	0.003	0.003	0.050	0.049	0.002	0.006	0.004	0.002	0.048	0.011	0.047	0.047
B_{33}	0.002	0.002	0.002	0.048	0.009	0.001	0.005	0.002	0.001	0.046	0.046	0.007	0.045
B_{34}	0.002	0.001	0.002	0.027	0.026	0.001	0.003	0.002	0.001	0.045	0.045	0.044	0.007
B_{41}	0.001	0.001	0.002	0.007	0.028	0.001	0.005	0.002	0.001	0.002	0.002	0.002	0.002
B_{42}	0.001	0.001	0.001	0.005	0.025	0.000	0.003	0.002	0.001	0.001	0.001	0.001	0.001
B_{43}	0.003	0.003	0.004	0.028	0.028	0.002	0.007	0.004	0.002	0.005	0.005	0.005	0.004
B_{44}	0.001	0.001	0.002	0.005	0.025	0.001	0.004	0.002	0.001	0.002	0.002	0.002	0.002
B_{45}	0.003	0.003	0.004	0.030	0.048	0.003	0.027	0.006	0.003	0.005	0.007	0.006	0.005
B_{46}	0.006	0.006	0.026	0.054	0.054	0.005	0.051	0.029	0.006	0.010	0.012	0.010	0.009
B_{51}	0.001	0.001	0.001	0.003	0.043	0.001	0.002	0.001	0.001	0.001	0.002	0.001	0.001
B_{52}	0.001	0.001	0.002	0.024	0.047	0.001	0.004	0.002	0.001	0.002	0.003	0.002	0.002
B_{53}	0.001	0.001	0.001	0.003	0.043	0.001	0.001	0.001	0.001	0.001	0.002	0.001	0.001
B_{54}	0.002	0.001	0.021	0.024	0.046	0.001	0.003	0.001	0.001	0.003	0.004	0.003	0.002
C_{11}	0.028	0.028	0.030	0.041	0.024	0.008	0.016	0.012	0.009	0.015	0.035	0.015	0.015

续表

域	A_{11}	A_{21}	A_{31}	B_{11}	B_{12}	B_{21}	B_{22}	B_{23}	B_{24}	B_{31}	B_{32}	B_{33}	B_{34}
C_{12}	0.026	0.026	0.026	0.036	0.034	0.006	0.010	0.008	0.007	0.033	0.034	0.033	0.032
C_{13}	0.024	0.005	0.025	0.034	0.034	0.005	0.009	0.007	0.006	0.031	0.032	0.031	0.030
C_{21}	0.027	0.027	0.029	0.041	0.023	0.028	0.035	0.032	0.029	0.035	0.036	0.035	0.035
C_{22}	0.008	0.027	0.029	0.061	0.042	0.028	0.035	0.032	0.028	0.036	0.037	0.035	0.034
C_{23}	0.006	0.006	0.007	0.036	0.016	0.025	0.012	0.009	0.026	0.031	0.032	0.031	0.031
C_{24}	0.027	0.027	0.029	0.062	0.043	0.030	0.055	0.032	0.029	0.036	0.037	0.036	0.035
C_{31}	0.027	0.027	0.029	0.062	0.045	0.029	0.055	0.033	0.029	0.036	0.037	0.036	0.035
C_{32}	0.029	0.028	0.031	0.069	0.070	0.030	0.039	0.053	0.049	0.060	0.061	0.078	0.058
C_{33}	0.029	0.028	0.031	0.069	0.071	0.050	0.059	0.055	0.050	0.060	0.061	0.059	0.058
D_{11}	0.030	0.029	0.032	0.069	0.050	0.011	0.058	0.053	0.030	0.060	0.062	0.060	0.059
D_{21}	0.023	0.023	0.024	0.033	0.034	0.004	0.028	0.026	0.004	0.028	0.029	0.028	0.028
域	B_{41}	B_{42}	B_{43}	B_{44}	B_{45}	B_{46}	B_{51}	B_{52}	B_{53}	B_{54}	C_{11}	C_{12}	C_{13}
A_{11}	0.028	0.008	0.015	0.028	0.033	0.036	0.030	0.009	0.030	0.008	0.032	0.026	0.030
A_{21}	0.029	0.008	0.015	0.028	0.034	0.037	0.030	0.009	0.030	0.008	0.033	0.027	0.031
A_{31}	0.028	0.008	0.016	0.028	0.034	0.039	0.033	0.030	0.032	0.048	0.035	0.027	0.032
B_{11}	0.004	0.003	0.008	0.003	0.007	0.029	0.006	0.005	0.005	0.024	0.026	0.024	0.007
B_{12}	0.005	0.004	0.007	0.004	0.007	0.028	0.027	0.025	0.026	0.024	0.026	0.023	0.026
B_{21}	0.001	0.001	0.001	0.001	0.001	0.002	0.001	0.001	0.001	0.001	0.001	0.001	0.002
B_{22}	0.024	0.006	0.029	0.005	0.027	0.030	0.005	0.004	0.005	0.004	0.007	0.023	0.026
B_{23}	0.002	0.002	0.003	0.001	0.002	0.003	0.001	0.002	0.001	0.001	0.002	0.002	0.002
B_{24}	0.003	0.003	0.004	0.003	0.004	0.004	0.003	0.002	0.003	0.001	0.003	0.002	0.023
B_{31}	0.002	0.002	0.004	0.001	0.004	0.024	0.002	0.002	0.002	0.002	0.025	0.002	0.003
B_{32}	0.003	0.002	0.007	0.002	0.006	0.028	0.004	0.004	0.004	0.005	0.028	0.004	0.005
B_{33}	0.002	0.002	0.043	0.003	0.023	0.008	0.002	0.002	0.002	0.003	0.027	0.003	0.003

续表

域	B_{41}	B_{42}	B_{43}	B_{44}	B_{45}	B_{46}	B_{51}	B_{52}	B_{53}	B_{54}	C_{11}	C_{12}	C_{13}
B_{34}	0.002	0.002	0.004	0.001	0.003	0.006	0.002	0.002	0.002	0.002	0.025	0.002	0.003
B_{41}	0.001	0.042	0.046	0.045	0.045	0.048	0.002	0.002	0.002	0.001	0.005	0.002	0.002
B_{42}	0.001	0.002	0.025	0.041	0.043	0.044	0.001	0.001	0.001	0.001	0.003	0.001	0.001
B_{43}	0.003	0.024	0.008	0.043	0.008	0.047	0.004	0.003	0.004	0.003	0.025	0.003	0.004
B_{44}	0.002	0.022	0.024	0.004	0.023	0.025	0.003	0.002	0.002	0.002	0.004	0.001	0.002
B_{45}	0.004	0.004	0.047	0.005	0.007	0.049	0.005	0.005	0.005	0.005	0.026	0.004	0.006
B_{46}	0.006	0.006	0.051	0.025	0.049	0.018	0.008	0.008	0.007	0.007	0.030	0.007	0.010
B_{51}	0.001	0.001	0.001	0.001	0.001	0.002	0.004	0.022	0.022	0.022	0.002	0.002	0.002
B_{52}	0.002	0.002	0.002	0.002	0.002	0.004	0.045	0.004	0.043	0.024	0.003	0.002	0.003
B_{53}	0.001	0.001	0.001	0.001	0.001	0.002	0.042	0.003	0.003	0.022	0.002	0.001	0.002
B_{54}	0.002	0.002	0.002	0.002	0.002	0.004	0.043	0.023	0.005	0.004	0.003	0.002	0.022
C_{11}	0.029	0.028	0.035	0.011	0.035	0.039	0.033	0.030	0.033	0.029	0.014	0.027	0.032
C_{12}	0.027	0.007	0.011	0.007	0.011	0.014	0.008	0.007	0.009	0.006	0.011	0.006	0.028
C_{13}	0.025	0.026	0.049	0.009	0.010	0.015	0.008	0.006	0.027	0.006	0.011	0.005	0.008
C_{21}	0.028	0.028	0.036	0.029	0.035	0.040	0.031	0.029	0.031	0.009	0.034	0.008	0.031
C_{22}	0.029	0.029	0.017	0.029	0.035	0.039	0.031	0.029	0.031	0.009	0.034	0.027	0.032
C_{23}	0.026	0.008	0.013	0.026	0.030	0.034	0.008	0.007	0.027	0.005	0.030	0.005	0.028
C_{24}	0.030	0.048	0.036	0.031	0.036	0.042	0.032	0.029	0.032	0.009	0.035	0.028	0.032
C_{31}	0.029	0.029	0.036	0.030	0.036	0.041	0.052	0.029	0.051	0.029	0.035	0.009	0.033
C_{32}	0.030	0.030	0.059	0.032	0.038	0.064	0.036	0.050	0.034	0.050	0.039	0.029	0.034
C_{33}	0.030	0.011	0.060	0.031	0.057	0.065	0.037	0.051	0.053	0.050	0.039	0.030	0.035
D_{11}	0.031	0.030	0.061	0.013	0.058	0.065	0.034	0.031	0.033	0.031	0.058	0.029	0.053
D_{21}	0.005	0.004	0.029	0.005	0.027	0.050	0.025	0.024	0.006	0.005	0.009	0.005	0.025

续表

域	C_{21}	C_{22}	C_{23}	C_{24}	C_{31}	C_{32}	C_{33}	D_{11}	D_{21}
A_{11}	0.031	0.026	0.030	0.037	0.033	0.031	0.024	0.039	0.035
A_{21}	0.032	0.046	0.030	0.038	0.034	0.031	0.024	0.040	0.035
A_{31}	0.032	0.027	0.030	0.038	0.035	0.032	0.025	0.059	0.037
B_{11}	0.005	0.003	0.005	0.009	0.026	0.025	0.002	0.031	0.028
B_{12}	0.007	0.023	0.025	0.029	0.028	0.007	0.002	0.030	0.028
B_{21}	0.001	0.001	0.002	0.003	0.021	0.002	0.000	0.002	0.001
B_{22}	0.007	0.003	0.006	0.029	0.027	0.027	0.002	0.048	0.009
B_{23}	0.003	0.001	0.002	0.022	0.003	0.021	0.001	0.003	0.002
B_{24}	0.023	0.003	0.023	0.025	0.024	0.004	0.001	0.006	0.004
B_{31}	0.003	0.001	0.002	0.004	0.003	0.003	0.002	0.026	0.005
B_{32}	0.004	0.002	0.004	0.006	0.005	0.024	0.002	0.030	0.027
B_{33}	0.003	0.001	0.002	0.004	0.004	0.004	0.002	0.028	0.005
B_{34}	0.002	0.001	0.002	0.003	0.003	0.003	0.002	0.026	0.004
B_{41}	0.003	0.001	0.002	0.024	0.004	0.003	0.001	0.007	0.006
B_{42}	0.002	0.001	0.001	0.004	0.003	0.002	0.000	0.005	0.005
B_{43}	0.005	0.002	0.004	0.026	0.006	0.005	0.002	0.046	0.008
B_{44}	0.003	0.002	0.003	0.023	0.022	0.003	0.000	0.005	0.004
B_{45}	0.005	0.003	0.005	0.009	0.025	0.025	0.002	0.031	0.029
B_{46}	0.027	0.004	0.007	0.032	0.011	0.029	0.004	0.055	0.070
B_{51}	0.001	0.002	0.002	0.022	0.004	0.001	0.000	0.002	0.002
B_{52}	0.002	0.002	0.003	0.024	0.024	0.002	0.000	0.004	0.003
B_{53}	0.001	0.002	0.002	0.003	0.022	0.001	0.000	0.003	0.002
B_{54}	0.002	0.003	0.003	0.005	0.023	0.003	0.001	0.005	0.004
C_{11}	0.033	0.027	0.031	0.057	0.053	0.013	0.043	0.059	0.037

续表

域	C_{21}	C_{22}	C_{23}	C_{24}	C_{31}	C_{32}	C_{33}	D_{11}	D_{21}
C_{12}	0.030	0.026	0.028	0.051	0.030	0.029	0.004	0.035	0.032
C_{13}	0.028	0.024	0.027	0.031	0.028	0.027	0.003	0.034	0.030
C_{21}	0.013	0.026	0.029	0.038	0.034	0.032	0.025	0.059	0.055
C_{22}	0.052	0.008	0.031	0.057	0.036	0.033	0.005	0.060	0.037
C_{23}	0.048	0.024	0.008	0.051	0.031	0.028	0.004	0.035	0.032
C_{24}	0.052	0.028	0.050	0.021	0.055	0.033	0.006	0.043	0.037
C_{31}	0.034	0.027	0.050	0.059	0.018	0.033	0.006	0.061	0.037
C_{32}	0.053	0.009	0.033	0.062	0.039	0.015	0.025	0.048	0.060
C_{33}	0.035	0.009	0.033	0.062	0.041	0.036	0.006	0.067	0.060
D_{11}	0.054	0.009	0.032	0.043	0.039	0.055	0.026	0.030	0.061
D_{21}	0.007	0.004	0.005	0.029	0.008	0.008	0.003	0.33	0.10

10.6 原因度、中心度、综合影响度的计算

根据式（10-5）和式（10-6）可分别计算出各域的影响度 R_i 和被影响度 D_i。

$$R_i = \sum_{j=1}^{n} t_{ij} \tag{10-5}$$

$$D_i = \sum_{j=1}^{n} t_{ji} \tag{10-6}$$

式中，t_{ij}——构成综合影响矩阵 T 的元素，$i, j = 1, 2, \cdots, n$。

$R_i - D_i$ 称为原因度，当 $R_i - D_i > 0$ 表示该因素对其他因素有较大影响，称为原因因素；若 $R_i - D_i < 0$，表示该因素受其他因素的影响较大，称为结果因素。$R_i + D_i$ 称为中心度，表示该因素所处的中心地位，中心度越大，说明该因素的重要性越强。

AHP-DEMATEL 法的核心步骤就是将各域的 AHP 组合权重 W_i 和 DEMATEL 法计算出的各域中心度 $(R_i + D_i)$ 相结合，根据式（10-7）计算出各域的综合影响度 Z_i，即基于 AHP-DEMATEL 法所得到的各域的组合权重，具体见表 10-9。

$$Z_i = \frac{(R_i + D_i) W_i}{\sum_{i=1}^{n} (R_i + D_i) W_i} \tag{10-7}$$

表 10-9　原因度、中心度、综合影响度

域	R_i	D_i	$R_i - D_i$	$R_i + D_i$	Z_i
A_{11}	0.971	0.389	0.582	1.360	9.56%
A_{21}	1.012	0.385	0.627	1.396	6.22%
A_{31}	1.080	0.483	0.598	1.563	17.28%
B_{11}	0.510	1.116	−0.606	1.625	4.18%
B_{12}	0.541	1.202	−0.662	1.743	1.49%
B_{21}	0.146	0.457	−0.311	0.603	3.66%
B_{22}	0.564	0.747	−0.184	1.311	2.75%
B_{23}	0.172	0.613	−0.442	0.785	2.83%
B_{24}	0.296	0.467	−0.171	0.763	0.95%
B_{31}	0.290	0.791	−0.501	1.081	1.66%
B_{32}	0.480	0.859	−0.380	1.339	10.03%
B_{33}	0.390	0.788	−0.398	1.178	4.87%

续表

域	R_i	D_i	R_i-D_i	R_i+D_i	Z_i
B_{34}	0.311	0.751	−0.440	1.062	4.39%
B_{41}	0.350	0.472	−0.122	0.822	0.70%
B_{42}	0.231	0.434	−0.203	0.665	0.28%
B_{43}	0.381	0.804	−0.423	1.185	2.03%
B_{44}	0.232	0.528	−0.296	0.760	0.65%
B_{45}	0.457	0.773	−0.316	1.230	0.55%
B_{46}	0.747	1.023	−0.276	1.770	2.90%
B_{51}	0.178	0.641	−0.464	0.819	0.94%
B_{52}	0.295	0.491	−0.196	0.786	0.37%
B_{53}	0.176	0.604	−0.429	0.780	1.77%
B_{54}	0.280	0.459	−0.179	0.739	0.75%
C_{11}	1.005	0.721	0.284	1.726	0.36%
C_{12}	0.725	0.400	0.325	1.124	1.08%
C_{13}	0.709	0.618	0.091	1.327	1.18%
C_{21}	1.091	0.643	0.448	1.735	1.60%
C_{22}	1.121	0.383	0.737	1.504	1.39%
C_{23}	0.779	0.554	0.225	1.332	1.23%
C_{24}	1.226	0.979	0.247	2.205	1.02%
C_{31}	1.246	0.805	0.441	2.051	0.90%
C_{32}	1.521	0.631	0.890	2.152	2.46%
C_{33}	1.581	0.256	1.325	1.837	1.84%
D_{11}	1.480	1.094	0.386	2.574	2.85%
D_{21}	0.638	0.843	−0.205	1.480	3.27%

10.7　各指标单层权重及组合权重的计算（基于 AHP-DEMATEL 法）

以 AHP-DEMATEL 法计算出的各域综合影响度 Z_i 为基础，进一步对 AHP 法所得到的其他各上层指标单层权重和组合权重进行修正可得到新的权重表，结果如表 10-10 所示。

表 10-10　各指标单层权重及组合权重（基于 AHP-DEMATEL 法）

维度	修正单层权重	修正组合权重	类	修正单层权重	修正组合权重	域	修正单层权重	修正组合权重
A	33.06%	33.06%	A_1	28.92%	9.56%	A_{11}	100.00%	9.56%
			A_2	18.81%	6.22%	A_{21}	100.00%	6.22%
			A_3	52.27%	17.28%	A_{31}	100.00%	17.28%
B	47.77%	47.77%	B_1	11.88%	5.67%	B_{11}	73.66%	4.18%
						B_{12}	26.34%	1.49%
			B_2	21.34%	10.19%	B_{21}	35.89%	3.66%
						B_{22}	26.98%	2.75%
						B_{23}	27.78%	2.83%
						B_{24}	9.35%	0.95%
			B_3	43.87%	20.96%	B_{31}	7.94%	1.66%
						B_{32}	47.84%	10.03%
						B_{33}	23.25%	4.87%
						B_{34}	20.97%	4.40%
			B_4	14.90%	7.12%	B_{41}	9.89%	0.70%
						B_{42}	4.00%	0.28%
						B_{43}	28.50%	2.03%
						B_{44}	9.14%	0.65%
						B_{45}	7.79%	0.56%
						B_{46}	40.68%	2.90%
			B_5	8.01%	3.83%	B_{51}	24.51%	0.94%
						B_{52}	9.62%	0.37%
						B_{53}	46.31%	1.77%
						B_{54}	19.56%	0.75%
C	13.05%	13.05%	C_1	20.04%	2.62%	C_{11}	13.65%	0.36%
						C_{12}	41.19%	1.08%
						C_{13}	45.16%	1.18%
			C_2	40.18%	5.24%	C_{21}	30.58%	1.60%
						C_{22}	26.51%	1.39%
						C_{23}	23.48%	1.23%
						C_{24}	19.43%	1.02%
			C_3	39.78%	5.19%	C_{31}	17.31%	0.90%
						C_{32}	47.35%	2.45%
						C_{33}	35.34%	1.84%
D	6.12%	6.12%	D_1	46.50%	2.85%	D_{11}	100.00%	2.85%
			D_2	53.50%	3.27%	D_{21}	100.00%	3.27%

10.8　数字化成熟度指数的计算

以域 A_{11} 为例，根据式（10-8），同理可求出各域的综合评分值。

$$S_{A_{11}}=\sum_{i=1}^{k}(s_i\times g_i)\Big/\sum_{i=1}^{k}g_i \tag{10-8}$$

式中，$S_{A_{11}}$——域 A_{11} 的综合评分值；

k——域 A_{11} 包含的问题个数；

s_i——域 A_{11} 中问题 i 的数字化水平平均得分；

g_i——域 A_{11} 中问题 i 的重要性平均得分。

以式（10-9）计算域 A_{11} 得分的方法为例，同理可求得各域的组合得分，结合新的权重表，可求出各维度、各类的综合评分和组合得分，具体见表 10-11。

$$\mathrm{SZ}_{A_{11}}=S_{A_{11}}\times Z_{A_{11}} \tag{10-9}$$

式中，$Z_{A_{11}}$——域 A_{11} 的综合影响度；

$\mathrm{SZ}_{A_{11}}$——域 A_{11} 的组合得分值。

表 10-11　各指标综合评分及组合得分（基于 AHP-DEMATEL 法）

维度	综合评分	组合得分	类	综合评分	组合得分	域	综合评分	组合得分
A	2.622	0.867	A_1	2.565	0.245	A_{11}	2.565	0.245
			A_2	2.651	0.165	A_{21}	2.651	0.165
			A_3	2.642	0.456	A_{31}	2.642	0.456
B	2.162	1.033	B_1	2.276	0.129	B_{11}	2.151	0.090
						B_{12}	2.624	0.039
			B_2	2.220	0.226	B_{21}	2.196	0.080
						B_{22}	2.179	0.060
						B_{23}	2.294	0.065
						B_{24}	2.208	0.021
			B_3	2.180	0.457	B_{31}	2.233	0.037
						B_{32}	2.313	0.232
						B_{33}	1.975	0.096
						B_{34}	2.084	0.092

续表

维度	综合评分	组合得分	类	综合评分	组合得分	域	综合评分	组合得分
B	2.162	1.033	B_4	1.969	0.140	B_{41}	2.074	0.015
						B_{42}	2.108	0.005
						B_{43}	1.726	0.035
						B_{44}	2.119	0.014
						B_{45}	2.293	0.013
						B_{46}	2.004	0.058
			B_5	2.105	0.081	B_{51}	2.103	0.020
						B_{52}	2.322	0.009
						B_{53}	2.230	0.039
						B_{54}	1.703	0.013
C	2.320	0.303	C_1	2.362	0.062	C_{11}	2.282	0.008
						C_{12}	2.406	0.026
						C_{13}	2.346	0.028
			C_2	2.283	0.120	C_{21}	2.343	0.038
						C_{22}	2.192	0.030
						C_{23}	2.327	0.029
						C_{24}	2.259	0.023
			C_3	2.336	0.121	C_{31}	2.346	0.021
						C_{32}	2.390	0.059
						C_{33}	2.260	0.041
D	2.429	0.149	D_1	2.449	0.070	D_{11}	2.449	0.070
			D_2	2.412	0.079	D_{21}	2.412	0.079

对所有域的组合得分求和，即可得到本次调研所得的制造企业数字化成熟度综合分值S_O，可求出$S_O = 2.351$。

第 11 章　数字化成熟度评价结果与分析

11.1　制造企业数字化成熟度模型权重分布的分析

11.1.1　因素间相互影响关系分析

如图 11-1 所示，原因因素排名前五的为 IT 系统支持（C_{33},1.325）、组织流程自动化（C_{32},0.890）、人才与领导力（C_{22},0.737）、以长期数字化战略为导向（A_{21},0.627）以及以实现客户价值为中心（A_{31},0.598），这是因为完备的 IT 系统、正确的数字化战略以及优秀的数字化人才是保障数字化成功实施的基础。结果因素排名前三的为客户定制（B_{12},−0.662）、快速研发（B_{11},−0.606）以及资源/流程效能（B_{31},−0.501），结果因素往往起到中介作用，原因因素通过促进结果因素的发展从而促进数字化能力的提升，客户定制、快速研发、资源/流程效能的提升都需要依赖多项其他原因因素的支撑，同时这三项指标的提升又可以直接影响企业的数字化能力。

	原因因素前五名	中心度前五名
1	IT系统支持（C_{33},1.325）	内部协作（D_{11}, 2.574）
2	组织流程自动化（C_{32},0.890）	组织科学决策（C_{24}, 2.205）
3	人才与领导力（C_{22},0.737）	组织流程自动化（C_{32},2.152）
4	以长期数字化战略为导向（A_{21},0.627）	数据驱动型决策（C_{31},2.051）
5	以实现客户价值为中心（A_{31},0.598）	IT系统支持（C_{33}, 1.837）

图 11-1　原因因素与中心度排名

中心度排名前五的为内部协作（D_{11},2.574）、组织科学决策（C_{24},2.205）、组织流程自动化（C_{32},2.152）、数据驱动型决策（C_{31},2.051）以及 IT 系统支持（C_{33},1.837）。中心度的大小反映了该因素对企业数字化能力提升的影响程度，拥有较高中心度的指标是驱动数字化能力提升的重要原因。其中，内部协作是贯穿数字化在企业全流程实施的重要保障，组织科学决策、数据驱动型决策为数字化举措的实施指引方向，组织流程自动化和 IT 系统支持则是数字化举措成功实施的前提和基础。

11.1.2　综合影响度分析

综合影响度排名前五的分别为以实现客户价值为中心（A_{31},0.173）、生产质量管理（B_{32},0.100）、与业务战略关联性（A_{11},0.096）、以长期数字化战略为导向（A_{21},0.062）、劳动力效率（B_{33},0.049）。具有较高综合影响度的指标是促进企业数字化能力提升的核心影响因素。其中，以实现客户价值为中心、与业务战略关联性和以长期数字化战略为导向决定了企业对数字化的重视程度和提升方向，生产质量管理和劳动力效率是决定企业生产制造流程数字化程度的关键因素，而制造流程数字化是制造企业数字化的重中之重。

综上可以看出，本模型对指标权重的分布是比较合理的，这进一步证明了本模型的可靠性和有效性，也间接证明了由本书所得到的结果是比较真实可信的。

11.2　制造企业数字化成熟度现状整体分析

上述计算得出本次调研的制造企业数字化成熟度综合分值 $S_O = 2.351$，根据本书第 8 章对于企业数字化成熟度等级的划分，可以判定我国制造企业数字化的成熟度等级为“数字化转型者”，即大部分企业已经开始了跨部门的、横向或纵向业务流程的数字化变革，数据在工厂范围内可共享。可以说我国的制造企业数字化建设已经取得了一定的成效，但距离成为数字化专家还有一定差距，距离数字化引领者尚远，数字化整体水平仍有待进一步提高。

我们可以借助热图分析所有指标的数字化成熟度。如图 11-2，从维度上看，我国制造业在数字化运营技术维度的热度最高，说明运营技术是我国制造业数字化的短板；从类别上看，热度最高的类别是数字化供应链，说明我国制造业亟须提高供应链的数字化水平；从域上看，劳动力效率、实物流、客户体验是热度最高的三个域，说明这三点是我国制造业数字化水平做得最差的地方，也是最需要重点关注的地方。

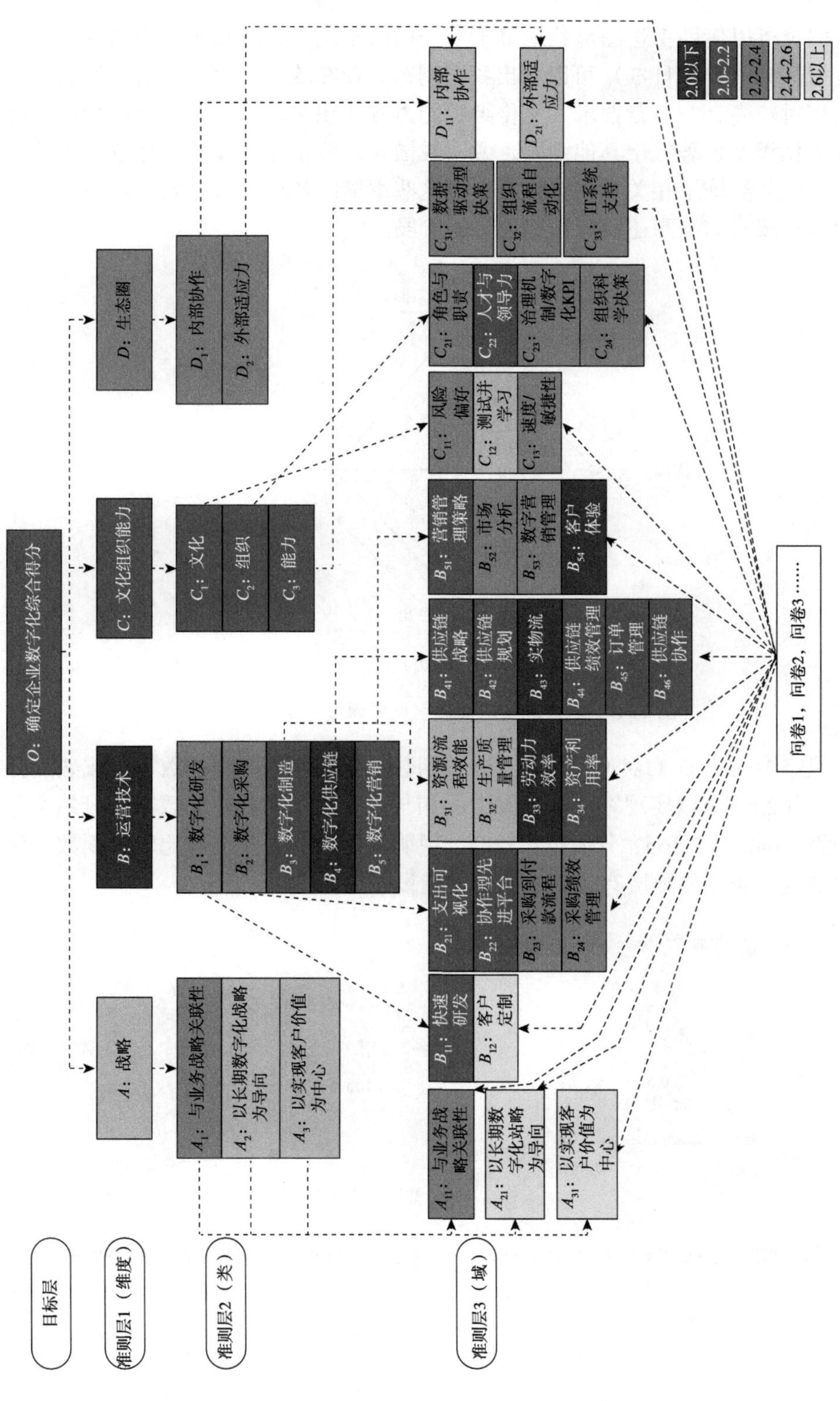

图 11-2　我国制造业数字化成熟度热图

我们也可以借助雷达图形象地分析同一层次不同指标的数字化成熟度。以四大维度指标为例（图 11-3），可以看出我国制造企业在战略和生态圈层面的数字化成熟度相对较高，在运营技术、文化组织能力方面相对较低，尤其是运营技术层面的数字化程度显著低于其他维度，说明我国大部分企业领导层已经意识到数字化的重要性并实施了相关数字化举措，但这些举措的效用尚未得到完全的释放，即企业运营技术的提高还没有达到理想的阶段。

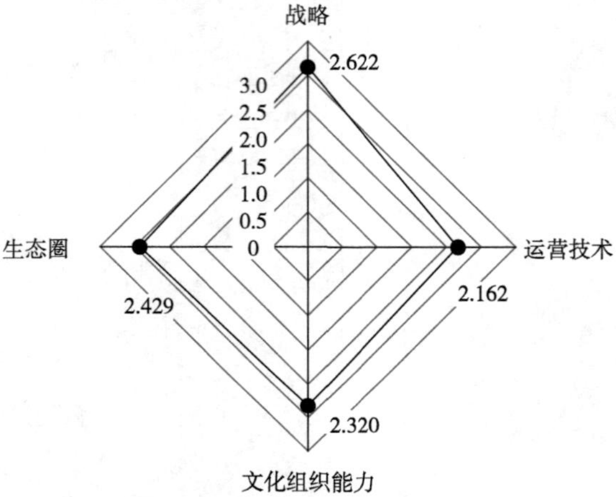

图 11-3　四大维度指标数字化成熟度分值比较

从战略维度［图 11-4（a）］看，以长期数字化战略为导向的数字化成熟度分值最高，为 2.651，以实现客户价值为中心和与业务战略关联性的数字化成熟度分值分别为 2.642 和 2.565，分值也比较高。说明我国制造企业普遍比较重视数字化战略的制定，企业领导层有较高的数字化建设意识。

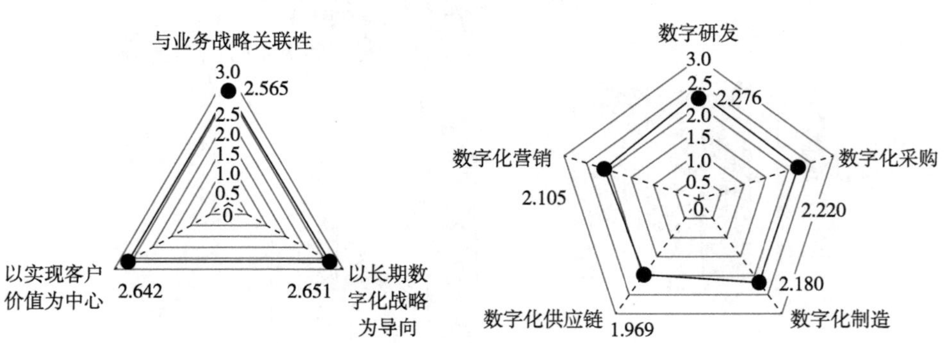

（a）战略维度细分指标数字化成熟度分值　　（b）运营技术维度细分指标数字化成熟度分值

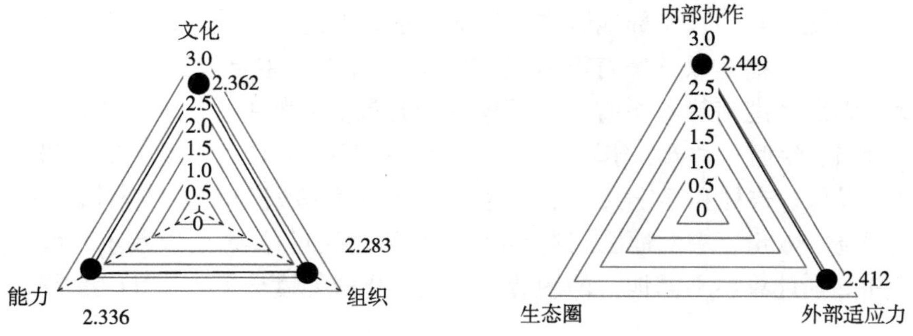

（c）文化组织能力维度细分指标数字化成熟度分值　（d）生态圈维度细分指标数字化成熟度分值

图 11-4　四大维度细分指标数字化成熟度分值比较

从运营技术维度［图 11-4（b）］看，数字化研发、数字化采购、数字化制造以及数字化营销的成熟度分值较高，数字化供应链的成熟度分值最低，仅为 1.969，说明我国制造企业在供应链领域的数字化工作还较为缺乏，是企业数字化转型升级的短板所在。进一步分析可知数字化供应链类别中成熟度最低的三级指标为实物流，考虑到该领域的数字化提升主要依靠仓储自动化水平的提高、自主智能车辆的普及、人机交互程度的加强以及智能物流算法的使用，因此可以给出如下建议，制造企业应当尽快加大对供应链数字化建设的投入力度，通过引进智能仓储机器人、人机交互技术、智能物流算法等提高企业的供应链数字化能力。

从文化组织能力维度［图 11-4（c）］看，数字化组织的成熟度分值要稍低于数字化文化和数字化能力的成熟度分值，文化、组织、能力的成熟度分值分别为 2.362、2.283 和 2.336。说明我国制造企业对于数字化文化的塑造、数字化人才团队的建设以及对于掌握数字化工具的能力培养还是拥有一定成效的，但距离成为“数字化专家”还有一定距离，尤其是对于数字化组织的成熟度应引起重视，企业应当进一步加大对数字化人才的引进和培养力度，尽快建立起能够适应数字化运营的领导团队。

从生态圈维度［图 11-4（d）］看，内部协作和外部适应力的成熟度分值都比较高，分别为 2.449 和 2.412，进一步表明在数字化时代企业与企业之间的界限越来越模糊，企业的转型升级不只需要企业内部的共同协作，还需要与外部联盟企业，尤其是企业供应链的上下游伙伴通力合作，最终实现整个生态圈的数字化。

11.3　地区差异分析（东部、中部、西部、东北地区）

2011 年，国家统计局发布公告将我国经济区域划分为东部、中部、西部和东北四大地区，其中，东部地区主要包括北京、上海、天津、河北、山东、江苏、浙江、广东、福建以及海南等 10 个省市；中部地区主要包括安徽、山西、江西、河南、湖北和湖南等 6 个省；西部地区主要包括内蒙古、广西、重庆、四川、云南、贵州、陕西、甘肃、宁夏、青海、西藏和新疆等 12 个省区市；东北地区主要包括黑龙江、吉林和辽宁共 3 个省份①。本书根据该划分办法，统计得到来自东部地区问卷 386 份，中部地区问卷 58 份，西部地区问卷 48 份以及东北地区问卷 23 份，并分别计算出不同地区的制造企业数字化成熟度分值如表 11-1 所示。

表 11-1　不同地区的制造企业数字化成熟度分值

项目	东部	中部	西部	东北
综合分值	2.384	2.297	2.166	2.323
战略	2.644	2.610	2.476	2.576
运营技术	2.204	2.077	1.945	2.146
文化组织能力	2.356	2.249	2.165	2.214
生态圈	2.450	2.415	2.209	2.561
与业务战略关联性	2.594	2.548	2.352	2.556
以长期数字化战略为导向	2.675	2.635	2.449	2.717
以实现客户价值为中心	2.661	2.635	2.555	2.537
数字化研发	2.329	2.145	2.024	2.249
数字化采购	2.259	2.147	2.013	2.194
数字化制造	2.219	2.107	1.945	2.195
数字化供应链	2.016	1.843	1.772	1.916
数字化营销	2.132	2.064	1.973	2.029
文化	2.403	2.287	2.226	2.149
组织	2.324	2.223	2.123	2.085
能力	2.366	2.258	2.176	2.377
内部协作	2.477	2.476	2.185	2.455
外部适应力	2.427	2.362	2.229	2.652

可以看出，东部地区的制造企业数字化成熟度最高，为 2.384 分，东北地区和中部地区次之，分别为 2.323 和 2.297 分，西部地区数字化成熟度最低，为 2.166 分。这一结果比较符合地区现状，东部地区经济发达，制造企业拥有更多的资源和能力进行数字化建设，东北地区作为老工业基地也拥有比较好的数字化举措实施的基础，中部地区随着近年来工业水平的发展，数字化水平也逐渐追赶上来，西部地区经济环境较差，数字化水平有待进一步提高。同时可以看出，西部地区

① 见《我国东西中部和东北地区划分方法》。

的数字化水平与东部、中部、东北地区相差并没有很大，表明近年来我国西部地区制造业数字化的发展也是卓有成效的。

对不同地区四大维度指标的数字化成熟度作图，结果如图 11-5 所示。

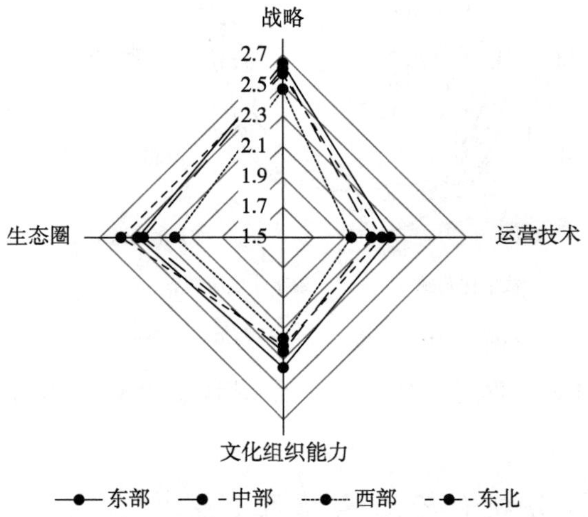

图 11-5　不同地区四大维度指标数字化成熟度分值比较

由图 11-5 可知，东部地区在运营技术和文化组织能力两大维度上的数字化水平都有比较明显的优势，在战略维度东部、中部地区和东北地区基本持平，在生态圈维度东北地区拥有最强的优势。这说明尽管东北地区在技术能力、人才培养、团队建设等方面要落后于东部地区，但东北地区拥有更好的企业合作体系，在未来东北地区制造企业的发展中，应当注重发挥其企业间友好协作关系所带来的优势效应。而西部地区尽管各维度数字化得分基本超过 2.0 分（除运营技术维度为 1.945 分），但在战略、运营技术、文化组织能力、生态圈四大维度也确实均落后于另外三个地区，说明西部地区的制造企业已经采取了一些数字化举措，但由于其地理位置、经济环境等，整体仍处于相对较低的水平，企业的数字化建设仍需要政府和企业共同努力。

对不同地区四大维度细分指标的数字化成熟度作图，结果如图 11-6 所示。由图 11-6 可知，东部地区在与业务战略关联性、以实现客户价值为中心、数字化研发、数字化采购、数字化制造、数字化供应链、数字化营销、文化、组织、内部协作等方面具有优势；东北地区在以长期数字化战略为导向、能力以及外部适应力方面具有优势；中部和西部地区没有具有明显优势的指标。从而给予我们如下启示：不同地区的制造企业在进行数字化转型时应当充分发挥自身优势，同时积极学习其他地区在其领先优势领域的先进经验，最后实现所有领域的数字化升级。

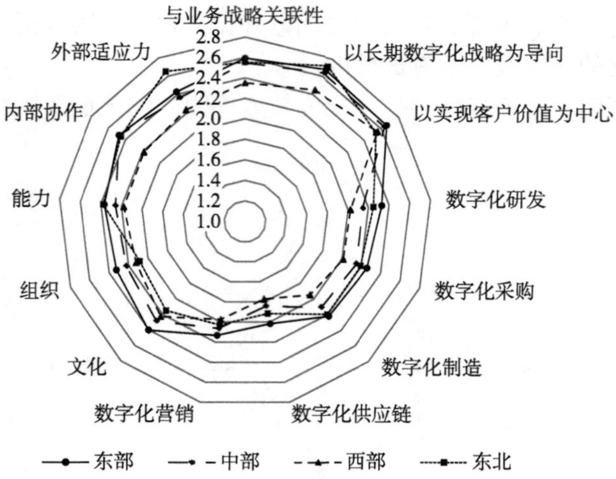

图 11-6　不同地区四大维度细分指标数字化成熟度分值比较

11.4　行业差异分析（劳动密集型、资本密集型、技术密集型）

按照生产要素投入密集程度的区别，可以将制造企业细分为劳动密集型、资本密集型和技术密集型企业，本书在问卷已有的企业所属行业类别的基础上，参考孙玉磊（2014）、李耀新（1995）、张军（2003）等的相关研究以及《中国高技术产业统计年鉴（2010）》中的分类方法，将三种产业类型包含的行业类型进行具体划分，结果如表 11-2 所示。

表 11-2　基于生产要素投入密集度的制造业分类

产业类型	包含的行业
劳动密集型	快消品、服装鞋业、家用家居
资本密集型	化工、农林造纸、材料
技术密集型	电力设备、机械装备、航空航天、汽车整车制造、汽车零部件、制药、医疗器械、消费电子、电子元器件、半导体

本书根据该划分办法，并结合调研企业具体信息（问卷统计的企业名称、主营产品信息）对个别企业进行分类调整，最终统计得到劳动密集型企业问卷 78 份，资本密集型企业问卷 97 份，技术密集型企业问卷 340 份，并分别计算得出不同产业类型的制造企业数字化成熟度分值，如表 11-3 所示。

表 11-3　不同产业类型的制造企业数字化成熟度分值

项目	劳动密集型	资本密集型	技术密集型
综合分值	2.152	2.387	2.387
战略	2.447	2.639	2.657
运营技术	1.926	2.203	2.206
文化组织能力	2.137	2.380	2.345
生态圈	2.347	2.474	2.435
与业务战略关联性	2.355	2.584	2.608
以长期数字化战略为导向	2.458	2.606	2.708
以实现客户价值为中心	2.494	2.681	2.665
数字化研发	2.021	2.226	2.349
数字化采购	1.960	2.210	2.282
数字化制造	1.931	2.273	2.212
数字化供应链	1.790	2.014	1.997
数字化营销	1.923	2.121	2.142
文化	2.188	2.419	2.385
组织	2.128	2.340	2.302
能力	2.119	2.400	2.368
内部协作	2.334	2.521	2.455
外部适应力	2.359	2.433	2.418

可以看出，资本密集型和技术密集型制造企业的综合分值均为 2.387 分，劳动密集型企业数字化成熟度为 2.152 分。这一结果也基本符合我国制造企业的数字化成熟度现状，即对技术和设备依赖度最低的劳动密集型企业往往缺乏进行数字化建设的驱动力，数字化水平较低；对技术、设备依赖度较高的技术密集型企业则由于缺乏资金的原始积累使得企业把大部分资金投入到战略把控和关键技术研发上；而拥有雄厚资金和成熟技术积累的资本密集型企业往往拥有较强的数字化举措实施能力和动机，在文化组织能力、生态圈等需要长时间积累和投入的领域，以及数字化制造领域的数字化成熟度较高，但尽管这类企业现有的技术已经很成熟，但也正是这些成熟的技术使得这些企业往往面临技术依赖惯性，因此企业也迫切希望通过数字化升级进行结构调整，打破旧有技术锁定，实现新的跨越式发展。

对不同产业类型的制造企业四大维度指标的数字化成熟度分值作图，结果如图 11-7 所示。

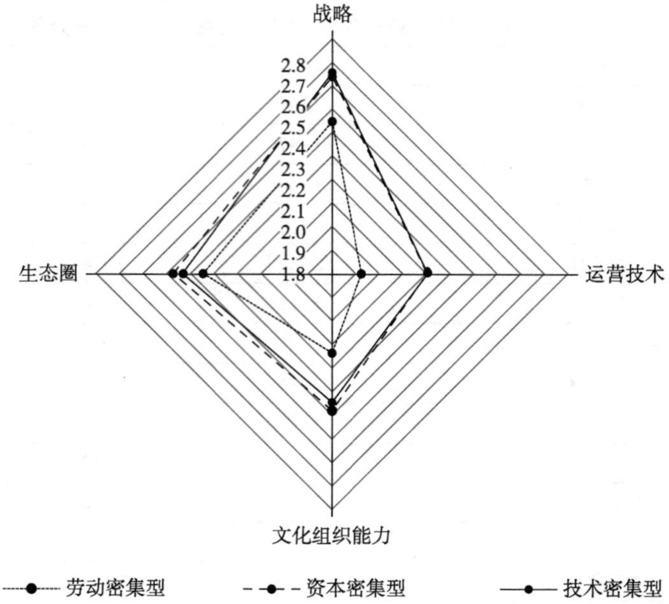

图 11-7　不同类型制造企业四大维度指标数字化成熟度分值比较

由图 11-7 可知，资本密集型和技术密集型企业在四大维度上的数字化成熟度水平都有比较明显的优势，劳动密集型企业在四大维度上的数字化成熟度均处于最低水平。尤其在运营技术和文化组织能力维度，劳动密集型企业与另外两类企业有较大差距，劳动密集型企业在进行数字化建设时，应重点考虑这两大维度数字化水平的提升。

对不同类型制造企业四大维度细分指标的数字化成熟度作图，结果如图 11-8 所示。由图 11-8 可知，资本密集型企业在以实现客户价值为中心、数字化制造、数字化供应链、文化、组织、能力、内部协作以及外部适应力等方面具有优势；技术密集型企业在与业务战略关联性、以长期数字化战略为导向、数字化研发、数字化采购、数字化营销等方面具有优势；劳动密集型企业没有具有明显优势的指标。从而给予我们如下启示：不同产业类型的制造企业在进行数字化升级时应有不同侧重，如资本密集型企业在数字化制造领域拥有较大的优势，而技术密集型企业则在数字化研发领域拥有明显优势。不同类型的企业在进行数字化升级时，应充分考虑企业自身属性特征，保持所擅长领域的先发优势，同时借鉴其他类型企业的优秀数字化经验，最终实现企业数字化的全面升级。

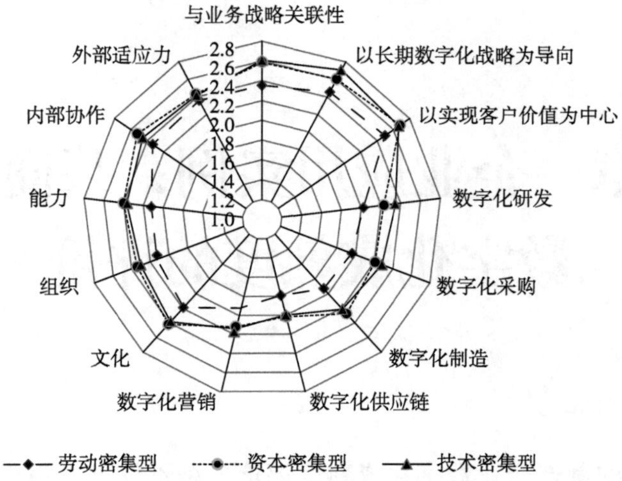

图 11-8　不同类型制造企业四大维度细分指标数字化成熟度分值比较

第 12 章　企业应用实例：某商用车企数字化成熟度的评价

本书构建的制造企业数字化成熟度评价模型不仅可以用于对制造企业数字化现状的整体把握，也可以用于对单独某个制造企业数字化的成熟度进行评价，从而为具体企业的数字化建设提供参考。此处给出一个某商用车企的应用实例。

12.1　构建层次结构模型

本节调研的是一家商用车企，该企业是一家以多品种小批量生产模式为主的商用汽车制造企业，由于该企业采购和营销模式较单一，考虑企业实际情况以及调研工作量并参考我们构建的制造企业数字化成熟度评价模型（图 10-2），本书对该企业数字化成熟度评价的层次结构模型进行调整，如图 12-1 所示。

12.2　确定各指标的 AHP 法组合权重

本书同样组织经验丰富的专家团按照两两指标对比的原则，在经过反复集体讨论后，根据1～9 标度法构建各层指标的判断矩阵并根据式（10-1）和式（10-2）进行一致性检验，列出各层两两指标间比值（表 12-1），并求出各指标单层权重及组合权重（表 12-2）。

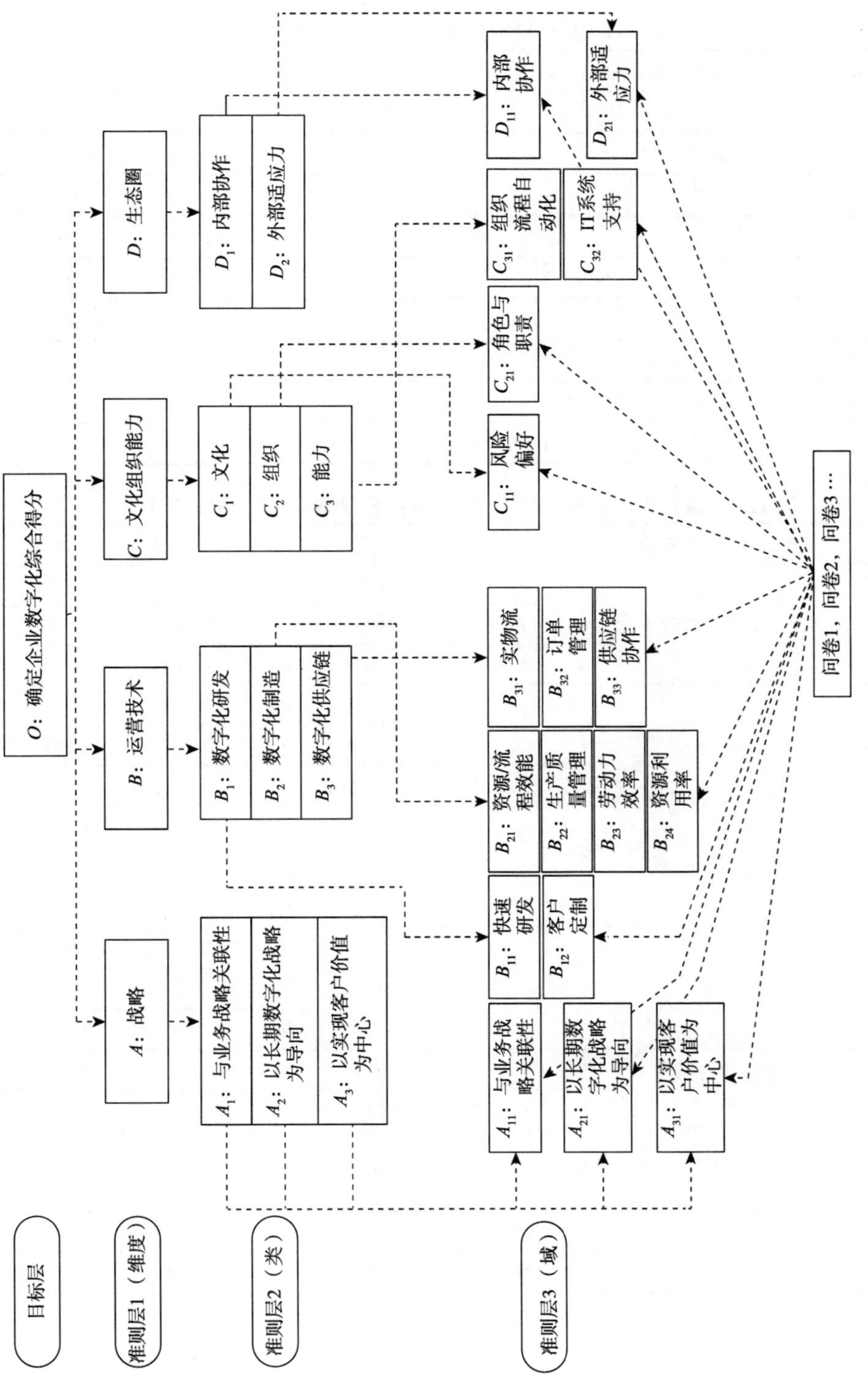

图 12-1　某商用车企数字化成熟度评价的层次结构模型

表 12-1 某商用车企各层两两指标间比值

A/B	A/C	A/D	B/C	B/D	C/D
1/3	5	7	7	9	4
A_1/A_2	A_1/A_3	A_2/A_3	B_1/B_2	B_1/B_3	B_2/B_3
2	1/2	1/2	1/4	1/2	4
C_1/C_2	C_1/C_3	C_2/C_3	D_1/D_2	B_{11}/B_{12}	B_{21}/B_{22}
1/2	1	1	1/2	3	1/4
B_{21}/B_{23}	B_{21}/B_{24}	B_{22}/B_{23}	B_{22}/B_{24}	B_{23}/B_{24}	B_{31}/B_{32}
1/3	1/3	2	2	1	4
B_{31}/B_{33}	B_{32}/B_{33}	C_{31}/C_{32}			
1	1/3	1			

表 12-2 某商用车企各指标单层权重及组合权重（基于 AHP 法）

维度	单层权重	组合权重	类	单层权重	组合权重	域	单层权重	组合权重
A	28.77%	28.77%	A_1	31.19%	8.97%	A_{11}	100.00%	8.97%
			A_2	19.76%	5.69%	A_{21}	100.00%	5.69%
			A_3	49.05%	14.11%	A_{31}	100.00%	14.11%
B	56.94%	56.94%	B_1	13.35%	7.60%	B_{11}	75.00%	5.70%
						B_{12}	25.00%	1.90%
			B_2	65.51%	37.30%	B_{21}	8.90%	3.32%
						B_{22}	43.28%	16.14%
						B_{23}	23.91%	8.92%
						B_{24}	23.91%	8.92%
			B_3	21.14%	12.04%	B_{31}	45.77%	5.51%
						B_{32}	12.63%	1.52%
						B_{33}	41.60%	5.01%
C	10.05%	10.05%	C_1	26.11%	2.62%	C_{11}	100.00%	2.62%
			C_2	41.11%	4.13%	C_{21}	100.00%	4.13%
			C_3	32.78%	3.30%	C_{31}	50.00%	1.65%
						C_{32}	50.00%	1.65%
D	4.23%	4.23%	D_1	33.33%	1.41%	D_{11}	100.00%	1.41%
			D_2	66.67%	2.82%	D_{21}	100.00%	2.82%

12.3　综合影响矩阵的计算

基于 DEMATEL 法的基本原理与步骤，组织经验丰富的专家团，以准则层 3 的各要素域为基本元素，构建直接影响矩阵 U，据式（10-3）对 U 规范化处理，得到规范化影响矩阵 G，据式（10-4）计算出综合影响矩阵 T，如表 12-3 所示。

表 12-3　某商用车企综合影响矩阵 T

域	A_{11}	A_{21}	A_{31}	B_{11}	B_{12}	B_{21}	B_{22}	B_{23}	B_{24}	B_{31}	B_{32}	B_{33}	C_{11}	C_{21}	C_{31}	C_{32}	D_{11}	D_{21}
A_{11}	0.026	0.069	0.050	0.072	0.076	0.084	0.063	0.064	0.064	0.063	0.058	0.067	0.107	0.068	0.048	0.092	0.101	0.092
A_{21}	0.098	0.028	0.055	0.078	0.082	0.067	0.068	0.069	0.068	0.069	0.064	0.073	0.112	0.095	0.051	0.096	0.130	0.122
A_{31}	0.073	0.049	0.032	0.114	0.144	0.094	0.120	0.100	0.076	0.121	0.113	0.106	0.095	0.049	0.077	0.093	0.140	0.128
B_{11}	0.012	0.011	0.038	0.026	0.097	0.042	0.045	0.044	0.021	0.022	0.020	0.048	0.042	0.011	0.035	0.010	0.095	0.071
B_{12}	0.007	0.006	0.031	0.037	0.015	0.010	0.033	0.011	0.010	0.011	0.011	0.035	0.033	0.005	0.007	0.006	0.038	0.037
B_{21}	0.005	0.005	0.007	0.040	0.040	0.013	0.036	0.036	0.082	0.010	0.009	0.033	0.034	0.005	0.006	0.004	0.040	0.012
B_{22}	0.009	0.008	0.013	0.072	0.073	0.066	0.021	0.066	0.067	0.018	0.015	0.043	0.041	0.008	0.033	0.007	0.072	0.043
B_{23}	0.006	0.005	0.009	0.068	0.072	0.061	0.063	0.017	0.062	0.057	0.032	0.017	0.038	0.005	0.008	0.005	0.047	0.015
B_{24}	0.007	0.006	0.009	0.065	0.045	0.062	0.062	0.062	0.017	0.012	0.010	0.015	0.037	0.006	0.008	0.005	0.066	0.015
B_{31}	0.007	0.007	0.012	0.067	0.092	0.012	0.037	0.037	0.014	0.015	0.014	0.063	0.038	0.007	0.009	0.006	0.067	0.020
B_{32}	0.008	0.007	0.012	0.071	0.097	0.014	0.017	0.040	0.038	0.064	0.014	0.066	0.039	0.008	0.032	0.006	0.048	0.043
B_{33}	0.014	0.013	0.042	0.106	0.091	0.024	0.028	0.051	0.070	0.097	0.092	0.034	0.048	0.035	0.038	0.011	0.086	0.100
C_{11}	0.067	0.064	0.067	0.064	0.068	0.055	0.056	0.056	0.055	0.057	0.053	0.059	0.034	0.042	0.022	0.067	0.092	0.063
C_{21}	0.068	0.065	0.068	0.064	0.069	0.055	0.056	0.057	0.056	0.057	0.053	0.060	0.057	0.020	0.044	0.044	0.092	0.086
C_{31}	0.044	0.042	0.048	0.100	0.105	0.083	0.085	0.109	0.087	0.086	0.080	0.112	0.061	0.065	0.023	0.041	0.102	0.091
C_{32}	0.049	0.047	0.055	0.140	0.147	0.118	0.121	0.125	0.123	0.121	0.113	0.128	0.095	0.048	0.098	0.022	0.143	0.127
D_{11}	0.073	0.070	0.076	0.110	0.117	0.090	0.093	0.096	0.094	0.118	0.110	0.123	0.093	0.071	0.074	0.049	0.070	0.124
D_{21}	0.032	0.031	0.034	0.048	0.051	0.040	0.041	0.041	0.042	0.042	0.039	0.066	0.019	0.010	0.011	0.010	0.050	0.022

12.4　原因度、中心度、综合影响度的计算

根据式（10-5）和式（10-6）计算出各域的影响度 R_i 和影响度 D_i，据式（10-7）计算出各域的综合影响度 Z_i。结果见表 12-4。

表 12-4 某商用车企原因度、中心度、综合影响度

域	R_i	D_i	$R_i - D_i$	$R_i + D_i$	Z_i
A_{11}	1.261	0.606	0.656	1.867	0.089
A_{21}	1.424	0.533	0.891	1.958	0.059
A_{31}	1.725	0.658	1.067	2.383	0.179
B_{11}	0.691	1.340	−0.649	2.031	0.061
B_{12}	0.343	1.482	−1.139	1.824	0.018
B_{21}	0.416	0.987	−0.570	1.403	0.025
B_{22}	0.676	1.045	−0.369	1.721	0.148
B_{23}	0.586	1.080	−0.494	1.666	0.079
B_{24}	0.510	1.045	−0.535	1.555	0.074
B_{31}	0.523	1.040	−0.517	1.563	0.046
B_{32}	0.623	0.900	−0.277	1.524	0.012
B_{33}	0.980	1.148	−0.167	2.128	0.057
C_{11}	1.043	1.025	0.017	2.068	0.029
C_{21}	1.070	0.557	0.512	1.627	0.036
C_{31}	1.362	0.622	0.740	1.984	0.017
C_{32}	1.821	0.574	1.248	2.395	0.021
D_{11}	1.649	1.479	0.170	3.128	0.023
D_{21}	0.628	1.211	−0.583	1.839	0.280

12.5 数字化成熟度指数的计算与分析

根据式（10-8）和式（10-9），同理可计算出各指标的数字化成熟度分值，如表 12-5 所示。可进一步求出该车企数字化成熟度综合分值$S_O=1.000$，处于“数字化升级者”阶段，说明该车企已经制定了相关数字化战略，并开始对基础设施进行升级改造，但数字化能力还处于较低阶段，很大程度上限制了该企业的发展，未来还需要进行更深入的数字化变革。

表 12-5 某商用车企各指标权重及分值（基于 AHP-DEMATEL 法）

维度	单层权重	组合权重	综合评分	类	单层权重	组合权重	综合评分	域	单层权重	组合权重	综合评分	组合得分
A	32.67%	32.67%	1.982	A_1	27.24%	8.90%	1.579	A_{11}	100.00%	8.90%	1.579	0.140
				A_2	18.10%	5.91%	1.895	A_{21}	100.00%	5.91%	1.895	0.112
				A_3	54.66%	17.86%	2.211	A_{31}	100.00%	17.86%	2.211	0.395

续表

维度	单层权重	组合权重	综合评分	类	单层权重	组合权重	综合评分	域	单层权重	组合权重	综合评分	组合得分
B	51.95%	51.95%	0.322	B_1	15.38%	7.99%	0.691	B_{11}	76.96%	6.15%	0.705	0.043
								B_{12}	23.04%	1.84%	0.646	0.012
				B_2	62.55%	32.50%	0.229	B_{21}	7.61%	2.47%	0.534	0.013
								B_{22}	45.42%	14.76%	0.070	0.010
								B_{23}	24.30%	7.90%	0.322	0.025
								B_{24}	22.67%	7.37%	0.344	0.025
				B_3	22.07%	11.46%	0.229	B_{31}	39.90%	4.57%	0.261	0.012
								B_{32}	10.73%	1.23%	0.792	0.010
								B_{33}	49.36%	5.66%	0.284	0.016
C	10.28%	10.28%	0.985	C_1	28.03%	2.88%	1.895	C_{11}	100.00%	2.88%	1.895	0.055
				C_2	34.72%	3.57%	0.737	C_{21}	100.00%	3.57%	0.737	0.026
				C_3	37.25%	3.83%	0.533	C_{31}	45.31%	1.74%	0.161	0.003
								C_{32}	54.69%	2.09%	0.842	0.018
D	5.10%	5.10%	1.644	D_1	45.96%	2.35%	1.474	D_{11}	100.00%	2.35%	1.474	0.035
				D_2	54.04%	2.76%	1.789	D_{21}	100.00%	2.76%	1.789	0.049

本 篇 小 结

本篇主要介绍了制造企业数字化的成熟度评价过程。首先依据五项原则构建了制造企业数字化成熟度的指标体系，其次介绍了问卷设计与调查实施的流程，在对调查问卷进行数据质量检验并通过检验后，以 AHP-DEMATEL 法为基础，对我国制造企业的数字化成熟度进行了评价分析，发现我国制造企业的数字化整体水平为 2.351，为“数字化转型者”，并从地区、产业类型的不同角度对我国制造企业的数字化成熟度进行了详细分析，最后以某商用车企为例，对以单个企业为研究对象做数字化成熟度评价研究进行了案例展示，进一步拓展了本模型的应用范围。

第三篇　制造企业数字化对企业产品转型能力影响的研究

探究制造企业数字化对企业产品转型能力的影响，可以帮助我们更好地了解企业数字化对企业发展尤其是企业转型的意义及内在影响机制，为政府和企业制定企业数字化战略或企业转型战略时提供参考建议。因此，本书基于数字化成熟度评价模型以及扩展的产品空间理论模型，以制造企业数字化四大维度为自变量，以决定企业产品转型能力的三大要素为因变量，通过实证分析探究制造企业数字化对企业产品转型能力的影响关系，进而帮助读者认识数字化建设对企业转型升级的影响。

第 13 章　企业产品转型能力相关理论研究概况

13.1　产品空间理论及其扩展理论的概念和内涵

Hausmann 和 Klinger 在 2006~2007 年以及 Hidalgo 等在 2007~2009 年的一系列研究创造性地提出了产品空间理论（product space theory），该理论从产品空间结构的角度出发，探究企业从原产品跳跃生产新的产品时，决定最优跳跃距离的关键因素。产品空间理论认为，任意两种产品在空间上的距离是不相等的，距离的大小与生产两种产品所需能力的相似程度有关。生产两种产品所需的能力越相似，两种产品间的距离越小，产品的跳跃就越容易实现；反之，生产两种产品所需能力相差越大，两种产品间的距离就越大，产品的跳跃就越难以实现。产品空间理论可以用 HK 来进行表述。

假定市场中存在一个生产产品 A 的企业，A 产品的收益为 P_A，与此同时市场中还存在一个具有更高收益 P_B 的产品 $B\left(P_B > P_A\right)$，若企业选择跳跃，可获得额外收益 P_{B-A}，该收益与跳跃距离 δ 成正比，即

$$P_{B-A} = P_B - P_A = f\delta \tag{13-1}$$

式中，f ——产品跳跃收益系数。

同时企业也要承担跳跃成本（或转型成本）C，可以证明，跳跃成本与跳跃距离的平方成正比，即

$$C = c\delta^2 / 2 \tag{13-2}$$

式中，c ——产品跳跃成本系数。

从而企业通过产品跳跃可以获得利润 Π 为

$$\Pi = f\delta - c\delta^2 / 2 \tag{13-3}$$

进而对 δ 求一阶导可知企业获得最大转型利润对应的最优跳跃距离 $\delta^{※}$ 为

$$\delta^{※} = f / c \tag{13-4}$$

进一步假设市场中存在着时代交叠的同质企业，每个企业均可连续存活两期，此时对于一家存活两期的企业而言，其跳跃两次后的总利润为

$$\Pi = f\delta_1 - \frac{1}{2}c\delta_1^2 + f\delta_2 - \frac{1}{2}c(\delta_2 - \delta_1)^2 \tag{13-5}$$

式中，δ_1——企业的第一次跳跃距离；

δ_2——相对尚未跳跃时，企业的第二次跳跃距离。

根据利润最大化策略决定企业每期的最优跳跃距离，由两期的总利润最大化，分别对 δ_1 和 δ_2 求导并联立方程可得该公司第一期的最优跳跃距离 $\delta_1^{※}$ 为

$$\delta_1^{※} = 2f / c \tag{13-6}$$

第二期的最优跳跃距离 $\delta_2^{※}$ 为

$$\delta_2^{※} = 3f / c \tag{13-7}$$

国内学者程文和张建华（2011）对 HK 模型做了进一步的延伸，在模型中引入不同的企业存活期 n 来代表企业在跳跃前的实力水平，n 越大，说明企业自身实力越强，反之则越弱。一个假设能够存活 n 期的公司，其总利润为

$$\Pi = f\delta_1 - \frac{1}{2}c\delta_1^2 + f\delta_2 - \frac{1}{2}c(\delta_2 - \delta_1)^2 + \ldots + f\delta_n - \frac{1}{2}c(\delta_n - \delta_{n-1})^2 \tag{13-8}$$

式中，δ_n——相对尚未跳跃时，企业的第 n 次跳跃距离；

δ_{n-1}——相对尚未跳跃时，企业的第 $n-1$ 次跳跃距离。

存活期为 n 期的 HK 模型示意图如图 13-1 所示。

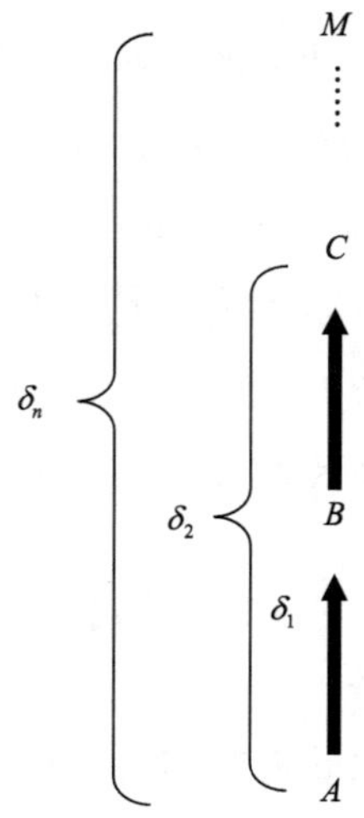

图 13-1　存活期为 n 期的 HK 模型示意图

依然根据利润最大化策略决定企业每期的最优跳跃距离，可求出其每期最优跳跃距离如下。

第一期最优跳跃距离为

$$\delta_1^{※} = nf / c \tag{13-9}$$

第二期最优跳跃距离为

$$\delta_2^{※} = (2n-1)f / c \tag{13-10}$$

第 i 期最优跳跃距离为

$$\delta_i^{※} = \frac{2in - i^2 + i}{2} f / c \tag{13-11}$$

第 n 期最优跳跃距离为

$$\delta_n^{※} = \frac{n(n+1)}{2} f / c \tag{13-12}$$

可以看出，企业进行产品跳跃或转型时的最优跳跃距离 $\delta_n^{※}$ 其实由企业存活期 n 和企业产品跳跃收益系数 f 以及产品跳跃成本系数 c 三个指标的大小所决定。$\delta_n^{※}$ 与 n、f 正相关，与 c 负相关。

13.2 产品空间理论及其扩展理论的相关研究与应用

尽管产品空间理论最初是由 Hausmann 和 Klinger 以及 Hidalgo 等提出的，但中国多名学者对该理论的扩展和完善起到了重要作用。HK 模型假定产品升级是一个线性的过程，但是企业有可能同时面临多个转型升级的选择，为了预测非线性情况下企业转型升级行为的选择，张其仔（2008）引入产业度的概念，从而可以同时考虑产品间的技术距离以及后续产品的升级机会。邓向荣和曹红（2016）考虑到生产能力的累积有可能会引发产品创新，使产品的原有升级路径发生突变这一因素的影响，在张其仔扩展的 HK 模型基础上，又加入了生产能力累积影响因素，提出了含生产能力累积的 HK 扩展模型，该模型进一步拓展了产品空间理论的应用范围，并提供了产品升级的两种路径选择，一是以技术模仿为核心，追求实现产品的渐进式升级，二是以技术创新为核心，追求实现产品的突变式升级，具体选择哪一条路径取决于利润最大化策略。程文和张建华（2013）则另辟蹊径，将产品空间理论的应用从产业视角转移到企业视角，通过聚焦决定企业最优产品跳跃距离的三个关键因素——企业存活期、产品跳跃收益系数以及产品跳跃成本系数，发放调查问卷搜集数据并进行实证分析，验证了中国模块化技术的发展对企业产品创新的影响，对本书具有较大的启发借鉴意义。

此外，在应用研究层面，齐振彪（2012）基于产品空间理论，通过对我国珠三角地区家电行业发展历程的分析，指出改革开放之后的 30 年我国家电行业的产业升级主要遵循了 OEA[①]→OEM→ODM→OBM 的线性升级路径，同时提出我国家电行业的二次升级可以考虑依靠科技创新的跳跃性升级路径。张妍妍和吕婧（2014）通过对产品空间结构与产业升级之间内在关系的研究，分析了东北老工业基地产业升级困境的成因，并根据产品在空间上的临近性以及产品密度测量结果，提出了东北装备制造业产业升级的合理路径。郭将和赵景艳（2016）基于 HK 模型和比较优势演化理论，深入研究了江苏省装备制造业的产品空间结构现状，并提出了通过改变现有产品空间结构以促进比较优势演化进而推进江苏省装备制造业产业升级的参考建议。徐孝新和李颢（2019）基于产品空间理论对我国产业升级路径进行实证研究，发现生产能力禀赋在促进产业转型升级的同时也会对既有产业的退出起到遏制作用，对于生产能力禀赋较强的东部地区，往往需要通过“自我革命”和“创造性毁灭”来摆脱生产能力禀赋对产业升级的遏制，而生产能力禀赋较弱的中部、西部地区，则应以渐进式路径推进产业升级。

① OEA 即 original equipment assembling，原始设备装配，指制造商只是完成简单的产品组装任务。

第 14 章　相关变量及测量维度划分

14.1　企业产品转型能力构成要素的提取

由式（13-12）可以看出，企业进行产品创新或转型时的最优跳跃距离 $\delta_n^{※}$ 由企业的存活期 n 和企业产品跳跃收益系数 f 以及产品跳跃成本系数 c 的大小所决定。本书进一步考虑企业产品转型可以获得的最大利润与 n、f 的关系，将式（13-12）代入式（13-8）可求得企业的最大化利润为

$$\Pi = \frac{(2n^3 + 3n^2 + n)\ f^2}{12c} \quad (14\text{-}1)$$

由式（14-1）可以看出，企业进行产品转型可以获得的最大化利润 Π 也由 n、f 和 c 的大小所决定，Π 与 n、f 正相关，与 c 负相关，即企业的 n、f 越大，c 越小，企业在产品转型过程中可以获得的最优利润越大，企业的产品转型能力就越强。因此，企业产品转型能力的大小主要由企业存活期 n 、企业产品跳跃收益系数 f 以及产品跳跃成本系数 c 所决定。

程文和张建华（2013）在构建引入企业存活期 n 的 HK 扩展模型时，指出 n 代表不同企业的产品跳跃能力，企业的产品跳跃能力越强，企业进行产品转型失败的可能性就越小，企业的存活期就越长，基于此，本书认为 n 实际代表了企业在进行产品转型时所拥有的综合抗转型风险能力，是由企业进行产品转型时的研发水平、市场开拓能力以及企业管理能力所决定的。

由式（13-1）可知，在产品跳跃距离相同时，f 越大，企业转型所获得的额外收益越大，因此，本书认为，企业产品跳跃收益系数 f 实际代表了企业产品转型收益能力，是由企业进行产品转型时的产品关键技术、产品品牌和产品产量所决定的。

同理，由式（13-2）可知，在产品跳跃距离相同时，c 越小，企业所需的转型成本就越小，因此，本书认为，企业产品跳跃成本系数 c 实际代表了企业产品转型成本控制能力，是由企业进行产品转型时的研发成本控制能力、资源更新成本控制能力以及营销成本控制能力所决定的。

此外，考虑到学术研究的严谨性，基于产品空间理论的定义，本书将“产品转型”定义为企业产品发生了跳跃式的创新，如从生产轮胎转型生产汽车，甚至从生产汽车转型生产手机等，如果仅仅是简单的生产工艺创新或外观创新等是不被包括在内的。

14.2　具体细分指标的确定

14.2.1　企业综合抗转型风险能力测量维度划分

本书将企业综合抗转型风险能力测量维度细分为企业研发能力、市场开拓能力和企业管理能力三个指标。

企业研发能力指企业进行产品改进、新产品开发设计的能力。王娟（2008）提到，企业的新产品开发能力是构成企业抗风险能力的关键要素，陈宏辉和罗兴（2008）通过对 316 份来自广东省制造企业的调查问卷的实证分析，发现强大的企业研发能力更有助于弱化企业的“贴牌”倾向，从而促进企业的产品转型。徐苑（2012）以 2009 年创业板 48 家上市公司相关指标作为样本数据展开中小企业研发投入与公司业绩相关性的实证研究，研究表明提高企业研发水平有利于提高企业抗风险能力，促进企业业绩增长。因此，本书认为，企业研发水平是衡量企业综合抗转型风险能力的决定因素之一。

市场开拓能力指企业通过市场需求预测、产品进入时机选择以及市场营销推广等途径引导创新方向、匹配市场需求、扩大营销渠道的能力。陈宏辉和罗兴（2008）提到强大的市场开拓能力也会显著弱化企业“贴牌”倾向，促进企业产品转型，闫国庆等（2009）通过对我国加工贸易战略转型及政策调整问题的实证研究，发现缺乏市场开拓的主动权是影响企业转型发展的最不利因素，我国大部分加工贸易企业对外商存在强烈的依赖性，这使得企业没有足够能力发展自己的品牌和开拓自己的销售渠道，在转型中往往面临较高的客户丧失的风险。因此本书认为，企业市场开拓能力也是衡量企业综合抗转型风险能力的决定因素之一。

企业管理能力指企业进行决策制定、组织管理、制度创新以及人力资源管理的能力。郁明华（2003）基于企业能力理论，提出企业转型就是为了获得和实现企业能力，而企业“获取能力”主要是靠有效的管理决策能力。唐健雄和王国顺（2008）指出，企业管理控制力是决定企业转型能力的核心维度之一，李镇生和辛颖（2008）也指出，管理能力跟不上企业规模发展是制约我国中小企业成长的关键问题之一。贾晓霞和苏毅（2012）通过对贝发集团股份有限公司的案例研究，发现企业角色、组织文化、系统构架和规章制度决定了企业的系统免疫能力，起到了抵御普遍性转型风险的作用。因此本书认为，企业管理能力也是衡量企业综合抗转型风险能力的决定因素之一。

14.2.2　企业产品转型收益能力测量维度划分

本书将企业产品转型收益能力测量维度细分为产品关键技术、产品品牌和产品产量三个指标。

产品关键技术的掌握是衡量制造企业产品转型收益能力的决定因素之一。制造企业沿着 OEM→ODM→OBM 的路径进行转型升级时，往往伴随着关键技术外部依赖性的减弱，企业在掌握产品的关键生产技术后，就可以利用我国相对低廉的资源优势自主生产，产品的附加值随之越来越高（曾贵，2011），企业的产品转型收益能力也会随之提高。

产品品牌也是衡量制造企业产品转型收益能力的决定因素之一。企业进行产品转型升级的过程其实也是企业逐渐摆脱对国外品牌的依赖性，建立自有品牌的过程（钟毅恒，2006），自有品牌可以使企业拥有自主定价权，从而增加产品的附加值，提升企业产品转型收益能力。

产品产量是衡量制造企业产品转型收益能力的又一决定性因素。成功的企业产品转型，有时也意味着企业生产效率的提升，比如随着我国钢铁行业结构转型升级工作的实施，很多钢铁企业的粗钢产量下降的同时，精钢生产能力得到了提升，精钢产量显著增加，从而提升了企业的产品转型收益能力。

14.2.3　企业产品转型成本控制能力测量维度划分

本书将企业产品转型成本控制能力测量维度细分为研发成本控制能力、资源更新成本控制能力和营销推广成本控制能力三个指标。

研发成本控制能力是衡量制造企业产品转型成本控制能力的决定因素之一。新产品的成功研发是企业进行产品转型的前提，但目前企业普遍存在因研发成本管控不力导致企业资源浪费、研发效率低下等问题，进而造成新产品研发周期变长甚至资金链断裂、产品转型失败的严重后果（宋雪莲和张德洲，2010）。因此，合理管控研发成本，充分利用研发资源是企业转型活动成功实施的重要保障。

资源更新成本指企业在进行产品转型时，为匹配新产品的研发、生产、销售等所需的人力、设备等的转换成本。由于新产品的生产技术、生产设备、营销模式等的改变，企业往往需要引进新的专业人才，对原有机器设备进行淘汰更新，同时还要组织大量培训、研讨活动帮助企业员工适应新技术、新设备(曾贵，2011)。资源更新成本控制能力越高的企业，意味着企业在应对环境变化过程中投入的成本越低，企业具有更强的柔性，从而具有更强的产品转型能力。因此，资源更新成本控制能力也是衡量制造企业产品转型成本控制能力的决定因素之一。

营销推广成本指企业为了推广新产品所需的渠道拓展、广告投放、营销团队运营的成本。对于进行产品转型的企业而言，市场上已存在的类似产品已经在一定程度上锁定了消费者群体，后进入的产品要想打破这种锁定，就必须投入更高的营销推广成本，使得自身产品信息得到有效扩散进而吸引消费者的注意（陈柳和刘志彪，2006)。因此，企业进行产品转型需要承担一定的营销推广成本，营销推广成本的控制能力也是构成企业产品转型成本控制能力的关键要素之一。

第 15 章　假设提出与模型构建

15.1　研究假设的提出

15.1.1　数字化战略对企业产品转型能力的影响

转型战略的选择对企业转型效果非常重要，关乎企业转型理念、具体战略执行以及后续的经营管理（殷文英，2014），国内外众多学者都证明了数字化战略对企业转型有积极的影响。

葛敬豪（2003）就提出，数字化带来的是包括生产方式、经济活动、社会生活乃至生存方式的巨大变革，各产业部门应当以实现数字化为目标，尽快制定数字化战略，充分利用数字技术，提高企业走向国际市场的竞争力。

2017 年 3 月，英国政府正式出台《英国数字化战略》，明确将数字化战略作为英国建设全球性贸易大国计划的一部分，并提出了包括数字连接战略、数字技能和包容性战略、数字经济战略、数字化转型战略、网络空间安全战略、数字政府战略以及数据战略在内的共七大子战略规划，《英国数字化战略》提出的计划、建议和规划，将为英国带来一个蓬勃发展的、包容的、外向型的数字经济时代。

田坪鑫和李楠（2018）指出，当今社会已经从工业时代进入信息化时代，汽车行业也面临较高的转型压力，而数字化战略就显得尤为重要，以上汽通用汽车有限公司（简称上汽）数字化战略为例，上汽通过打造覆盖产品生产—库存—运输的全局体系的物流数字化战略，将物流行业发展趋势与互联网时代相结合，使得公司物流效率得到了显著的提升。

《麻省理工斯隆管理评论》和德勤公司联合推出的《战略，而不是技术，在推动数字化转型》指出，推动数字化成熟的关键是战略而不是技术，该研究通过对涵盖全球 129 个国家、27 个行业中不同员工的问卷调查发现，处于数字化早期阶段的企业往往专注于单独的技术和只关注在运营的战略上，仅有 15%的受访者表示企业有清晰合理的数字化战略，而大多数成熟企业的数字化战略更着眼于企业转型能力的提升，超过 80%的成熟企业受访者表示所在企业有明确的数字化战略，这些企业的数字化战略目标是创新、决策和最终商业运作方式的转型。由于制造企业的基本属性，制造企业的产品转型能力是制造企业转型能力的核心组成部分，因此，根据以上对数字化战略的理解以及考虑其对企业产品转型能力的可能影响，本书提出如下假设。

H1a：数字化战略对制造企业综合抗转型风险能力具有显著的正向影响。

H1b：数字化战略对制造企业产品转型收益能力具有显著的正向影响。

H1c：数字化战略对制造企业产品转型成本控制能力具有显著的正向影响。

15.1.2 数字化运营技术对企业产品转型能力的影响

数字化运营技术主要细分为数字化研发、数字化采购、数字化制造、数字化供应链、数字化营销五个类别，已经有许多国内外学者通过不同理论和实证研究表明这五个领域的数字化变革会影响到企业的转型能力。

熊谦（2012）提到，中国传统制造业的规模化低成本生产模式已经难以维持，这就要求企业必须大力推进产品研发和创新能力，加快企业从大规模批量生产向小批量定制化生产过渡的进程，产品生命周期管理（product life-cycle management，PLM）作为产品研发管理的核心解决方案，其数字化水平的提升对企业加快产业结构和转型升级，提升核心竞争力有着重要作用。韩建新（2017）认为，传统产品的迭代更新时间漫长，而数字化特征的产品更新时间往往不到半年，因此，转变传统观念，加快数字化研发节奏，已成为企业保持持续发展的重要一环。

采购工作往往是许多企业所忽略的部分，目前国内大多数企业的采购业务普遍存在大量手动流程，不仅效率低下，还会导致采购历史无法追溯，合规性难以保证等问题。联想集团通过在全球 70 多个国家的业务部门实施 SAP Ariba 云采购解决方案，成功实现了采购业务的流程优化、成本降低、风险合规以及数据可视化，从而率先实现了采购的数字化转型。张淑云（2008）通过 SWOT①分析法对我国中小企业电子采购的劣势、挑战及未来进行了详细分析，发现采购电子化是企业尤其是中小企业进行管理转型的方向和趋势。

数字化制造是在传统制造技术和现代数字技术相融合的背景下，以产品、工艺和资源等信息为基础，通过对这些信息进行数字化描述、集成、分析和决策，从而可以快速生产出满足客户需求的产品（臧冀原等，2018）。王少博（2016）从产能评价的角度出发，通过对传统服装制造业数字化转型的现状和趋势的探究，提出服装制造企业应当以数字化、信息化智能设备在服装生产过程中的应

① S（strengths）是优势、W（weaknesses）是劣势、O（opportunities）是机会、T（threats）是威胁。

用为基础来提升产能、保证质量，进而转变生产方式以实现中国服装制造业的转型升级。

张立国（2015）指出，中国经济已经到了只有转型升级才能持续健康发展的关键阶段，对于物流行业来说，供应链的优化整合对降低成本有着重要作用，是行业实现转型升级的重要突破口。当前很多企业的供应链其实是一个个“信息孤岛”，相互间存在着很多沟通瓶颈，供应链运营效率普遍较低，相关的业务操作过程往往复杂又耗时，数字化供应链就是通过数字化手段（电子数据交换、互联网、物联网等）将供应链中的合作伙伴、数据和系统连接在一起，使供应商更容易通过自动化关键业务信息双向交换、物料交付时间减少、补货技术简化和库存计划改进以及流程可见性等优势性能来处理业务，以提高供应链的反应速度，更好地应对市场的不确定性①。

数字化营销是指凭借互联网、通信技术以及可交互数字媒体来实现企业营销目标的一种高层次的营销手段，但与以产品为中心时代的营销模式不同，数字化营销以消费者需求为中心，利用大数据平台加深对消费者需求的洞察和理解，在精准把握消费者心理、帮助现有产品销售的同时，将消费者体验及时反馈给产品研发中心、组织决策中心，从而对企业产品转型起到促进、引导作用（黄宇芳，2016）。高佳敏（2017）认为，传统企业在互联网冲击下面临严峻的市场营销问题，在新的市场环境下需要转型升级，企业应当根据自身特点以及企业目标，利用数字营销、搜索引擎营销、跨界合作等数字化营销手段，为传统企业转型过程中的营销战略变革提供更多的可能。

综上，本书认为，数字化运营技术对企业产品转型能力有直接的影响关系，并提出如下假设。

H2a：数字化运营技术对制造企业综合抗转型风险能力具有显著的正向影响。

H2b：数字化运营技术对制造企业产品转型收益能力具有显著的正向影响。

H2c：数字化运营技术对制造企业产品转型成本控制能力具有显著的正向影响。

15.1.3　数字化文化组织能力对企业产品转型能力的影响

杨懿（2005）通过对上海、福建、浙江等地的民营企业进行实地调研，发现中国民营企业所面临的宏观经济环境正在并将持续发生深刻的变化，民营企业已经整体上进入了转型阶段，这一转型过程必然会带来企业文化上的深刻变革，因此，我国民营企业必须加强企业文化建设，适应新时代的新要求。数字化文化变革就是企业为适应数字化时代企业的转型升级而必须采取的措施。

---

① 见罗戈研究院和京东物流 2018 年发布的《数字化供应链综合研究报告》。

殷文英（2014）通过对 2003~2011 年沪深两市进行过企业转型的上市公司相关数据的研究，发现企业组织中的高层管理者的决策行为是影响企业转型绩效的关键因素，高管是否高度自信会直接影响企业转型方向和转型方式的选择，进而对企业转型绩效产生影响，过度自信的高管对企业转型的短期绩效有负向的影响，但是对长期的绩效则有正向的影响。因此，一支更灵活、转型经验更丰富的数字化组织团队会对企业的转型能力产生直接的影响。

数字化能力主要指企业合理利用数字化工具以支持工作的能力，具体来说，是指企业运用数据分析进行决策的能力和借助 IT 系统等工具提高员工工作流程自动化水平的能力，因此可以认为，数字化能力的提升有助于提升企业运营效率，促进企业的转型升级。

综上，本书认为，数字化文化组织能力对企业产品转型能力有直接的影响关系，并提出如下假设。

H3a：数字化文化组织能力对制造企业综合抗转型风险能力具有显著的正向影响。

H3b：数字化文化组织能力对制造企业产品转型收益能力具有显著的正向影响。

H3c：数字化文化组织能力对制造企业产品转型成本控制能力具有显著的正向影响。

15.1.4 数字化生态圈对企业产品转型能力的影响

数字化生态圈是指企业借助数字化技术建立企业自身与供应链上下游企业及其他机构间的利益共同体，潘松挺和杨大鹏（2017）提出，当今时代企业建构生态圈的关键就在于利用大数据、云计算等数字技术，实现跨业务的协同效应，进而促进企业在降本提效的同时开发出差异化的产品，最终树立起自己的生态优势。张小宁和赵剑波（2014）以海尔日日顺物流生态圈的构建为例，指出平台生态系统是一种以用户需求为中心的网络化价值创造和利益分配共同体，生态圈的管理能力是企业的核心能力之一。周文龙（2017）以小米借助物联网平台构建智能家居生态圈为例，指出小米建立生态圈的过程其实是一种资源的综合利用和优化配置的过程，小米正是在这一过程中创造了产品和服务的差异化竞争优势，进而推动了小米的成功转型。综上，本书认为，数字化生态圈对企业产品转型能力有直接的影响关系，并提出如下假设。

H4a：数字化生态圈对制造企业综合抗转型风险能力具有显著的正向影响。

H4b：数字化生态圈对制造企业产品转型收益能力具有显著的正向影响。

H4c：数字化生态圈对制造企业产品转型成本控制能力具有显著的正向影响。

15.2　假设模型的构建

根据假设 H1a、H1b、H1c、H2a、H2b、H2c、H3a、H3b、H3c、H4a、H4b、H4c，本书构建了制造企业数字化与企业产品转型能力关系的假设模型，如图 15-1 所示。

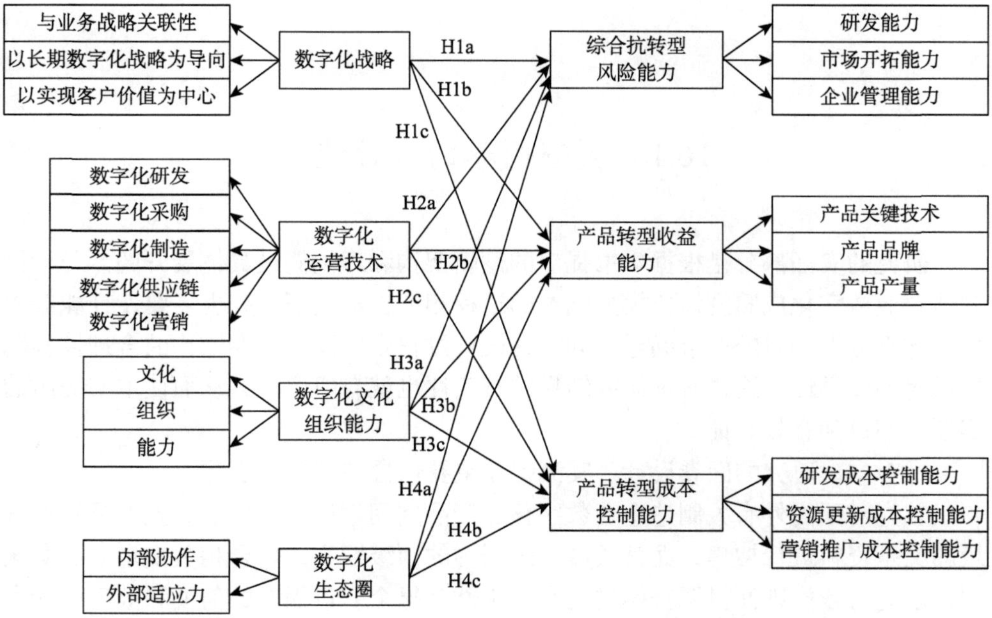

图 15-1　制造企业数字化与企业产品转型能力关系的假设模型

第 16 章　实证研究问卷设计与调查实施

16.1　调查问卷的设计流程

研究的实证部分是根据本书提出的逻辑架构和理论假设具体展开的。与设计制造企业数字化成熟度评价模型问卷的过程相似，本实证研究也需要设计能够承担大样本数据调研的调查问卷，同时在设计过程中应注意问卷结构的合理性和题项设置的科学性，这样实证研究结果的真实性也就有所保证，从而使本书提出的实证模型得到有效验证。

针对本次研究的问卷设计，其流程亦主要包含如下四个步骤。

首先对国内外有关制造企业数字化、产品空间理论的应用、企业产品转型升级的文献资料进行搜集，尤其关注国际国内的顶级期刊，整合相关变量的测量题项，以此为依据则使得调查问卷更有理论性，每个变量因素的信度和效度检验也就更具有权威性和代表性。

将变量量表设计出来以后，通过专家访谈对问卷进行讨论，根据汇总意见对题项进行重新修改后，形成调查问卷的完整初稿。

将问卷初稿分享给少部分企业员工进行调查试验，并根据反馈意见进一步调整修改调查问卷。

通过小规模预调研，对小样本数据进行信度和效度检验，确定调查问卷的测量题项合适、问卷结构合理以后，最终形成能够实现大样本数据有效采集的调查问卷。

下一步通过发放、填写和回收调查问卷，获得大样本数据以用于实证研究，验证模型假设。

16.2　相关变量的测量与问卷结构

本书采用 5 级利克特量表设计了数字化战略、数字化运营技术、数字化文化组织能力、数字化生态圈以及企业的综合抗转型风险能力、产品转型收益能力和产品转型成本控制能力等相关变量的测量量表，如表 16-1 所示。利克特量表评级的 1~5 分别表示认同度的非常不同意、比较不同意、一般同意、比较同意和非常同意。

表 16-1　相关变量测量量表

变量	维度	编号	测量题项
数字化战略	与业务战略关联性	DS1	贵公司的数字化战略/举措可以很好地融入企业战略中
	以长期数字化战略为导向	DS2	贵公司分别有短期（小于 1 年）、中期（1~3 年）以及长期（3~5 年）的数字化举措
	以实现客户价值为中心	DS3	贵公司通过调研、评估深入了解客户核心需求后制定数字化战略，该战略是由当下和预期的客户需求驱动的，不仅仅是与短期绩效相关，在数字化战略中清晰指出了用数字化方式满足客户核心需求的路径
数字化运营技术	数字化研发	DO1	贵公司借助计算机辅助系列软件（CAD、CAE[①]、CAM、CAPP[②]）、虚拟测试等数字化技术缩短了研发周期并提升了产品模块化的能力
	数字化采购	DO2	贵公司拥有电子化采购平台、供应商协作平台、供应商洞见监控、自动化合规管理等数字化工具支持公司的采购活动
	数字化制造	DO3	贵公司拥有数字化制造平台或系统支持生产制造执行、能耗管理、质量控制，或拥有自动化较高的生产设备，实现了较高程度的人机合作
	数字化供应链	DO4	贵公司拥有数字化供应链协作平台支持客户、公司与供应商的协作，或拥有先进的仓储、物流设备系统，实现了实物流的数字化、自动化
	数字化营销	DO5	贵公司拥有数字化的平台用来分析市场、动态定价、掌握客户需求、处理客户关系或通过对用户画像的智能分析进行数字化精准营销
数字化文化组织能力	文化	DM1	贵公司拥有统一的愿景文化，敢于承担数字化活动带来的风险，拥有比较快速的决策能力和自适应学习能力
	组织	DM2	贵公司对研发、采购、制造、供应链、营销等环节有清晰的数字化角色与职责定位，公司领导层对数字化趋势有敏锐意识并能做出科学决策，有足够数量的数字化人才
	能力	DM3	贵公司拥有强大的数据驱动决策能力、组织流程自动化能力以及端到端的 IT 系统集成能力

① computer aided engineering，计算机辅助工程。

② computer aided process planning，计算机辅助工艺规划或设计。

续表

变量	维度	编号	测量题项
数字化生态圈	内部协作	DB1	贵公司在开展数字化举措的过程中，拥有高效的内部合作能力（跨部门的团队、统一的愿景、员工间高度的信任等）
	外部适应力	DB2	对于数字化的构建，贵公司会根据自身所缺乏的资源、能力去积极获取外部资源或寻求合作
综合抗转型风险能力	研发能力	IR1	相对于开展数字化建设前，贵公司现在进行产品转型时的研发能力显著提升
	市场开拓能力	IR2	相对于开展数字化建设前，贵公司现在进行产品转型时的市场开拓能力显著提升
	企业管理能力	IR3	相对于开展数字化建设前，贵公司现在进行产品转型时的管理能力（包括决策制定、组织管理、制度创新、人力资源管理等）显著提升
产品转型收益能力	产品关键技术	IP1	相对于开展数字化建设前，贵公司现在进行产品转型时，产品关键技术的掌握能力显著提升
	产品品牌	IP2	相对于开展数字化建设前，贵公司现在进行产品转型时，新产品的品牌影响力显著提升
	产品产量	IP3	相对于开展数字化建设前，贵公司现在进行产品转型时，新产品的产量（单位时间内的产量）显著提升
产品转型成本控制能力	研发成本控制能力	IC1	相对于开展数字化建设前，贵公司现在进行相同程度的产品转型时，研发成本显著下降
	资源更新成本控制能力	IC2	相对于开展数字化建设前，贵公司现在进行相同程度的产品转型时，为匹配新产品的研发、生产所需的资源更新成本（人力、设备等）显著下降
	营销推广成本控制能力	IC3	相对于开展数字化建设前，贵公司现在进行相同程度的产品转型时，所需的营销成本（渠道拓展、广告、营销团队等）显著下降

本次调查的问卷结构主要分为六部分内容。

标题使得被调查人员清晰地知晓问卷目的和调查活动。

导言包括欢迎辞、保密承诺以及对本问卷的调研情况进行解释，并说明填写者应当注意的要点。

个人及企业基本信息包括被调查者的性别、年龄、受教育程度、所在公司职位以及所在企业的名称、企业所属制造业类型、企业年收入、企业性质。

企业数字化水平的主体量表部分分成数字化战略、数字化运营技术、数字化文化组织能力、数字化生态圈 4 个变量，共 13 个维度，对应 13 个题项。

企业产品转型能力的主体量表部分包括综合抗转型风险能力、产品转型收益能力、产品转型成本控制能力 3 个变量，共 9 个维度，对应 9 个题项。

致谢部分包括致谢内容、调查人员的联络方式等。

16.3　预　调　查

为了使问卷调查更具有效性，当问卷设计结束后，先选取 52 位企业员工进行了初步的调查，对数据结果进行了信度、效度检验并通过了检验。

16.4　正式调查数据收集结果

本书的问卷调查对象主要来自问卷星、电子邮件以及本校 MBA 同学和校友企业中的管理者。在对调查问卷填写结果汇总整理时，本书亦主要从以下四个方面对无效样本予以判定并删除。

问卷填写过于迅速，明显未经思考和阅读题项的。

问卷答案带有过于明显的倾向性的，如答案基本根据 1~5 排列或全部为某一选项的。

问卷未填写完整的。

问卷填写人员不属于制造企业员工的。

鉴于本书的研究模型存在较多变量，假设关系也相对复杂，最终，本次一共发放了 580 份调查问卷，回收了有效问卷 420 份，有效回收率为 72.4%，因此，样本容量的最终结果为 420 份。

第 17 章　实证分析与假设检验

17.1　样本描述性统计

问卷首先调查了填写者及其所在企业的基本信息，见表 17-1。

表 17-1　调查对象特征描述性统计

项目	类型	频数	百分比	项目	类型	频数	百分比
性别	男	233	55.48%	所在公司职位	业务总监（分公司经理）	45	10.71%
	女	187	44.52%		公司总经理或副总经理	33	7.86%
年龄	18 岁以下	0	0.00%		董事长	1	0.24%
	18~25 岁	34	8.10%		其他	0	0.00%
	26~30 岁	126	30.00%	企业性质	国有	76	18.10%
	31~40 岁	202	48.10%		民营	264	62.86%
	41~50 岁	42	10.00%		外资	42	10.00%
	51~60 岁	16	3.81%		中外合资	38	9.05%
	60 岁以上	0	0.00%		其他	0	0.00%
受教育程度	小学及以下	0	0.00%	企业所属制造业类型	材料	33	7.86%
	初中	2	0.48%		电力设备	21	5.00%
	高中	16	3.81%		机械装备	77	18.33%
	大专	61	14.52%		航空航天	3	0.71%
	本科	289	68.81%		化工	33	7.86%
	硕士	49	11.67%		农林造纸	12	2.86%
	博士	3	0.71%		汽车整车制造	19	4.52%
所在公司职位	普通员工	74	17.62%		汽车零部件	40	9.52%
	主管（储备主管）	106	25.24%		制药	24	5.71%
	部门经理或副经理（储备经理）	161	38.33%		医疗器械	7	1.67%

续表

项目	类型	频数	百分比	项目	类型	频数	百分比
企业所属制造业类型	快消	21	5.00%	企业年收入	500 万~1000 万元	60	14.29%
	服装鞋业	28	6.67%		1000 万~5000 万元	85	20.24%
	家用家居	21	5.00%		5000 万~1 亿元	75	17.86%
	消费电子	29	6.90%		1 亿~10 亿元	96	22.86%
	电子元器件	19	4.52%		10 亿~50 亿元	39	9.29%
	半导体	5	1.19%		50 亿元及以上	18	4.29%
	其他	28	6.67%				
企业年收入	0~100 万元	8	1.90%				
	100 万~500 万元	39	9.29%				

从汇总表可以发现，在被调查对象中，男性稍多，占比 55.48%；年龄在 26~40 岁的最多，占比 78.1%；学历以本科为主，占比 68.81%；所在公司职位以中高层管理者为主，其中主管和部门经理或副经理占比达 63.57%；企业性质以民营为主，占比达 62.86%；企业所属制造业类型较分散，前五名分别是机械装备行业（18.33%）、汽车零部件行业（9.52%）、材料行业（7.86%）、化工行业（7.86%）以及消费电子行业（6.90%）；企业年收入集中在 1000 万~10 亿元，占比 60.96%。

本书随即对问卷包含的 22 个测量题项所得数据做了描述性统计分析，见表 17-2。

表 17-2　变量描述性统计

编号	样本量	最小值	最大值	均值	标准差	偏度		峰度	
						统计	标准误	统计	标准误
DS1	420	1	5	3.72	0.865	−0.353	0.119	0.259	0.238
DS2	420	1	5	3.64	0.786	−0.546	0.119	0.373	0.238
DS3	420	1	5	3.70	0.970	−0.378	0.119	−0.409	0.238
DO1	420	1	5	3.15	1.030	0.049	0.119	−0.540	0.238
DO2	420	1	5	3.15	1.001	−0.209	0.119	−0.261	0.238
DO3	420	1	5	3.00	1.103	−0.009	0.119	−0.541	0.238
DO4	420	1	5	2.98	1.142	0.042	0.119	−0.742	0.238
DO5	420	1	5	3.04	1.038	0.052	0.119	−0.442	0.238
DM1	420	1	5	3.24	0.939	−0.171	0.119	−0.268	0.238
DM2	420	1	5	3.09	0.955	0.038	0.119	−0.180	0.238
DM3	420	1	5	3.13	0.808	−0.216	0.119	−0.155	0.238

续表

编号	样本量	最小值	最大值	均值	标准差	偏度		峰度	
						统计	标准误	统计	标准误
DB1	420	1	5	3.46	0.885	−0.285	0.119	0.177	0.238
DB2	420	1	5	3.46	0.855	−0.499	0.119	0.249	0.238
IR1	420	1	5	3.31	0.770	0.000	0.119	0.016	0.238
IR2	420	1	5	3.33	0.889	0.079	0.119	−0.120	0.238
IR3	420	1	5	3.36	0.897	−0.059	0.119	−0.141	0.238
IP1	420	1	5	3.19	0.859	0.049	0.119	−0.067	0.238
IP2	420	1	5	3.14	0.844	0.135	0.119	0.296	0.238
IP3	420	1	5	3.32	0.903	−0.021	0.119	−0.293	0.238
IC1	420	1	5	2.61	1.015	0.786	0.119	0.101	0.238
IC2	420	1	5	2.78	0.817	0.239	0.119	−0.470	0.238
IC3	420	1	5	2.63	0.932	0.507	0.119	−0.351	0.238

从表 17-2 中可以发现，22 个测量题项的均值在 2.61~3.72，标准差在 0.770~1.142，样本的集散状态良好。此外，对样本做回归分析要求样本数据服从正态分布，判定样本数据符合正态分布标准的条件是随着样本量的增加，样本峰度系数和偏度系数绝对值趋于 0（蔡忠建，2009），本书数据的正态性检验结果显示，22 个测量题项均符合样本量为 420 时对峰度系数和偏度系数绝对值大小的基本要求，因此认为调研数据符合正态分布标准，可以进行回归分析。

17.2 验证性因子分析与单因素方差分析

17.2.1 信度指标分析

本书采取 SPSS 25.0 对问卷总的 Cronbach's α 值进行了计算，得到总 Cronbach's α 值为 0.911，大于 0.7，之后又对各个测量题项的信度系数进行了计算，如表 17-3 所示。分析可知，全部潜变量的 Cronbach's α 值均超过了 0.7，说明信度指标合理，可靠性可以接受。本书还通过 Amos 21.0 对各个题项的因子载荷、复合信度进行了计算，具体情况见表 17-4。其中不难发现，测量题项的因子载荷大都超过 0.7，且复合信度超过 0.8，这说明量表信度可以接受（吴明隆，2010）。因而，调查问卷具有理想的可靠性。

表 17-3　样本信度检验分析

编号	删除项后的 Cronbach's α	Cronbach's α
DS1	0.908	0.834
DS2	0.910	
DS3	0.913	
DO1	0.906	0.800
DO2	0.905	
DO3	0.905	
DO4	0.904	
DO5	0.906	
DM1	0.907	0.742
DM2	0.905	
DM3	0.905	
DB1	0.906	0.773
DB2	0.906	
IR1	0.904	0.774
IR2	0.906	
IR3	0.905	
IP1	0.905	0.705
IP2	0.906	
IP3	0.905	
IC1	0.910	0.745
IC2	0.911	
IC3	0.910	

表 17-4　样本基本适配度

路径	标准化因子载荷	因子载荷	标准误差	复合信度	P[①]
DS1←数字化战略	0.707	1			
DS2←数字化战略	1.024	1.316	0.081	16.260	***
DS3←数字化战略	0.713	1.131	0.076	14.967	***
DO1←数字化运营技术	0.648	1			
DO2←数字化运营技术	0.688	1.032	0.089	11.595	***
DO3←数字化运营技术	0.692	1.143	0.098	11.64	***
DO4←数字化运营技术	0.743	1.271	0.104	12.270	***
DO5←数字化运营技术	0.557	0.866	0.089	9.750	***
DM1←数字化文化组织能力	0.605	1			

① 书中各检验结果中数字上方或单独“***”表示 P 值在 0.001 以下显著，数字上方或单独“**”表示 P 值在 0.01 以下显著，数字上方或单独“*”表示 P 值在 0.05 以下显著。

续表

路径	标准化因子载荷	因子载荷	标准误差	复合信度	*P*
DM2←数字化文化组织能力	0.624	1.048	0.095	11.033	***
DM3←数字化文化组织能力	0.978	1.391	0.132	10.562	***
DB1←数字化生态圈	0.805	1			
DB2←数字化生态圈	0.780	0.936	0.098	9.596	***
IR1←综合抗转型风险能力	0.829	1			
IR2←综合抗转型风险能力	0.746	1.062	0.079	13.380	***
IR3←综合抗转型风险能力	0.683	0.996	0.082	12.225	***
IP1←产品转型收益能力	0.598	1			
IP2←产品转型收益能力	0.578	0.955	0.107	8.957	***
IP3←产品转型收益能力	0.595	1.047	0.115	9.139	***
IC1←产品转型成本控制能力	0.762	1			
IC2←产品转型成本控制能力	0.576	0.608	0.059	10.336	***
IC3←产品转型成本控制能力	0.773	0.932	0.073	12.686	***

17.2.2　效度指标分析

在对大样本数据的信度指标进行分析后，还需要运用 Amos 21.0 对大样本数据进行效度验证性因子分析，从而对整体样本的科学性进行验证。

1. 基本适配度

对整体模型中的 7 个变量共计 22 个题项采取验证性因子分析,结果如表 17-4 所示。由表 17-4 可知，全部标准化因子载荷都超过 0.5，复合信度超过 0.7，且 P 值均在 $P<0.001$ 水平上显著，这说明研究模型的因子收敛效度可以接受。

2. 整体适配度

本书根据吴明隆（2010）的适配度检验法来对本模型进行检验，其中包含的指标有：卡方自由度比（CMIN/DF）、近似误差均方根（root mean square error of approximation，RMSEA）、比较适配指数（comparative fit index，CFI）、标准适配指数（normed fit index，NFI）、增量拟合指数（incremental fit index，IFI）以及拟合优度指数（goodness of fit index，GFI）等。如表 17-5 所示，CMIN/DF 的值为 3.094，RMSEA 的值为 0.071，CFI 的值为 0.905，NFI 的值为 0.866，IFI 的值为 0.906，GFI 的值为 0.889，各项指标值均符合参考标准。因而，可以判定，模型具有良好的整体适配性。

表 17-5　样本整体适配度

指标	测量结果	参考标准
CMIN/DF	3.094	小于 5
RMSEA	0.071	小于 0.08
CFI	0.905	大于 0.9
NFI	0.866	大于 0.8
IFI	0.906	大于 0.9
GFI	0.889	大于 0.8

17.2.3　单因素方差分析

为了检验问卷中设计的企业基本信息如企业性质、企业所属制造业类型、企业年收入等是否会影响模型中的 7 个变量，本书通过运用 SPSS 25.0 软件对数据做单因素方差分析，结果见表 17-6。

表 17-6　单因素方差分析表（*P*值）

项目	数字化战略	数字化运营技术	数字化文化组织能力	数字化生态圈	综合抗转型风险能力	产品转型收益能力	产品转型成本控制能力
企业性质	0.012	0.329	0.014	0.178	0.077	0.022	0.797
企业所属制造业类型	0.570	0.834	0.208	0.200	0.603	0.157	0.097
企业年收入	0.122	0.343	0.012	0.756	0.208	0.863	0.837

由单因素方差分析结果，可以看出不同企业性质对数字化战略、数字化文化组织能力、产品转型收益能力变量均有显著差异，说明国企、民营与外企之间对于数字化战略和数字化文化组织能力的重视程度有所不同，同时不同性质企业的产品转型收益能力也存在显著差异。企业所属制造业类型不同在变量间没有显著差异，说明大多数制造企业在企业数字化和产品转型方面都是同质的。不同的企业年收入在数字化文化组织能力变量间有显著差异，说明年收入较高的企业可能更重视数字化文化组织能力的培养，也更有实力去提升数字化文化组织能力的水平。

17.3　假 设 检 验

根据前文相关的假设关系及分析，本书通过 Amos 21.0 绘制结构方程模型图，具体如图 17-1 所示。

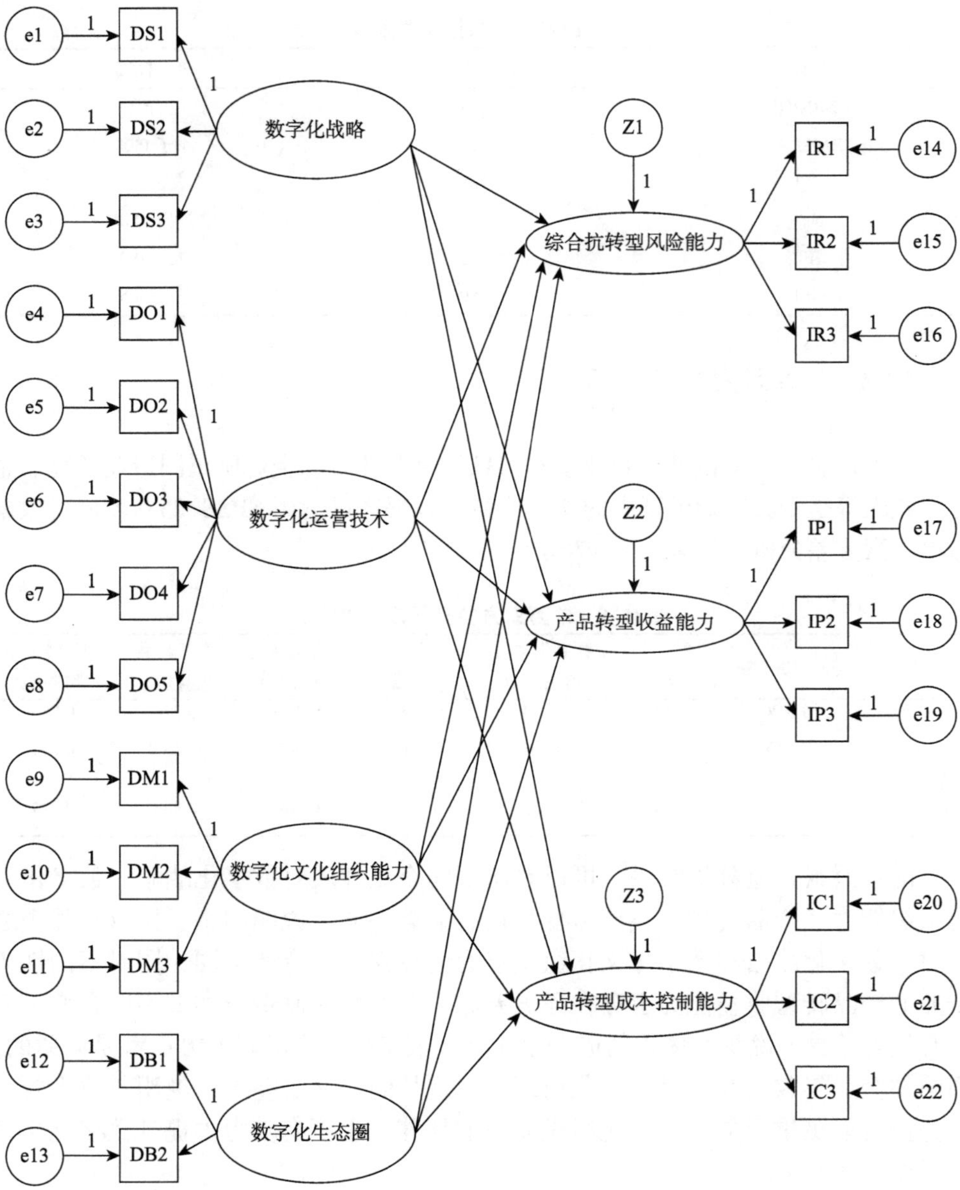

图 17-1　结构方程模型图

将收集来的调查问卷数据输入到结构方程中，对模型假设进行检验分析，计算结果见表 17-7。

表 17-7　结构方程模型路径检验结果

路径	对应假设	路径系数	标准化路径系数	标准误差	复合信度	P 值
综合抗转型风险能力←数字化战略	H1a	0.132	0.143	0.038	3.473	***
产品转型收益能力←数字化战略	H1b	0.177	0.229	0.039	4.564	***
产品转型成本控制能力←数字化战略	H1c	−0.384	−0.303	0.063	−6.106	***
综合抗转型风险能力←数字化运营技术	H2a	0.386	0.457	0.048	8.079	***
产品转型收益能力←数字化运营技术	H2b	0.559	0.787	0.061	9.123	***
产品转型成本控制能力←数字化运营技术	H2c	0.663	0.571	0.077	8.625	***
综合抗转型风险能力←数字化文化组织能力	H3a	0.226	0.228	0.045	4.980	***
产品转型收益能力←数字化文化组织能力	H3b	0.208	0.249	0.045	4.619	***
产品转型成本控制能力←数字化文化组织能力	H3c	0.004	0.003	0.065	0.057	0.955
综合抗转型风险能力←数字化生态圈	H4a	0.355	0.449	0.046	7.763	***
产品转型收益能力←数字化生态圈	H4b	0.149	0.224	0.038	3.900	***
产品转型成本控制能力←数字化生态圈	H4c	0.189	0.173	0.059	3.199	***

如表 17-7 所示，H1a、H1b、H2a、H2b、H2c、H3a、H3b、H4a、H4b、H4c 的 P 值在 0.001 水平上显著，且标准化路径系数为正值，即假设成立；H3c 在 0.05 水平上不显著，即该假设不成立；H1c 的 P 值在 0.001 水平上显著，但其标准化路径系数为负值，说明尽管 H1c 不成立，但同时验证了数字化战略对产品转型成本控制能力有显著的负向影响。

17.4　结果与讨论

本篇的目的在于探究制造企业数字化水平对企业产品转型能力的影响，通过汇总路径检验结果，可以看到在 12 条假设中，有 1 条假设不成立，1 条被证明为负相关，其余 10 条假设均成立，因此可以说总体上制造企业的数字化水平对企业产品转型能力有正向的影响作用。

H1a 和 H1b 被验证，即数字化战略对企业的综合抗转型风险能力和产品转型收益能力有显著的正向影响。从实证结果可得出数字化战略对企业综合抗转型风险能力影响的标准化路径系数为 0.143，对企业产品转型收益能力影响的标准化路径系数为 0.229。合理有效的数字化战略有助于企业在产品转型过程中及时制定新产品进入战略、市场开拓战略，有利于企业掌握产品关键技术、树立自主产品品牌等，有利于企业规避转型风险，准确把握转型方向。因此，数字化战略举措的成功实施能够提升企业的综合抗转型风险能力和产品转型收益能力。

H1c 被验证为负相关，即数字化战略对企业的产品转型成本控制能力有显著的负向影响。从实证结果可以得出数字化战略对企业产品转型成本控制能力影响的标准化路径系数为−0.303。数字化战略的关键举措之一是要实施以实现客户价值为中心的战略，企业为满足客户需求往往会面临新产品研发投入增加、旧设备亟待更新以及新产品的营销推广问题，因此数字化战略的实施可能会造成转型期企业成本的增加，但从长期来看实施数字化战略对企业转型产生的效益一般是要大于所投入的成本的，因此并不能因为数字化战略对企业产品转型成本控制能力的负向影响就选择放弃实施数字化战略，而是应当将数字化战略实施能够给企业带来的效益和成本综合起来进行考量。

H2a、H2b、H2c 被验证，即数字化运营技术对企业的综合抗转型风险能力、产品转型收益能力和产品转型成本控制能力均有显著的正向影响。从实证结果可以得出数字化运营技术对企业综合抗转型风险能力影响的标准化路径系数为0.457，对企业产品转型收益能力影响的标准化路径系数为 0.787，对企业产品转型成本控制能力影响的标准化路径系数为0.571。可以看出，数字化运营技术对企业产品转型收益能力的正向影响效用是最强的。数字化运营技术水平是决定企业核心竞争力最重要的因素，数字化研发可以显著增强企业研发能力，减少研发失败的风险；数字化采购可以有效降低产品原材料采购成本，提高运营效率；数字化制造有利于企业产品生产质量和效率的提升；数字化供应链则有利于提升企业运营管理能力，降低企业产品运营成本；数字化营销也会对企业市场开拓能力的提升以及企业产品品牌推广起到促进作用。因此，尽管数字化运营技术水平的提升可能也意味着企业产品转型时的资源更新成本会有所增加，但数字化运营技术对企业产品转型收益能力的正向影响作用更显著。

H3a、H3b 被验证，即数字化文化组织能力对企业的综合抗转型风险能力和产品转型收益能力均有显著的正向影响。从实证结果可以得出数字化文化组织能力对企业综合抗转型风险能力影响的标准化路径系数为0.228，对企业产品转型收益能力影响的标准化路径系数为0.249。敢于质疑、不断学习的数字化文化，灵活的、数字化经验丰富的组织团队以及能够充分利用数字化工具改进业务流程的数字化能力，能够显著提高企业产品研发和市场开拓能力，提升企业管理能力，抵抗转型风险，并促进企业快速适应新产品带来的业务调整，加快产品品牌推广进度，保障产品生产环节的高效运营。因此，数字化文化组织能力对企业的综合抗转型风险能力和产品转型收益能力有积极的促进影响。

H3c 不成立，即数字化文化组织能力对企业产品转型成本控制能力没有显著影响。数字化文化、组织和能力的培养都需要一定的成本投入，在进行产品转型时，往往涉及组织和能力的变动，需要一定的资源更新成本，尤其是企业转型往往会带来 IT 辅助系统更新换代成本的增加。但较高水平的数字化文化组织能力又能促进企业合理控制研发成本和营销推广成本，因此推测数字化文化组织能力可能对企业产品转型成本控制能力同时存在正向和负向效应，这两者之间相互抵消，所以检测不出显著的正向或负向的关系。

H4a、H4b、H4c 被验证，即数字化生态圈对企业的综合抗转型风险能力、产品转型收益能力和产品转型成本控制能力均有显著的正向影响。从实证结果可以得出数字化生态圈对企业综合抗转型风险能力影响的标准化路径系数为 0.449，对企业产品转型收益能力影响的标准化路径系数为 0.224，对企业产品转型成本控制能力影响的标准化路径系数为 0.173。数字化生态圈衡量的是企业内部协作能力和外部适应力能力，一家企业如果对内能够做到团结协作，对外可以与上下游伙伴缔结为利益共同体，势必可以增加企业的抗风险能力，有利于企业产品品牌的推广和产品研发成本、营销成本的控制。因此，良好的数字化生态圈环境对企业的产品转型能力有正向促进作用。

本篇小结

本篇主要探究制造企业数字化水平对企业产品转型能力的影响机制。首先基于制造企业数字化成熟度评价模型和产品空间理论扩展模型确定了模型的自变量和因变量，并构建了相关假设模型，之后介绍了问卷设计与调查实施的流程，在对问卷数据进行信度与效度分析，得到数据可靠有效的结论后，利用 Amos 21.0 等统计分析工具对模型进行了假设检验，并对检验结果进行了统计汇总和结果分析。研究发现在 12 条假设中，有 1 条假设不成立，1 条被证明为负相关，其余 10 条假设均成立，可以说总体上制造企业数字化对企业产品转型能力有正向的影响。

第四篇　制造企业转型升级档案

第18章 上海医药：寻求处方数字化转型

“几十年前，中国在卫生领域推行赤脚医生和农村合作医疗等创新措施，向世界展示提高数亿人的健康水平和大幅延长预期寿命是可能的。今天，中国可以再次率先推行前沿的基层卫生服务改革，实现患者优先，转变对昂贵的医院服务的依赖。”

——世界银行集团原行长金墉

医药产业作为中国最重要的产业之一，正在经历着前所未有的重大变革。这给行业内一些成立较早、规模较大的企业同时带来挑战和机遇，上海医药集团股份有限公司（简称上海医药）便是其中一员。上海医药是中国主要的国营医药企业，已在上海证券交易所和香港证券交易所上市，时至今日已经拥有涵盖药品研发、生产、分销及零售等环节的综合业务。2015年，上海医药的营业收入为1055.17亿元人民币，并成功跻身中国企业200强，这为企业在中国医疗市场中的竞争奠定了独特的优势。

总体来说，中国的医疗行业也经历了惊人的增长，并在社会中占据愈发重要的地位。与此同时，这个产业也正在经历巨大的变化。2009年，中国开始了全国范围的“新医改”，以期建立一个有效、方便、价廉、普遍的医药卫生体制。“新医改”加快了医药产业各个环节的变化，产业结构也在发生改变；随着本地企业和跨国公司蜂拥进入医药市场，竞争逐渐加剧；创新正在成为差异化和价值创造的关键驱动力。中国的另一个主要发展趋势是国家层面的“数字化转型”，信息和通信技术极大地改变了包括医药卫生产业在内的中国经济和社会发展的方方面面。面对多样的机遇和挑战，上海医药未来应该如何前行？

18.1 中国的医药卫生体制

自20世纪70年代末经济改革启动以来，中国的医药卫生体制取得了重大的发展和显著的进步。截至2015年，中国的公立和私人医药卫生支出达6400亿美元。2013年数据显示，中国的医药卫生支出仅占GDP的5.4%，明显低于经济合作与发展组织（Organization for Economic Co-operation and Development，OECD）国家8.9%的平均值，尤其是低于美国（16.4%），这代表着巨大的机遇。中国医药卫生产业的增长，在一定程度上是由宏观层面的人口趋势推动的，中国正在经历人口老龄化和城市化。据估计，中国65岁及以上人口将从2012年的1.22亿增加到2030年的2.23亿。到2020年，中国城市人口占比已达到60.6%，而2012年这一比例为52%。伴随着这两种趋势的是国民收入的增加和全国范围内基础设施的改善，这些变化推动着中国国内对于医药卫生产品和服务需求的增加。

政策是推动中国医药卫生体制转型的另一个因素。2009年，中国政府发布了一项全国范围的医药卫生体制改革方案，即“新医改”，旨在为当时中国13亿人口提供安全、有效、方便、价廉的医药卫生服务。“新医改”为全国医药卫生改革描绘了蓝图。依照计划，在2009~2011年，政府投资8500亿元人民币推进五项基本改革。一是加快推进基本医疗保障制度建设，将中国基本医疗保险覆盖率从总人口数的65%提升到90%；二是初步建立国家基本药物制度，修订国家基本药物目录并重建药物配送机制，使得国家发展和改革委员会能够进一步规范定价；三是健全基层医疗卫生服务体系，能够为医院建设和其他类型的医疗组织提供资金援助；四是促进基本公共卫生服务逐步均等化，缩小城市和农村的基本公共卫生服务差距，特别是在疾病预防与控制、妇女保健和健康教育等领域；五是推进公立医院改革试点，解决公立医院的利益冲突，分化医药卫生服务提供者所有权结构，并鼓励私人资本运营非营利性医院。

医药卫生改革和相关产业升级是中国长期发展的首要任务，中国政府已承诺解决医药卫生体系中的相关问题。在中国的治理体系中，国家层面的政策将会推动省级和地方政策的制定和实施。2011年底，中国中央政府强调其目标是“建立健全覆盖城乡居民的基本医疗卫生制度，为群众提供安全、有效、方便、价廉的医疗卫生服务”①。2011年，中国政府发布了“十二五”规划，这是一套针对2011~2015年中国社会、经济和环境发展的综合指导方针。该规划包括支持生物技术、制药和医药卫生行业的政策。以上三种推动力结合在一起——中国的人口结构和经济变化、全面医药卫生改革的政策，以及顶层的五年计划——共同推动了中国医药卫生体制的转型（见附录3）。

自2009年“新医改”启动以来，中国的医药卫生体系改革已取得重大进展，如改善基层和农村的医疗设施，扩大医疗保险覆盖面，目前使95%以上的人口都

① 十七届中共中央政治局第二十次集体学习，http://ztpd.nmgnews.com.cn/system/2011/04/25/010583964.shtml，2011年4月28日。

参加了某种形式的保险。然而，由于其自身的规模和复杂性，改革仍然需要克服一些重大挑战。例如，基础医疗设施仍需改进、医药卫生系统整体效率低下的问题亟待解决、公共医疗保险仍处于相对基础的水平、私人健康保险尚未得到充分利用等。2016 年，由世界银行集团、世界卫生组织和中国政府机构联合开展的研究显示，尽管中国的总体医疗能力已达到中等和高收入国家的平均水平，但是为了构建高质量、有价值的服务提供机制，医疗改革需要继续深化。

18.2　中国的医药产业

中国有着全球第二大的医药市场。自 20 世纪 80 年代初期实施经济层面的“改革开放”以来，中国医药市场的总体规模一直保持着快速扩张的势头。1980~1999 年，中国的医药企业数量从 680 家增加到了 6357 家；到 20 世纪 90 年代，中国已经建立起了一个充满活力的医药产业。2015 年至 2019 年期间，中国医药市场以每年 9.1%的速度增长，市值从 2015 年的 1080 亿美元增长至 2019 年的 1530 亿美元。中国的医药市场是国家医药卫生产业中一个不可替代的重要组成部分。值得一提的是，从 2009 年到 2015 年中国每年的药品开支在医药卫生总支出中的占比达 50%，而美国 2009 年的这一比重仅为 13%。中国政府致力于保障国家药品供应，并在医药产业基础设施、科研创新、人才培养等方面积极投资，为产业创造了良好的宏观环境。

同时，中国的医药产业仍处于相对初级的发展阶段。具体地说，2015 年中国人均医药开支仅为 78 美元，处于一个相对较低的水平。市场以低端非专利药物为主导，其市场份额占比达 64%。非专利药物预计将成为中国医药产业的中流砥柱，并且由于国家需要充分利用公共医疗保险中低成本非专利药的开具以控制医药卫生总支出，非专利药物的销量将会持续显著增长。同时，政府政策旨在通过关停低质量药物生产商以实现提高行业整合度与运转效率的目标。

与之相比，2015 年高成本的专利药品仅占中国医药市场份额的 22%。专利药品需要大量的研发投资，专利到期以后，非专利药物将会快速侵占专利药物的市场份额。然而，随着中国知识产权环境的改善与对高质量专用药物需求的不断增长，专利药物在 2009 年到 2015 年间的销售额以每年约 25%的速度增长，且此趋势预计将会持续。除了非专利药物与专利药物之外，通过零售药店销售的非处方药物占了药物总销售额的 16%；中国的非处方药市场正在以每年约 17%的速度高速增长，2020 年中国非处方药市场规模达到 1092.2 亿元，预计未来中国非处方药市场规模仍将继续保持增长。非处方药的销售主要以呼吸系统药物、维生素、矿物质、营养补充剂以及止痛药等为主。值得关注的是，医药产业中一种独有的重要组成部分是传统中药。中药凭借着其 3000 年的历史与广泛的接受度，在 21 世纪前十年内占据了医药市场 40%的份额与药品销售总量的 2/3。

2015 年中国的医药产业由 7000 多家国内厂商组成，呈现高度碎片化的局面。行业百强仅占据了 1/3 的市场份额。中国的医药企业一般将目光聚焦在供国内销售的非专利药的大规模生产以及供出口的原料药的生产之上。中国已经成为世界上最大的原料药出口国。与此同时，中国的医药企业通常在药品研发上的投入有限并且缺乏创新。国外的跨国公司一直将中国视为重要市场。世界著名的医药企业，如 Pfizer（辉瑞）、Merck（默克药厂）、AstraZeneca（阿斯利康制药）、Roche（罗氏）以及 Novartis（诺华公司）等，都已通过合资或独资的形式在中国建立了设施用于一系列产品的研发、生产与销售。充分受益于中国消费者强大的消费能力与品牌意识，以上多数企业都在谋求利用中国变化多端的医药市场，实现在中国市场的快速扩张。

分销是医药产业中重要的一个环节，中国的药品分销流程是高度复杂的。医院作为中国药品销售的主要渠道，其药品销量占国内销售总量的 70%。在分销过程中，药品通常需要流经分销系统中不同层级的多个分销商；从国家级、省级、市级，到乡镇级，再到医院并最终被销售到病人手中。这个结构极大地增加了分销的成本并限制了医药市场的发展。同时，药品分销市场也呈现碎片化的状态，2015 年市场中存在超过 13 000 家分销商。中国三家最大的药品分销企业，中国医药集团有限公司、上海医药以及华润医药集团有限公司大概占据了 20%的市场份额；与之相比，美国医药产业三大巨头 McKesson（麦卡森公司）、Cardinal Health（卡地纳健康集团）以及 Amerisource Bergen（美源伯根公司）却占据着美国市场 95%的份额。另外，由于中国医药市场的复杂度、碎片化程度较高以及各分销商之间信息系统集成化的缺乏，整个供应链的透明度与可见度都十分有限，进而加剧了整个医药市场运转效率低下的现象。因为上述原因，中国的医药卫生改革正寻求推动产业整合，提高市场的运转效率与信息透明度。

18.3 上海医药

上海医药是中国第二大的医药企业，2020 年营业收入 1919 亿元，上榜《财富》世界 500 强、全球制药企业 50 强。由于医药产业在国家经济中无可比拟的重要性，公司复杂的历史折射了中国从计划经济到市场经济的转型过程。在 20 世纪 90 年代，作为中国国家经济改革的组成部分，一批原本受上海市医药管理局管辖的公司组成了一家新的国有企业，即上海医药集团股份有限公司。20 世纪初，一系列的股权交易使得上海医药进入混合所有制时期，企业资本得到显著扩张。2010 年，企业进行了一次重大改组，意在将目光集中在研发、制药以及分销三个模块之上。改组之后，上海医药 2010 年在上海证券交易所复牌，2011 年在香港证券交易所上市，这给企业带来了接触国际市场资本的机会并为企业提供了未来发展的平台。

至 2020 年，上海医药拥有 41 173 名雇员，市值达到 66 亿美元，销售额达 167.5 亿美元。上海医药的生产经营活动涵盖了整个医药产业价值链（见附录 4），企业着力于维持并发展一个涵盖自研发至销售的业务链。上海医药的经营业务分布在多个领域：药品研发与制造、分销与供应链解决方案以及包括零售在内的其他经营活动。具体而言，企业将药品研发的重点放在了重症与慢性病的研究上。企业采用开放式研究模式，与中国科学院上海药物研究所、中国药科大学、沈阳药科大学、第二军医大学（现中国人民解放军海军军医大学）、四川大学、日本田边三菱制药、上海复旦张江生物医药股份有限公司等机构建立了战略合作伙伴关系。

企业的制药业务覆盖化学药制剂、生物制剂、保健品、中药、医疗器械等领域，产品聚焦心脑血管、全身抗感染、消化系统与免疫代谢、神经生理学以及抗肿瘤五大治疗领域。企业拥有信谊、雷氏、龙虎、苍松、国风、神象等驰名中国的药物品牌，并被授权使用中国驰名商标青春宝和胡庆余堂；企业有多种原料药与制剂已经通过了世界卫生组织、美国食品药品监督管理局、欧盟等质量认证，进一步扩大了企业的产品种类。企业强调生产过程严格遵守国际质量标准，采用精益管理系统并且通过了 2010 年修订版《药品生产质量管理规范》（Good Manufacture Practice of Medical Products，GMP）认证。

药品分销业务是上海医药的核心竞争力，企业总收入近七成都来自与分销相关的业务。企业的分销网络覆盖全国两万多家医疗机构，为各类制药企业提供分销业务。在中国市场，上海医药是 Roches（罗氏）、Merck（默克药厂）等跨国医药巨头的最大分销商。2015 年前后 60%的进口药物都由上海医药分销，其中有 85%通过上海医药的分销直接供应给中国各大医院。由于缺少一个高效的基础医药卫生体系，这些医院实质上是提升中国人口医疗服务的主要来源。从地理位置上来看，企业按惯例将分销的焦点放在华东、华南、华北的沿海地区，并以此为中心将其分销网络积极扩张到全国各地。

除了分销业务之外，上海医药也有直接面向终端消费者的零售业务。企业在中国快速增长的药品零售行业中居于前列。企业旗下的华氏大药房是华东地区最大的连锁药房之一。到 2015 年，华氏大药房已经成为一个知名品牌，并在 16 个省、自治区、直辖市开设了约 1800 家连锁店。这些零售药房使得企业能够直接接触个人消费者，是对于企业 B2B 经营模式的重要补充。

18.4　大数据与信息科技

上海医药长期以来与不同的上游制药工厂和下游医院合作，使得企业积累了大量的原始数据。这些数据涵盖了供应链中的利益相关集团，从制药工厂到二级分销商，再到医院及患者，这些丰富的数据集存储在公司内部的数据仓库中。在信息技术领域，上海医药一直与德勤、IBM 以及凯捷三家公司保持着密切的合作关系。上海制药也与普华永道和中国的一些解决方案供应商保持战略合作伙伴关系，如 ERP 软件供应商用友网络科技股份有限公司和信息技术解决方案供应商上海宝信软件股份有限公司等。

上海医药在信息技术领域进行了重要的投资布局。企业的软件开发任务大多外包给专业的信息技术团队完成，而内部信息技术部门的关注点则侧重于项目管理。数据和信息技术在该公司的商业模型中扮演核心角色。在日常运营中，信息技术使企业与供应链各环节的利益相关者成功地连接起来，企业在信息技术环境下生成的数据也成为促使企业未来价值增长的潜在资源。企业未来战略包含了打造一个能够有效地连接不同利益相关集团的开放式信息生态系统的计划。上海医药的 CEO 在谈到信息技术在企业的核心竞争力当中的作用时这样说道："我们是一家什么类型的企业？医药企业？还是供应链企业？到头来，我们还是一家信息技术企业。"

18.5　转型的当务之急

上海医药已经确立了自己在中国医药市场的领导地位。与此同时，中国医药卫生体制和医药市场的高速发展也带来了机遇和挑战。除了高速增长的医疗市场外，行业趋势对于公司未来战略有着尤其重要的影响。第一，2018 年国务院《政府工作报告》要求深化公立医院综合改革；那些一直以来被视为医疗用品、服务首要提供渠道的公立医院，越发需要提高运作效率、削减开销并且增加对于信息技术的采用。第二，随着中国扩大医药卫生基础设施建设，越来越多的地方医院、社区诊所和药店开始出现，药品分销渠道也变得多样化。第三，随着医药卫生领域选择的多样化，中国消费者决策能力不断增加，对高质量医疗服务的需求也越来越多。

数字化转型引领中国社会和经济新一轮的发展趋势。互联网科技在中国的快速普及在极大地提升事业单位和私有企业的运行效率的同时，也给这些组织带来了业务效能的增长。在中国国内市场，百度、阿里巴巴、腾讯等科技巨头以及一些技术创新型创业公司（如字节跳动、滴滴）正在掀起中国新一轮的经济转型浪潮。在消费领域，中国消费者正在快速向线上转移。以阿里巴巴和京东为首的电子商务市场，正在逐渐成为商家和消费者接触的主要零售渠道。消费者同样也在接受以腾讯的微信为代表的社交媒体和在线支付移动应用。总的来说，互联网和数字化科技的创新应用将会带来全新的产品和服务体系，并且创造出全新的商业模式和行业分类。

在医药卫生领域，数字化科技具有重塑各种活动的潜力。在一篇 2014 年 7 月麦肯锡全球研究院《中国的数字化转型：互联网对生产力与增长的影响》的报告中，全球咨询公司麦肯锡在医药卫生产业内确定了一些互联网与数字化技术大有可为的领域。这些领域包括：①通过电子健康记录、可穿戴设备以及健身应用来加强公共健康管理和服务；②通过区域化健康信息网络、医院和医生的评价和评估平台，在线预约、咨询平台，以及针对慢性病患者的远程医疗和远程监测平台，提高医疗资源对患者的可及性；③通过临床决策支持系统和医师学习门户以及特殊疾病标准化诊疗路径，提升医疗服务的一致性和质量；④通过大数据驱动研发、药品供应链监管、面向医师的数字化营销、在线病人教育和服务以及非处方诊治的电子商务化以提升药品和医疗器械行业的创新力、生产力和透明度。

面对一个不断变化的产业格局，上海医药稳固的市场地位和综合实力为企业带来了重要的优势。快速发展的中国医药市场给企业带来了大量机遇。与此同时，中国医药卫生体系前所未有的活力和复杂性也带来了之前鲜少遇到的问题。在过去，上海医药充分利用自身与跨国医药企业、大型医院和政府之间的密切关系，在上游药品制造商和下游医院之间的安全范围内运营。如今，中国整个医药卫生体系正在经历根本和深远的改革，同时药品供应链也被众多销售渠道的出现、越发激烈的竞争以及对医疗健康体系中各个环节都要求方便、快捷、高质量产品服务的消费者的日渐增长的购买力打乱。上海医药开始重新思考自身商业模式。在慎重考虑之后，企业将自身重新定位为医药产业链中增值服务的提供商。对此，企业 CEO 作了如下阐释："以前，我们仅关注于纯粹的产品分销。近年来，我们在战略上有一个大的调整……我们正在经历一次重大的转型。我们现在的关注焦点是什么？服务和增值服务。"

18.6　未来选择

上海医药有许多可选的转型方向。从医药产业链看，公司有充分利用前沿技术往多个方向拓展服务的潜力。

18.6.1 供应加工和分销

企业可以给医院提供供应链外包增值服务。目前，中国各大医院管理着供应链中的众多主要环节，其中包括自己的库存和药品仓库，医疗设备和其他用品。上海医药凭借其综合物流能力，有能力接管供应链中医院的主要活动，并借此提升效率、减少开销、降低医疗事故和治疗不当发生率、提高病人满意程度。具体来说，公司可以为医院管理药品和其他产品的采购、储藏以及运送，借此直接将制造商连接到重症病房、急救室和手术台上的病人。这个供应、加工和分销外包（supply，processing and distribution，SPD）模型也使得上海医药可以从传统的将产品“推广”向市场的模式转变成将产品直接根据需求配送给消费者的“拉动”的模式。中国的医药卫生行业已经在积极探索将 SPD 模型作为未来医院提升、细化管理水平的途径，上海医药有能力成为产业中的领导者和先行者。

18.6.2 患者直销

医药企业可以探索将重点放在高端药物上的患者直销模式。患者直销模式可以将药品直接从制药企业配送到病人手中，甚至可以定制药品的包装和分类。与患者和消费者的直接联系可以为企业发展开辟新的道路。例如，除了药品和相关产品方便、快捷的运送，企业还可以提供如患者教育、数据管理、客户关怀等一系列多样的增值服务。在 B2C 市场中，上海医药同样也可以考虑与中国主要的电子商务企业合作，利用它们的技术平台来接触基数庞大的消费者群体。在线医药销售在美国是非常普遍的，中国的线上市场也同样具有很大潜力。

18.6.3 数据驱动型创新

除了以上服务，上海制药所拥有的大量数据为公司提供了许多选择。通过公司过去数十年和价值链中的不同利益相关者的合作，从不同的制药工厂到不同的医院，公司已经累积了丰富的数据资源。这些数据不仅可以帮助公司提升自己的运营水平，也能够为其他各方提供咨询服务。例如，基于公司在患者消费模式上的深度了解，公司可以帮助制造商在不同药品的包装、推广和销售上进行优化。将数据转换成公司增长的驱动力仍然需要在整合、管理和分析数据方面的大量投资，在大数据商业模式成熟指数图（见附录 5）中，公司仍然需要向更高层次迈进。然而，公司未来的可能性是无限的。

18.7　案例思考：向数字化处方转变

多年来，上海医药引领了瞬息万变的中国医药卫生行业的发展。除了持续的医疗改革，互联网和数字化科技逐渐成为中国医疗产业革新的核心驱动力。在这场转型当中，患者和消费者的位置愈发核心化。上海医药需要制订一个能够帮助其实现业务增长的战略计划，以此作为一剂在数字化创新时代开给自己的转型处方。

第 19 章　海信的成长：技术立信

近年来全球市场一体化加速推进，家电企业直接面对全球化竞争带来的压力。很多品牌兴盛一时，但很快就消失在历史的长河中。海信经历了不同阶段的发展历程，已经成为“世界级”企业，成为三星、索尼、LG、夏普等头号竞争对手的研究对象，也是创维、TCL、长虹等本土同行一直追赶的标杆。海信作为初建于十余人小厂的无线电厂，如何在几十年间逐渐发展成为国内领先、国际知名的跨国企业的呢？

19.1　创立之初的 70 年代

20 世纪 60 年代，一部收音机就可以将国家领导和最偏远地区的农民联系起来，老百姓通过收听广播了解国家大事。那时的收音机是计划经济年代的必需品和高科技产品，成为当时国营单位的时髦产业。1969 年，青岛市总工会所属“五七”工厂更名为青岛无线电二厂，开始转型生产收音机，它成为海信集团的前身。青岛无线电二厂创立之初，既没有工程技术人员，也没有资金，是个名副其实的空壳工厂。这一年，工人利用课桌和模板搭建了最原始的流水生产线进行生产。一年后的春天，山东省国防办将试制无线电发射机和电视机两个任务下发给了青岛无线电二厂，然而，对于缺乏技术和资金的小厂而言怎么才能完成上级交办的几乎不可能完成的任务呢？

1970 年 5 月召开的全国电子工作会议，为青岛无线电二厂对外交流学习提供了很好的机会。当年的 12 月 26 日，是中国彩电生产历史上最具标志性意义的一天，天津无线电厂研发了我国第一台彩色电视机，一举成为当时最具研发实力的电视机厂。1970 年 7 月青岛无线电二厂派陈焕鑫等三位技术骨干到天津市 712 厂学习电视机技术，一月后根据 712 厂提供的配件成功地组装了山东省第一台 14 英寸[①]黑白电视机。后来在青岛市无线电仪表工业局支持下设计了 9 英寸晶体管电

① 1 英寸=2.54 厘米。

视机的理论样机，并成功在年底前组装了 82 台电视机，成为当时轰动一时的壮举，使得青岛无线电二厂在电视机生产企业中名列三甲。此后，根据“重点发展台式收音机，积极研究电视机”的总方针，电视机研究始终在紧锣密鼓地推进，陈焕鑫带领研发团队研制出基于晶体管的 9 英寸黑白电视机，填补了国内空白，并在 1979 年扩展出 12 英寸、14 英寸两个型号，青岛无线电二厂成为山东省内最大的收音机和电视机生产厂家，海信的电视机产业就此诞生了。

1978 年 12 月召开的十一届三中全会做出了全党工作重心转移到社会主义现代化建设的战略定位。1979 年初，第四机械工业部召开全国电视行业会议并确立直辖市成立电视机生产公司、地级市成立电视机总厂的行业指导思想。青岛无线电二厂经过战略选择将电视机作为主攻方向，得到山东省的支持并在青岛市经济委员会的支持下与青岛电子元件厂、青岛市南纸盒厂、青岛起重机工具厂合并，组建成为青岛电视机总厂。青岛电视机总厂以电视机生产为主、逐步退出收音机生产领域，在此基础上，几年时间内不断调整产业结构和运营管理方式，构建了海信电视的核心产品架构。

19.1.1　大胆的“技术立信”决策迎来第一次腾飞

尽管定下了电视机为主的产品结构，但青岛电视机总厂硬件能力和技术能力还不足。市场上已经涌现了长虹、熊猫、牡丹、飞跃、金星等大批的国产品牌，黑白电视竞争也已经非常激烈。随着改革开放的发展，社会大众对彩电的需求日益增强，因此上马彩电业务成为青岛电视机总厂的头等大事。1980 年 10 月 22 日，天津无线电厂通过从日本胜利公司引进彩电生产技术建成了我国第一条彩电生产线，1981 年全年该生产线生产了 6 万多台彩色电视机。此后，北京电视机厂和上海电视一厂引进的日本彩电生产线也正式投产，中国彩电大批量生产开始了。

当时“文革”刚刚结束，老百姓生活开始稳定，消费需求开始迸发出来。1977 年，电视机年产量不到 20 万台，1980 年，全国电视机年产量达到了 250 万台，1981 年一举突破了 300 万台。电视机，特别是彩色电视机需求巨大，青岛电视机总厂技术落后于天津无线电厂、上海电视一厂等厂商 4~5 年的时间，上马彩色电视生产线的紧迫性陡然增加。

为了尽快将彩色电视产品做出来，海信做了两方面的准备：一是 1982 年海信厂址迁移到远离市中心的郊区，地价极低、新建了 13 600 平方米大楼；厂区技术起点高，高起点地建成一条电视总装线和两条插件流水线；下设三个分厂，主要产品是电视机、收音机和元器件，海信具备了进行大规模生产的硬件条件。由于国内自制彩电研发能力弱，高起点引进国外先进设备和技术为我所用是实现快速发展的途径。因此，获得国家许可引进彩电生产线，是青岛电视机总厂的第二个准备工作。1983 年，青岛电视机总厂获电子工业部批准开始生产彩电，同时着手从境外引进生产线。

在充分考察西方发达国家和先进地区的彩电生产后，海信具有两个选择方案：香港康力公司设备和日本松下电气产业株式会社设备。当时，支持香港康力方案的占主流，一是价格便宜，因为香港康力公司的设备是二手生产线，仅需要 100 万美元就可以引进全套设备和技术；二是审批过程比较简单，当年低于 100 万美元的设备只要青岛市政府审批即可。相比之下，如果引进日本松下生产线的话需要 300 万美元以及山东省政府的审批，引进过程十分复杂。少数人支持引进松下产线，在他们看来我国的彩色电视机技术已经被西方国家甩在身后，如果引进就要引进一流设备和技术，否则永远在竞争中处于落后的被动地位。但是，300 万美元在当时来说是一笔巨款，大约是当时一般彩电生产线价格的 4 倍，投资失败的话可能意味着工厂的倒闭。

因为此事，生产线引进小组开了将近一个月的会，没日没夜地论证和讨论，但“香港派”和“松下派”谁也不能说服谁，始终不能定下一个管理层都认可的方案。当时的厂长是李德珍，他 1965 年从山东工学院毕业后，在北京电力学院从事微波通讯工作后，1972 年被调到青岛无线电二厂做研发科员，由于表现优秀后来被提拔为厂长。李德珍是技术专家，对技术有着异乎寻常的执拗，生产线引进的争论迟迟没有结果，时不待我的电视机生产形势让李德珍非常焦急。在最后一次生产线引进会议上，李德珍坚持道：“我们一定要通过引进世界一流的技术设备，认真学习消化，力争赶上发达国家的彩电生产水平！”。快刀斩乱麻，力排众议拍板确定引进松下的生产线。

这是一个孤注一掷的冒险，作为国营企业的负责人做这个决定是需要承担政治风险的。确定采购后，青岛电视机总厂不敢怠慢，兵分三路落实采购任务。一路赴日本进行详细方案的洽谈，一路赴山东省政府申请报批，还有一路在青岛电视机总厂做人员、场地和资金的准备工作。一切准备都非常顺利，1984 年 12 月基于松下生产线和技术的第一台 14 英寸彩色电视在青岛电视机总厂成功下线，实现了当年签约、当年投产的超级速度。

历史证明，李德珍当时的决定是正确的。到了 1985 年 4 月，青岛电视机总厂的主要经济指标同时在山东省电子行业和全国电视行业排名第一。此后的几年里，国内的其他电视机生产企业陆续从国外引进了 113 条彩电装配线，生产 50 多个品牌的彩电产品。中国彩电行业高速升温，“海信”引进的松下生产线丝毫不逊于竞争对手。1987 年 10 月，青岛电视机总厂获得了山东省电子行业首批省级先进企业称号，同月，一款彩色电视机产品也被评为“部优产品”。

彩电生产线引进小组的成员王希安多年以后仍心存余悸，“如果一念之差选择另一条彩电生产线，海信也许就完了……”。经过这次生死存亡岔路口的选择，海信第一次尝到了甜头，技术为先的理念深深植入海信员工的心中，从此奠定了海信“技术导向型”的发展战略。无论之后从东芝公司引进大屏幕彩电生产技术，还是上马变频空调和冰洗生产线，海信都秉承着“技术立信”的理念。

19.1.2　技术立信中的人才培养

海信从初创到初具规模，依赖的都是国外生产线和技术。但是，仅仅引进而不消化吸收是非常危险的。海信在引进外来技术时，将消化吸收外来技术作为重要手段，通过吸收引进的生产技术，培养了一批技术人才并逐步形成海信的自我研发能力。因此，培育研发人员是海信创建时就立下的原则。

为了消化和吸收从国外引进的先进设备和技术，海信在引进时非常注重自我使用和技术应用能力的培养，将培训技术人员作为引进的前提条件之一。早在1984年海信引进松下公司生产线时，当时的厂长李德珍和同事深思熟虑，认为参与竞争就要引进世界一流设备，通过消化吸收提升自身研发能力，从而在最短时间内形成技术优势。海信坚持将人才培训作为松下彩电产线引进谈判的条件，并将它写进合同里。

1984年6月同松下签订彩电生产线合同后，海信立即派人到松下公司进行全面学习，从产品设计、厂房建设、设备安装，到电视技术与磨具研发，以及生产过程管理和工艺都进行了深入研究，基本掌握了彩电生产技术，为企业发展培养了第一批彩电技术人才。为了确保学习的技术是松下最核心的技术，海信要求引进生产线后生产的前一万台彩电必须使用“松下”商标，松下公司被迫为了自身品牌声誉而悉心指导核心技术，海信技术得到了大幅度提升。

在接下来的发展历程中，海信一直将“技术立企，百年不变”作为不变的传统。人才是稀缺资源，为此1992年海信率先在海信技术中心开设了“人才特区”，出台鼓励政策，规定优秀研发人员的薪酬水平原则上可以达到普通员工的10倍以上。直到现在，这一重科技、重人才的政策还在延续，优秀研发人员的薪酬水平甚至接近集团副总裁的收入。为了持续地提升自我造血能力，强化机制的作用，海信“巧用外力”和“塑造内力”双管齐下。

海信集团董事长周厚健曾求学过的山东大学是最为方便的“外力”。1998年海信集团邀请了山东大学九名专家到海信挂职，对海信提升法律、市场营销、人力资源管理和资本运营等方面的能力起到了很大作用。他们其中的一位留在了海信，便是后来成为海信集团高级副总裁的程开训。海信还建立博士后工作站，由总裁担任主任、各个部门任委员建立“博士后科研工作站管理协调委员会”，从集团层面主持工作站工作、依托年度立项制度开展研发。

为了塑造“内力”，海信广揽人才，强化内训。海信员工中，博士、硕士和本科生的比重保持在40%以上，在管理和技术方面，本科学历及以上人员的比重超过了90%。周厚健说，“海信的招聘不是针对某个职位或群体，而是着眼于企业的长远发展，确保招聘到能为企业长期贡献的合适人才，因此招聘来的人才尽管可能年薪较高但潜力巨大，从长远来看，我们是赚大了”。

根据摩托罗拉等公司的经验，公司培训投入1美元，三年内预期回报可高达30美元，因此，GE、施乐等大公司都将员工培训作为企业重要任务。为此，海信早在1998年就成立了海信学院，将员工培训纳入日常计划，专门负责内部培训，邀请企业内部先进典型和国内外一流科学家、管理专家学者上台培训。根据海信集团的要求，干部年度受训时间至少100小时，员工根据岗位需要接受十余小时培训。

19.2 跑马圈地的90年代

19.2.1 新领导、新品牌和新思路

时间到了1992年，年仅35周岁的周厚健出任青岛电视机总厂厂长，海信进入了“周厚健时代”。现在仍任海信集团董事长的周厚健是海信发展史上不得不提的领导者。

周厚健1978年参加了高考，考入山东大学无线电系，1982年毕业后到青岛电视机总厂设计科工作。无线电知识和技术方面的特长让他脱颖而出，成为厂中的技术带头人。他提出“抓产品开发，促市场开拓；抓市场开拓，促产品开发”的指导思想，产品质量和市场开拓稳步提升，品牌形象进一步升级。

然而，1993年修正的《中华人民共和国商标法》规定，除了老产品之外、县级以上行政区域不能作为商标使用。因此，青岛电视机总厂如果开拓新产品将面临商标法的桎梏，企业发展空间受限。如果改名，“青岛牌”积累起来的四次国优和五次国际金奖的品牌优势将丧失殆尽。周厚健面临上任厂长后的第一个关键抉择。经过充分论证，周厚健和管理团队痛下决心准备为青岛电视机总厂更名。通过《青岛日报》和厂报《电视工人》收集并征求各方面的意见，将“海信”（Hisense）作为新的企业与品牌名称，其中Hi代表海信的“高”（科技、质量和服务水平），Sense代表“观念”。其中，高科技是众多企业生存的基础，没有这个基本条件，企业在高度竞争的环境下将失去主动性并逐步被淘汰。高质量是赢得消费者的必

要条件，是企业产品销售的基本标准，决定了企业的长远发展。高服务水平是企业参与市场竞争的可靠手段，优秀的企业通常具有较高的服务水平。正是后来被称为“三高”的高科技、高质量和高服务水平决定了其产品内涵。二十多年来，海信“三高”立信的战略始终未变。

更名后，青岛电视机总厂从此告别历史，走向新的发展阶段。很多人没有想到的是，90 年代确定的“三高”发展战略，到现在仍然是海信发展的核心理念。海信品牌建立后，面临着两大问题：如何做大品牌、打响知名度？如何做强品牌、提高竞争力？周厚健给出的回答是，做大规模、扩大产业。

19.2.2　并购中的“海信模式”

1994 年，国内有些电视机厂商的年产量突破 100 万台，而海信当时年产量只有 40 万~50 万台。在未来市场经济条件下，海信必然将与这些厂商直接对决，根据当前的体量，海信有可能被其他厂家并购。屋漏偏逢连夜雨，这一年彩色显像管价格上涨了 180 元，原材料上涨给彩色电视机厂商带来了巨大的压力，利润率压缩到盈亏的边缘。海信猛然意识到，进一步扩大规模，从规模经济中寻找利润、增强生产能力是海信集团一个抵抗风险的出路。当时，海信集团的主要产品海信家电的年产量不过 46 万台左右，而新建一条产线需要 2100 万美元，这对于海信而言是难以承受的负担。于是，海信盯上了国内大量的“存量资产”。

第一个进入海信并购视野的是山东淄博电视机厂，淄博电视机厂原为电子工业部彩电生产企业，后来划归淄博市管理。淄博电视机厂 1985 年引进日本电器股份有限公司（简称日本电器）生产线和技术，主营“双喜”牌彩色和黑白电视机，年产量 4 万台左右。由于引进的生产线不先进，市场一直没有打开，1994 年时企业已经负债 8000 万元，离破产只有一步之遥。为了“挽救企业”，淄博电视机厂主动提出希望被海信集团兼并重组。周厚健带领团队分析后认为，淄博电视机厂厂房设备齐全，生产彩电的能力、潜力巨大，有助于海信集团扩大生产和调整产品结构。但淄博电视厂负债累累，简单兼并可能使海信背负沉重的债务包袱，简单的兼并也不能提升企业竞争力。周厚健反复思考，建议淄博电视机厂继续保留法人资格承担债务，而将用于彩电生产的厂房设备按资产净值投资，海信承担运营资本 1500 万元并提供技术，双方形成具有独立法人资格的新公司——淄博海信电子有限公司（简称淄博海信），独立经营、自负盈亏。这种收购模式在青岛市政府一年多的探讨论证之后获批。并购完成后，海信集团通过在淄博海信的控股地位，派出团队对淄博海信进行管理模式改革，通过运营资本和技术将淄博海信的质量体系重构，扩大了 15 万台彩电和 15 万台黑白电视产能并将其生产计划纳入到海信整体产销计划中。通过这次收购，海信集团仅花费了不到正常投资的 20%，产能一举净增了 30 万台。1994 年 9 月淄博海信开业生产，到年底累计生产电视机 8.5 万台，销售收入 1.6 亿元、利润 238 万元，第二年销售收入扩大到 3 亿元、利润 800 万元。

海信集团对于淄博电视机厂的兼并收购取得了极大成功，是国有资产异地划拨的探索，也成为海信集团在国内扩大产能的主要模式。为了扩大品牌影响力和控制权，海信在并购中逐渐增加了两条绝不让步的原则：一是合资企业必须使用海信品牌，二是海信必须控股企业。能够坚持这两项原则是不容易的，海信能够在兼并扩容市场上攻城拔寨的底气在于技术优势。从 1993 年至 1997 年的四年内，海信集团通过投资换控股、债权变股权控股的方式，将山东电讯四厂、肥城电视机厂、贵阳电视机厂、辽宁无线电八厂纳入帐下，快速形成 300 万台的电视机生产能力。再后来，贵阳海信电子有限公司（简称贵阳海信）、辽宁海信电子有限公司（简称辽宁海信）、海信（北京）电器有限公司和海信科龙电器股份有限公司，甚至在海外 2015 年收购夏普墨西哥工厂、2017 年收购日本东芝电视业务、2018 年收购欧洲 Gorenje 品牌时始终坚持这一模式。

19.2.3　探索多元化经营

海信认识到，电视产品利润率越来越低，难以支撑企业长远发展。企业需要保持危机感，在恰当的时机实现多元扩张。稳健经营是海信多元化经营的指导思想，通过提前设立研究所，保持对技术的敏感性和市场预见能力。海信 20 世纪 90 年代就确定了家电、信息和通信产业共举的 3C①产业发展方向。

1993 年，与美国电话电报公司（American Telephone & Telegraph，AT&T）联合筹建青岛 AT&T 通讯设备服务有限公司，生产程控交换机，进入通信领域。

1993 年 3 月，海信投资 2000 万元专门生产商用收款机，后来逐渐成为中国最大的生产商。

1996 年，成立海信光学有限公司，当时生产的无绳电话达到国际先进水平，并开始向可视电话方向延伸，是海信光电科技发展的起点。2009 年，海信牵头起草了背光组件系列国际标准中的“LED 背光规范标准”，这也是该系列标准首次由中国企业负责制定。

1996 年，成立青岛海信计算机有限公司，并曾一度成为中国计算机前五名企

① 3C 产业是指结合电脑（computer）、通信（communication）和消费性电子（consumer electronic）三大科技产品整合应用的资讯家电产业。

业。1996 年，海信投资 3 亿元创建海信空调有限公司，同时采用当时世界先进的技术生产高级变频空调，这标志着海信开始进军空调领域。2006 年海信并购广州科龙电器股份有限公司，在家电领域版块实力得以增强。1998 年，海信软件公司成立，这是海信信息产业的最早雏形。海信开发的位于世界前列的芯片产品，都与此有关。

1996 年，海信引进日本技术生产变频空调，1997 年推出第一台变频空调，第一次将变频空调带入中国百姓家。截至 2000 年，海信基本完成了产业结构的调整，形成了多产业发展的产业结构。海信集团是目前中国唯一同时拥有海信（Hisense）、科龙（Kelon）和容声（Ronshen）三个中国著名商标的企业集团。在其发展过程中，销售收入也快速增长：1996 年销售收入 25 亿元，1999 年成功突破 100 亿元，而到了 2002 年销售收入突破 200 亿元，2017 年突破 1100 亿元。其中，智能交通、光通信等新产业发展迅猛，贡献了将近一半的利润。在利润薄如锋刃的家电行业，海信实现了动能转变、重塑了格局，这个过程中，增长势头延续了多年，真是难能可贵。

19.3　告别“缺芯少屏”的时代

经过多年的发展，海信集团认识到高科技是现代企业生存与发展的基础，没有这个压舱石，企业将长期受制于人，难以在行业内取得领先地位。因此，海信集团建厂以来一直追求技术研发和不断创新，依托自身拥有的优势技术赢得竞争。

19.3.1　海信的研发体系

海信在其发展史上引进过很多的技术，彩色电视生产线、大屏幕电视生产线、变频空调技术、CDMA（code division multiple access，码分多址）通信等世界上当时最先进的技术。海信多年来秉承的一个理念就是“非世界一流技术不引进，非世界一流产品不生产”。几十年来公司上上下下形成了几个共识：第一，企业必须依靠技术才能长久地发展下去；第二，技术进步是不断循序渐进的过程；第三，产品的技术水平和质量是被市场认可的根本。在这种认识下，海信的研发体系和技术立信的决策在工作中减少了阻力，得以顺利实施。

海信认为，靠引进永远是别人的技术，没有技术，企业越大风险越大，因此海信狠抓消化和吸收，进行自主研发。早在 1979 年，海信的前身青岛电视机总厂就成立了专门的研发部门——电视总厂研究室，专门对电视机线路、工艺流程进行研发。1982 年研究室更名为研究科，将自主设计作为设计科的主要工作任务。1992 年后，研究所更名成为技术中心，下设十个研究所，开始从事海信 3C 产业前瞻性的研究开发，十年后技术中心整合了全集团研发资源形成海信集团研发中心。高科技是形成高竞争力的基础，海信加大研发力度，开始在全球布局研发中心。2018 年海信已在美国、德国、加拿大建立了十二大研发中心和三大生产基地，将中国效率与世界各地的经验有效地融合，在全球范围内 24 小时不间断研发。

海信对研发的重视也让其渡过了发展过程中的一次次危机并在竞争中树立了品牌优势。1996 年春，国内电视机市场经历了一场血雨腥风的变革，四川长虹电视率先在全国范围内大幅度降价，康佳、熊猫、TCL 等国内彩色电视机制造厂商难以承受市场重压，纷纷降价，几乎所有彩电生产厂商都备受煎熬。面对严峻的低价竞争，海信集团受到了猛烈的冲击，市场份额一降再降。海信认识到，降价是巩固市场份额的手段，但是蚕食了利润，企业不能获得合理的成本回报率，企业研发和技术改造等资本难以为继，高端产品研发止步不前，企业只能在低水平上挣扎，因此降价无异于饮鸩止渴。海信认为必须坚定不移地坚持“三高”战略，按质论价，坚决抵制质价不符的市场策略。因此，当年 7 月 12 日海信集团在人民大会堂隆重召开产品展示会，全面展示五大系列十几个品种的电视机新品，包括国内首创的七画面 25 英寸和 29 英寸彩色电视机、具有技术优势的电视与 VCD2.0 一体机、家庭多媒体机等高质量产品，周厚健郑重向全国消费者宣布，海信将坚持“高科技、高质量、高水平服务”的“三高”道路一走到底，海信牌电视机坚持质价相符、不降价。坚决的应对措施，赢得了其他厂商的钦佩，也引起了消费者强烈的反响，树立了品牌形象。海信对电视产品的定位是成为引领电视显示技术升级的全球消费电子品牌，2018 年已经进入了全球前三。

19.3.2 创立“信芯”：把命运掌握在自己手中

在海信众多技术成果中，最令海信自豪的是 2005 年 6 月成功研发的、拥有自主知识产权的数字化视频处理芯片——“信芯”。时任总理温家宝曾专门为此题词，“立足自主研发和技术创新，企业才有生命力；拥有自主知识产权和核心技术，企业才有竞争力”。

相关数据显示，2017 年我国进口了约 2601 亿美元的芯片，已经连续多年远超原油进口额。随着电视产品智能化的发展，对于零售厂商和消费者来说，电视芯片已经成为仅次于电视面板的选购影响因素。例如，消费者购买彩电时除了关注是不是 4K 显示屏或进口显示屏外，很多消费者也越来越关注电视内存和芯片处理型号。然而，几十年来“缺芯少屏”是中国彩电行业常被提及的痛，作为全球出货量最大的彩电生产国，我国彩电企业从黑白电视开始，芯片技术就长期受制于人。在彩电智能化时代，缺少自主产权的芯片意味着企业产品设计差异化难以形成，高处理能力芯片的需求更为迫切。

电视是海信的主业，芯片技术是海信电视竞争力的来源。海信集团董事长周厚健曾经在一封内部邮件中提到，“作为互联网核心技术，彩电生产企业如果没有自主知识产权的新产品就没有定义产品的资格，也就难以摆脱产品同质化的困境，永远只能是二流厂家”。他要求海信内部将电视芯片开发和应用当作决定海信生死的战略，在统一认识基础上聚集优势资源用于研发。芯片研发是公认的大投入、高风险、低成功率的领域，常言道，“不研发芯片是等死，研发是自己找死”。海信再一次选择迎接挑战。

2001 年，海信在上海设立 ASIC（application specific integrated circuit，专用集成电路）设计中心，上马芯片研制项目。研究组初建时只有十多位平均年龄 24 岁的年轻人，经过 1600 多个艰苦的日日夜夜，这个团队终于完成了产品设计。在 2005 年“信芯”正式流片前一天晚上，周厚健专门打电话给负责研发的副总裁：“即使流片失败，我们也认了，失败了我们可以再来。”这句话显示了海信领导者的信任和宽容，也表达了海信对于芯片研发的渴求。要知道，核心芯片的流片费用巨大，每失败一次就意味着动辄几百万元打了水漂。好在这次流片非常成功，海信 2005 年发布了具有自主产权的彩电芯片“信芯一号”，终结了 7000 万台国产彩电没有中国芯的历史。

2013 年，海信成功研制出国内首款网络多媒体电视 SoC（system-on-a-chip，系统级芯片，也有称片上系统）主芯片并顺利量产。这款芯片是国家“核高基”高端通用芯片产业化和国产化的重大战略性标志成果。2015 年末，海信在以上芯片基础上自主研发了 Hi-View Pro 画质引擎芯片，极大地提高了电视画面的动态范围、清晰度、流畅性和对比度，是中国电视制造企业的第一款高端画质芯片。借此，海信一举成为跻身全球仅有的三家（其他两家是三星、索尼）具有画质芯片开发技术能力的企业之一，海信在世界范围内攻城拔寨的旗舰产品 ULED[①]超画质液晶电视以及激光电视得益于该款芯片的突破和创新。搭载海信 Hi-View Pro 芯片的 4K 电视画面画质与三星、索尼同类高端产品不相上下，而由于其低廉的成本而深受电视企业青睐，仅电视领域该款芯片 2017 年出货量已经超过 100 万颗。2016 年海信芯片公司与联想集团联合宣布，双方将以海信这款芯片为画质引擎芯片，应用于联想旗舰产品 17TV 高端彩电。这是海信芯片在电视机旗舰机型的直接大规模采购，是自主芯片产业化的历史性突破。

① 全称为 Ultra-LED，ultra-light emitting diode，中文名称为多分区布光独立控制发光二极管。

19.3.3 显示技术“老树开新花”

2015 年 1 月 7 日，在美国拉斯维加斯举办了国际消费类电子产品展览会（International Consumer Electronics Show，简称 CES），展会中海信自主研发的“ULED”一举夺魁，获得“年度显示技术金奖”。这是 2013 年这项技术获得 CES“年度显示技术创新奖”后，在国际舞台斩获的又一殊荣。自此，海信 ULED 技术成为能够与三星和 LG 进行“正面对抗”的利器，海信成为显示技术全球引领者。这一刻，意味着海信走向了世界的中心舞台。

多年以来，全球彩电行业的竞争焦点都是“画质”，其中 LED 是常用屏技术。2011 年日本和韩国电视企业推出了 OLED（organic light emitting diode，有机发光二极管，OLED 显示技术具有自发光、广视角，以及高对比度和高反应速度等优点）的样机，其有可能成为新的显示技术。因此，这一年对于海信乃至所有中国彩电企业来讲都是特殊的一年。OLED 的原理在于电视机显示器每个像素都建立自发光，可以得到更高的显示度，因此常被称为“梦幻显示器”。由于 OLED 电视不需要背光源，因此具有反应速度快、节能和轻薄等优点。这意味着一旦 OLED 推广成功，显示屏核心组件和技术将全部被日韩企业控制，我国彩电企业多年来依赖的面板和背光技术将面临淘汰的风险。

尽管 OLED 有很多的优点，2015 年左右日韩企业在生产中面临工艺不成熟、成本居高不下、成品合格率低等问题，因此将面临很长的产业化过程。因此，海信集团董事长周厚健召开技术会议，要求海信加大研发力度，趁着 OLED 尚有可靠性不足和高成本的缺点，尽快研发出一款比 OLED 显示效果更好的电视产品。

2013 年海信在 LED 常用屏基础上成功推出了自己独有的 ULED 显示技术。在 ULED 画面技术中，采用背光分区动态控制技术以及海信独有的 Hi-View 图像引擎，提升画面品质，在图像对比度、亮度与黑场表现方面与 OLED 旗鼓相当，但是在清晰度、表现力、画面流畅性和亮场表现力等方面均优于 OLED 技术。由于海信掌握了成熟的核心技术、成品率高，ULED 的价格仅是 OLED 电视价格的 1/3 左右。

全球彩电市场的主流方向是大尺寸化和高清化。由于自主研发的屏显示技术 ULED 以及画面引擎 Hi-View，海信彩电在大尺寸和高清化两个主流方向上具有全球竞争优势。几年前，当行业内企业还在 32 英寸、42 英寸电视市场激烈竞争时，海信已经开始依托先进的显示技术和智能科技布局 55 英寸高端大屏市场。正如中国家用电器商业协会副秘书长连四清对彩电产品市场的预测，“中国彩电产品升级换代速度快，特别是 55 英寸以上的大屏幕电视机，从研发到大规模生产普及的速度超出了预期。这也让那些有远见、敢提前布局高端产品的中国品牌成为赢家。电视大屏化的趋势还会继续，谁占据了大屏高端市场，谁就提前锁定了未来”。当其他厂商跟进 55 英寸电视时，海信已经占尽先机、处于绝对领先的地位。

除了作为第三代电视技术的 ULED，海信还确定了激光电视这一第四代主流显示技术，为未来竞争能力提供双保险。2017 年 3 月 11 日，被誉为“家电行业的奥斯卡奖”的艾普兰奖正式揭晓，海信 DLP（digital light processing，数字光处理）超短焦 4K 激光电视成为最大赢家，凭借光学引擎、高分辨率镜头设计和高精度制造工艺获得艾普兰创新奖。海信激光电视研发起步于 2007 年，投入了大量的研发力量，经过 7 年的积累，海信获得了 320 项核心技术专利，并于 2015 年年底成功发布了自主研发的激光电视产品，之后又扩展出 88 英寸、100 英寸、120 英寸和 140 英寸四个规格的产品，进而利用丰富的产品线快速扩大激光电视的市场规模。由于整机设计、研发和制造全部自主经营，核心光学引擎自主研发，70%左右的制造成本能够自我掌控，因此实现了中国彩电企业的技术反超。海信集团总裁刘洪新说：“我们已经成为全球激光电视市场毫无争议的领导者”，他对海信在全球大屏幕彩电市场的竞争优势和市场前景充满了自信。

19.3.4　技术孵化产业

早在 1993 年海信高层在日本考察时发现，日本市场已经开始普及变频空调，市场增长情况良好。他们认为，国内市场仍然是定速空调为主，变频空调是未来国内市场的方向，是海信捷足先登的机会。回国后，海信立刻组织人员赴日本调研，同时在国内技术中心快速组建空调研究所。时不我待，为了加速研发过程，海信与日本三洋公司合作研制针对中国的产品。1996 年，海信以空调研究所为基础建立青岛海信空调有限公司，1997 年在国内市场率先推出变频空调，从而一举确立在变频空调市场的龙头地位，还引发了中国空调市场的技术革命。

这个看似简单的过程，其实是海信产业发展的一个基本思路：技术孵化产业。技术孵化产业是海信在 20 世纪 90 年代探索的产业链扩展模式，它是指海信每涉足一个产业或领域，都首先成立研究所，在该领域进行产品研发和人才储备，并保持对市场的跟踪。等到技术、人才和市场状况具备后，迅速裂变为公司（图 19-1）。这一技术孵化产业链方法能够降低成本，使每个产业从出生就有“扎实的根”。海信自 1993 年以来的新产业都遵循了这一模式。这一模式可分为几个步骤。

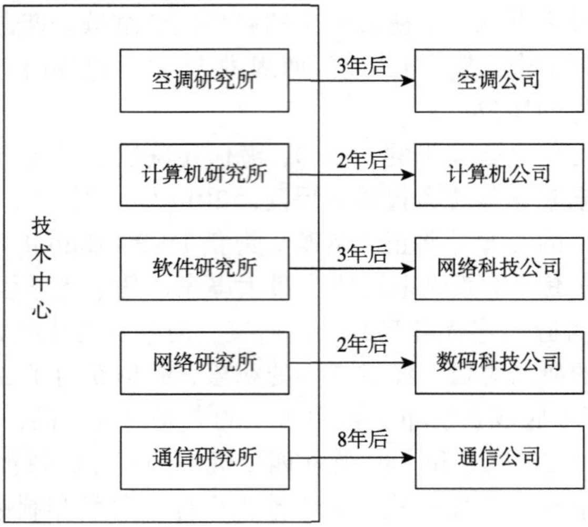

图 19-1　海信技术孵化产业模式

首先是明确研发方向。海信进行产业孵化时，认为企业不要以短期需求为导向，而是着眼于未来市场。海信在 20 世纪 90 年代确立了家电、信息和通信为主导的 3C 产业发展，为海信技术孵化的运作提供了方向。大方向定了以后，海信技术研发中心确定哪些具体产业领域进入孵化器进行孵化。

其次是专业研发。设定好拟进入的产业领域后，海信从集团内部和外部了解研发状态并引进或选聘技术带头人，之后所招聘的人员形成研发团队进行前沿技术分析，同时对新产品市场进行预判。这个阶段主要依靠集团的技术中心推动，这个过程通常需要 3 年左右的时间。

最后，研究所裂变为新公司。产业技术中心有一个特殊的部门——市场部。市场部主要观测市场状况，对技术成熟度、管理人才培养和组织架构等进行前期筹备，并完成产业化可行性报告。当市场成熟时，向集团提交可行性报告。公司成立后，技术中心培养的技术团队和人才进入新公司，这时集团和子公司的相关机构对新组建的公司进行人员、组织、策划等全方位支持，提高新公司成功率。

得益于技术孵化产业的模式，海信由电视起家在国内最早构建了 3C 产业结构。这种技术带动产业链扩展的模式，帮助海信在短短几年间就涉足了空调、冰箱、计算机、软件、通信、集成电路等产业，新产品对企业贡献率达到 80%以上。新创立的公司成功率非常高，到 2018 年，海信电视连续 14 年国内占有率第一、已连续三年全球排名第三，在大屏及超大屏电视市场占一半以上份额，并持续保持了作为中国最大的互联网电视云平台的领先优势；另外，海信在国内市场冰箱产品占有率居第二位、空调产品占有率居第四位；海信在智能交通方面连续九年国内排名首位，而接入网光模块产品则连续七年保持全球排名第一；POS 机产品市场占有率全国第一。海外市场占有率稳步提升，以南非和澳大利亚市场为例，海信电视产品的销售量和占有率、冰箱产品的销售额和占有率在这两个国家都位居首位。

19.4　“匠心”五十年，只为打造一个“大木桶生态圈”

海信集团董事长周厚健常用“木桶理论”来诠释海信几十年如一日的创新与发展之路：“作为支撑的桶底是核心技术，其他因素可视为桶帮。没有桶底，桶帮再高也存不住水、再长也没有价值”。周厚健在企业内部反复强调科技研发投入不遵循边际产出递减规律。所以，只要战略方向正确，高投入的技术就能帮企业获得高收益；而技术创新必须走自主创新之路、不能完全从国外引进。他还强调技术积累是一个循序渐进的过程，这是因为构成技术研发能力的基础——高素质的人才、实验研究设施、制度体系、团队文化等，都只有通过长时间的积累才能形成。

海信几十年如一日对技术的执着追求使得海信的技术桶底越发厚重。在传统彩电产品领域，海信开发了 ULED 显示技术和 Hi-View Pro、FRC（frame rate conversion 帧频转换）等芯片，液晶屏幕画质达到了世界一流水平；而在即将到来的“无屏”时代，海信的激光显示技术更是让日韩企业惊呼“海信走在了前面”。海信依托图像处理与数据处理厚实的桶底，不断地延伸桶帮，将技术在医疗电子、智能交通、光通信、智能制造等领域放大与延伸，实现了在新兴领域中的突破。

19.4.1　桶帮之一：医疗电子

2016 年 1 月 12 日，在位于上海市闵行区万源路 399 号的复旦大学附属儿科医院内进行了一场特殊的手术。手术对象是一对连体男婴，手术执行专家董岿然教授为其进行分离手术。董岿然教授介绍，这是一例非常特殊的连体婴儿病例，胸腹连体的男婴除了肝实质相连之外，男婴还有异常的肝内血管相互沟通。为了减少手术风险，手术团队启用了海信计算机辅助手术（computer aided surgery，CAS）系统（海信 CAS），海信 CAS 中的混合成像与分割系统在手术前为医生清晰地“再现”了连体婴儿肝脏内的六套血管布局。经过五个小时的努力，成功地解决了“控制出血”这个手术中的最大难题，开创了国内 CAS 支持连体婴儿分离的历史。作为执行手术的专家，董岿然教授对海信 CAS 给予了充分的肯定。

海信医疗电子技术带头人高川博士提到，医疗电子产业的市场具有巨大的前景，占据全球产业产值的 85%，海信以先进显示技术进入精准医疗产业具有极强的技术优势。2018 年，海信凭借多年的技术储备在医疗电子行业取得了长足的进步，拥有相关国家医疗器械产品认证和生产许可授权，相关产品在全国 20 多家三甲医院使用。

19.4.2 桶帮之二：智能交通

2005 年以前，西门子、泰科等国际厂商把握市场的主导权，几乎掌控了国内智能交通领域 85%以上的市场需求份额。而这些国外厂商产品价格比较贵，更加严峻的是由于电网不稳定以及人车混流特殊的路况，“洋货”在我国城市中使用面临水土不服的窘境。海信一直以图像处理作为核心竞争技术，已经达到了世界一流水平。

北京奥运会智能交通系统的招标中，海信交通信号控制系统凭借高性能中标，奥运村区域的智能交通系统、安定路和朝阳路等区域的快速公交系统都是海信在 2008 年北京奥运会时期建设的。在此后的众多重要场合，如 2010 年举行的上海世博会和广州亚运会、2016 年举行的 G20 杭州峰会等，几乎所有国内大型活动的承办城市的智能交通系统，海信都有参与。2017 年，海信的智能交通和智慧城市的产品与解决方案已经应用于全国 100 多个城市，连续 7 年全国智能交通领域市场占有率第一，成为这个领域的“隐形冠军”。全国 39 个省会城市、直辖市和计划单列市中有 28 个正在使用海信智能交通系统。2014 年，在科技部支持下海信网络科技股份有限公司组建了国家城市道路交通装备智能化工程技术研究中心，是全国智能交通领域唯一的国家级工程技术研究中心。截至 2017 年，海信在智能交通领域主持参与了 13 项国家标准的制定和 2 项行业标准的制定，拥有 447 项专利和软件著作权、占国内智能交通前三企业的 70%，已经连续九年全国市场业绩排名第一，成为国内智能交通领域名副其实的龙头老大。海信智能交通系统打破了国际垄断，将该类产品的价格拉低了将近 2/3。

在智能交通的大数据监管方面，海信多年以来已经积累了超过 100 亿条过车信息，这是一个海量的数据魔方，因此海信将交通信息挖掘与应用作为数据应用的突破口。目前，海信智能交通系统在车辆快速识别、智能调控和快速交通等大数据领域，均达到了国际先进水平。例如，面对海量的过车信息，如何快速检索是数据应用的关键，海信智能交通系统精确检索在 1 秒内完成，成为 2016 年行业内最快水平；海信在首创了行业内突发拥堵检测方案，能够将预警时间由原来 20 分钟缩减到 5 分钟。另外，海信发明的智能检索，可以进行模糊搜索，如输入“男”“黑色外套”“中年”等可以快速地反馈符合要求的图像和视频，该技术处于行业领先地位。

19.4.3　桶帮之三：光通信

在智能交通领域的快速发展和积累为海信在新兴产业的拓展增加了底气。2002 年时宽带入网的主流产品速率较低，实现千兆级别速率的光模块设备庞大。当时要建立一个大数据中心，仅光模块设备就要占一个篮球场。因此，高速率和小封装的光模块产品是市场急需的产品。海信在芯片设计领域积累的经验和相关技术对于光通信产品具有借鉴价值，使得海信一开始就具有全球光通信技术领域的先天优势。在光通信行业最不景气的 2003 年，成立了青岛海信宽带多媒体技术有限公司并正式涉足光通信行业，邀请知名科学家黄卫平博士担任总经理领导产品开发。海信宽带将 FTTX（fiber to the X，光纤接入）作为突破点，2005 年向市场推出了商业化的 GPON（gigabit passive optical network，千兆无源光网络）OLT（optical line terminal，光线路终端）光电转换模块，这是该模块全球范围内的首次推出，一举确立了海信在光纤到户的全球领导地位。2007 年，海信首创了全球第一个 10GPON 高速突发模式光收发一体化模块，之后升级为 100GPON 产品，商业应用不断扩大。据统计，2015 年海信接入网量达到了全球第一，其中光电产品增加 75%、业务增长 18%。为了形成具有高竞争力的产品闭环，海信又先后收购了若干光模块领域的知名企业，如美国激光器芯片厂商 Muliplex 公司和 Archcom 公司，以及东莞新科电子科技有限公司的光通信部门，大大增强了海信产品的竞争实力。海信是迄今为止全球唯一一家同时拥有光芯片设计、加工、制造、封装，同时涉及光器件、光模块以及光终端整个完整产业链的企业，是全球最早涉足此产业的、同时也是规模最大的接入网模块供应商。

2015 年，借助光纤到户光模块的成功经验，青岛海信宽带多媒体技术有限公司将产品拓展到数据中心光模块产品领域，组建了数通硅光研究所。2016 年 4 月 100G SR4 数据中心光模块首次发布，一举成为全球最快的数据中心光模块，并具备了业界最好的传输性能与低功耗特性。随着 5G 时代的来临，海信提供的光模块能够提供更快的速度和更稳定的网络，能够为未来无人驾驶汽车、VR 设备等基础技术服务提供支撑。近年来，微软、脸书等国际科技企业纷纷筹建大规模数据中心，光模块产品迎来了爆发式增长。2017 年，海信光通信业务已经占据全球的半壁江山，是海信家电业务之外最大的产业版图。

19.4.4　桶帮之四：智能制造支撑体系

先进技术是制造业转型升级的必备条件，而智能制造系统则是实现产品高品质和高生产效率的载体。随着产品向高端化和细分化发展，海信逐渐认识到精准、高效制造对于实现技术特性、塑造产品品牌的重要性。与此同时，企业规模增大、人力成本的增加为智能制造的发展提供了推动力。正如原海信电器股份有限公司总经理代慧忠[①]所说："传统制造业要转型升级，其核心就是要持续提升企业创新能力、产品的竞争力和系统的效率。因此，不仅需要拥有领先的技术，还必须通过智能制造系统提高产品质量和生产效率。"

海信从 2012 年开始着手对供应链和制造系统进行梳理规划，在生产系统升级中以信息化、自动化和智能化为主要原则，目标在于打造领先于同行业的智能工厂。海信的智能化包括从客户到供应商全产业链的持续优化，因此海信在推动智能化生产方面进行了十项重点工程，包括质量提升、工厂布局与工艺优化、组织变革与流程优化、供应链计划、供应链再设计、供应商优化、仓储物流优化、产品 DFM/DFA[②]优化、信息化、自动化。

智能化带来的好处在贵阳海信可以直观地看到。该公司成立于 1997 年，是海信集团服务西南市场的电视机生产基地。贵阳海信的产值刚建立时不到 3000 万元，年产量不足 5 万台，在西南地区的市场份额仅占 2%到 3%。随后的十余年时间，贵阳海信产能不断提升，2004 年以后贵阳海信在西南地区市场占有率达到了 10%以上，在西南市场独占鳌头。但是，贵阳海信党委书记温洪刚发现，随着产能和产量的提升，制造车间出现了作业流程难以管控、物流数据不准、产品直通率低和成本高昂等亟待解决的问题。因此，贵阳海信 2014 年开始进行车间的智能化升级，此后，2016 年贵州海信借由"超大屏幕 ULED 产业化项目"来推动"大数据+智能制造"升级。根据温洪刚的介绍，整个项目总投资约 6000 万元，建立了以 ERP、SCM（software configuration management，软件配置管理）为核心的信息化系统，引入近 30 台智能机器人，升级改造 11 条生产线，形成了 65 英寸平面及曲面电视的生产能力，成为 2016 年全国唯一的电视机制造行业智能制造试点示范项目。智能化改造后的工厂，AGV（automated guided vehicle，自动导引车）"小白车"沿着磁条轨道准确地将配件送到不同工位，将小到电容、大到机壳的零部件准确地送达。一台液晶平板电视的上千个零件如何才能准确无误地配料呢？贵阳海信供应链部门主管王瑾介绍，"以前，物料、采购订单、销售订单、生产订单这些数据，都需要各部门单独收集，不但费时间，而且容易出错"。现在，通过数据系统，可以提前三周完成零件配货，当生产订单下达时，物流数据直接进入系统，产线和工人实时地进行联动。智能化改造后，原来 1000 人运行的工厂减少到 500 人左右，产能从 90 万台跃升到 190 万台，单位机器的生产时间从 7 天减少到 2 小时，而产品的不良品比率下降了 27.56%。贵州海信已经形成了围绕

① 代慧忠于 2014 年 11 月 4 日起至 2016 年 1 月 26 日，担任海信电器总经理。

② DFM 全称 design for manufacturability，面向制造的设计。DFA 全称 design for assembly，面向装配的设计。

用户需求流而产生的订单、研发、企业资源、供应商、原材料和产品物流的大数据，正在探索收集产品使用状态数据，增强质量信息的追溯数据。例如，每台电视都贴有二维码和条形码，它们作为“身份证”在每次售后服务时使用，这台电视的物流信息、销售历史、客户信息、维护历史等都可以全程追踪，这些信息有利于产品研发和市场策略制定。

海信智能化升级同样秉承“技术立信”的理念，像产品研发一样从智能化底层做起。首先统一了具有拓展性和可用性的底层通信标准，在此基础上实现感知层、设备层以及控制层的相互连接，形成了通用性强和自动化程度高的海信智能化升级特色，成为国内标杆企业。2016 年，海信宽带多媒体高端制造的自动化工序已达到 80%，其中 70%以上的自动化设备为自主研发，成功入选《中国“互联网+”行动百佳实践》。在其光芯片封装车间，光器件封装全部由自动化设备执行，车间内看不到任何工作人员。其中，海信自主研发的滤光片粘贴机，产出相当于 6 名熟练工人工作量，成为行业首创；耦光、焊接、测试等自主研发的设备将运作效率提升了整整三倍。与此同时，由于掌握了智能制造核心技术，海信的智能制造具有可复制和推广性，对于其全球发展战略具有重要价值。2016 年 1 月，海信正式接管了夏普墨西哥工厂，其智能化改造是一个重要环节，海信仅仅用了两个月时间将其在国内成功的智能制造模式复制到海外工厂，使得海外工厂的制造效率提高了整整一倍。仅用企业内 500 名员工，实现了月产 20 万台电视的目标，向美国零售商的供货时间大幅度缩减到了一个月。

19.5　案 例 思 考

回顾海信 50 多年的成长历程，从一个默默无闻的、以生产收音机为主的青岛无线电二厂成长为一个涉及多媒体、家电、通信、智能交通等领域，拥有海信、科龙、容声三个中国著名商标的世界级的知名企业，中间经历了若干次的转型升级：1969~1989 年的产品升级，从收音机向电视机的转变；1990~2005 年的工艺过程升级和功能升级，一方面通过并购快速扩大产能、提升工艺流程并形成规模经济效应，另一方面则通过设立众多的研究机构向自身产业链上游的研发环节、将生产与售后剥离向下游的维修服务环节拓展实现功能升级；2006~至今的链条升级，利用技术优势，跨越传统家电产业链，向相邻的产业链条延伸。

正如海信集团高级副总裁程开训所说：“海信的双创，一个是通过技术‘逆袭’，对传统产业进行产品结构的升级；一个是利用传统产业积累的核心技术，将其延伸到相关新兴产业，对产业结构进行升级。”海信新兴产业凭借技术优势异军突起，开发的新兴产品已经走向了全国，在智能交通和光纤接入模块产品方面已经做到了全球第一。2016 年，海信的新兴产业板块利润已接近全集团的 46%，意味着海信实现了由传统家电企业向跨产业链的科技企业的转型。

第 20 章　从巨亏到复兴：索尼转型升级的启示

20.1　一则新闻带来的思考

2019 年 8 月 2 日，日本政府在内阁会议上修改政令，决定将韩国从在安全保障出口管理上设置优惠待遇“白名单国家”中剔除，加强对韩国出口管控。在此之前，日本已对三种半导体材料进行出口管制，“第二轮措施”影响的货品种类要多得多。外界普遍认为此次日本对韩国的贸易打压主要是报复韩国对二战中日本强征劳工问题的索赔。作为回应，韩国发动了将日本移出“白名单”的报复行为，双方正式进入全面贸易战的地步。

尽管出于政治、地缘、历史及意识形态等多方面的考虑，外界对日韩双方争斗褒贬不一，资本市场却出现了明显的一边倒的情况。由于韩国经济严重依赖其国内的几大集团（三星、现代、LG、SK 等），而这几大集团在关键材料及装备上严重依赖日本企业，尤其是半导体产业（三星、LG、海力士等），这些材料如手机、电视显示屏使用的氟聚酰亚胺、半导体制造过程中需要用到的光刻胶及高纯度氟化氢等，全球 70%以上的生产被日本垄断。因此，在双方贸易战打响之后，韩元对日元汇率暴跌，韩国出口额进一步下降（整个 2019 年由于国际经济与贸易不景气，韩国作为全球贸易的“金丝雀”首当其冲），韩国 KOSPI（Korean composite stock price index，韩国综合股价指数）大跌，为本来就举步维艰的全球贸易又笼罩上了一层乌云。

日本能够制裁韩国，靠的是自身强大的实力，这种实力主要体现在高科技领域和工业产业链上游关键材料及关键设备的垄断力。而此次日本对韩国发动的贸易战，让人们看到了所谓的日本“失去的三十年”的真相，或者说，至少让人们能够从另一方面重新审视何为“失去的三十年”。

日本自 1990 年金融危机以来，房价、股价大幅下降，整个社会陷入一种没有未来的景象之中，年轻人喜欢“宅”，消费始终不振，老龄化严重，按最近网络上流行的说法是一个“无欲望社会”。但是现实的另一面是日本的经济已经完成了全产业的转型与升级，它抛弃了大量的低端制造业，全力向高新技术产业的上游核心技术突破，同时利用自身的优势在全球进行产业布局，以致有专家戏称“日本平成时代这三十年在日本以外又造了一个日本”。

日本产业转型大幕下其优秀企业一个个完成了产业转型：松下的主营业务已经变成汽车、消费电子、环境解决方案和互联网解决方案；东芝则迈向了新能源、氢燃料电池等领域；日本电气走向了更加尖端的半导体产业；富士胶卷甚至利用自身原来的技术生产化妆品甚至药品。索尼，则在保留了自身高科技的基础上，已经转型成了一家集金融、游戏、音乐、半导体的多面体公司，同时旗下的索尼影视娱乐有限公司也在影视行业站稳了脚跟。

看着这些以往耳熟能详的大牌一个个“不务正业”，逐步离开了人们的视线，或者部分业务被国内的某些企业收购，似乎大有日本在衰落的感觉。但是这仅仅是表象，正如同中国的经济走向了互联网经济是因为中国有着庞大的消费人口，而互联网恰恰可以把原先利润率低的“长尾经济”做起来，这就导致了只要是 C 端，即消费者端推动的商业模式的变革，中国均是一骑绝尘。而日本随着人口的老龄化，其国内消费力不足，只能一边推广全球市场，一边往上游艰难迈进，这些企业之所以从人们的视线中淡出，只是因为其更加融入了产业链的上游，主营业务转变为 B2B 业务罢了。从如福布斯之类的排名中所看到的日本企业的排名下滑，很大程度上正是因为其营业收入的下降，而其利润并没有减少甚至还能继续增长，这主要是因为其在产业链中占据了利润率更高的位置。

20.2　索尼的发展历程

今天的索尼是一家全球知名的大型综合性跨国企业集团，而历史上的索尼，则在其通信电子行业中深耕多年。

1946 年 5 月，盛田昭夫与井深大共同组建东京通信工业公司，即现在索尼公司的前身，公司采取了股份公司的组织形态，股本金总计 19.5 万日元，公司有 20 名职员，属于典型的小企业。当时刚刚经历战败的日本满目疮痍、百废待兴。而刚成立的东京通信工业公司也遇到了种种生存问题：原材料和各种电子元件短缺、资金紧张、物价持续上涨等。由于当时已经有不少中小企业大规模组装电子管收音机，东京通信工业公司决定不加入组装收音机的竞争，而是选择了开发新产品，并建立了公司独立自主的生产体系。

直至 1955 年开发出世界第一台晶体管收音机“TR-55”，公司的业务才逐步稳定下来。20 世纪 60 年代，索尼电视走向了全球市场，这也为索尼集团的腾飞创造了条件。整个 20 世纪下半叶，索尼一直在民用电子产品市场上颇有建树，不断发布引领时代的新产品，从 Betamax 录影机到 Walkman 随身听再到 PlayStation 游戏机和 Cyber-shot 数码照相机，虽然也有表现不佳的产品，但上述这些划时代的产品已足以让索尼赚得盆满钵满。

可以说，整个 20 世纪下半叶索尼在经营策略方面基本上没有犯大的错误，唯一受人诟病的也许就是 1989 年在盛田昭夫的主导下，索尼开始进入影视业，陆续并购了哥伦比亚广播公司（Columbia Broadcasting System，CBS）下面的电影与音乐部门，并使其成为索尼影视娱乐公司（Sony Pictures Entertainment，SPE）旗下的子公司。这宗收购既受到索尼长期主打民用影音产品的影响，也与当时的时代背景相呼应，当年的日本企业都在疯狂并购美国的企业，而随着 90 年代的泡沫破灭，索尼电影事业群也陷入了票房不佳的长期巨额亏损之中。而如今回过头来看，当年的并购也为索尼带来了另一项产业和另一条道路的选择，并且索尼影视娱乐公司也早在世纪之交就扭亏为盈了。

进入 21 世纪，世界经济格局发生了巨大的变化，众多新兴企业踏足民用电子产品市场，而索尼也在这一时期陷入了产品荒，不仅多年未有新的独创性的产品面世，原来优势的产品市场也被蚕食或者淘汰。Walkman 因为不支持 MP3 格式造成苹果的 iPod 在全球热卖，逐步取代了 Walkman 的原有地位；电视方面由于执着于 Trinitron 技术而错失了液晶技术的发展从而被三星和夏普等公司淘汰出局；而与爱立信合资创办的索尼爱立信移动通讯公司（简称索尼爱立信）原本想开拓手机市场，却不仅在传统手机时代惜败于诺基亚与摩托罗拉，也未曾在智能手机崛起的时代有所建树，亦逐步式微；在数码相机领域，自 Cyber-shot 之后索尼也未曾有拿得出手的产品，在单反市场知名度更是远不如佳能和尼康。

除了在新产品上已经“江郎才尽”，原有的产品也出现了各种各样的质量问题：供给戴尔的锂离子电池、数码相机上使用的 CCD（charge-coupled device，电荷耦合器件）感光元件等出现的品控事件牵连出更多的品质问题，索尼产品所涉及的质量问题层出不穷，致使索尼濒临破产，甚至有传言声称索尼申请破产保护。之后，索尼先变卖了东京的原总部大楼，随后出售了 PC 业务和电子书业务，并在全球进行裁员，以克时艰。一时间，当年风光无限的索尼已经一副衰败的景象。

20.3 索尼转型升级的自我救赎

20.3.1 目标及策略

索尼在发展低谷时期并非没有尝试各种转型升级：索尼公司发明的 Trinitron 阴极映像管，即单枪三束管技术，改进了普通显示器的显像管，使得彩色电视的颜色更加鲜艳锐利，这是一种典型的工艺过程升级；索尼公司在站稳家庭影音设备的基础上果断开发 PlayStation 游戏机并且不断更新该系列产品，则是一种典型的产品升级。

面临 21 世纪初的危机，显然这两种略显简单的升级策略已经不足以摆脱这种尴尬的境地。一方面是原有专利开始过期，而新专利又不足以支撑起整个产业；另一方面是所推出的新产品均市场表现不佳。在如此艰难的情况之下，索尼需要思考的是更加全面的企业转型升级。

功能升级：既然智能手机的发展前景广阔，而索尼爱立信又很难在市场中立足，那么转而成为手机的零部件供应商不失为一个好的选择。

链条升级：索尼影视娱乐公司被索尼集团寄予很高的期望，在制造业利润率逐步降低的情况下，索尼看到了文化娱乐产业在未来巨大的爆发力，并且准备利用自身在影音娱乐方面的优势，往影视娱乐制造产业延伸。虽然 20 世纪 90 年代的国际宏观经济给索尼影视娱乐公司带来了不小的亏损，但是索尼并没有像放弃 PC 业务和电子书业务一般放弃这一在未来具有潜力的业务。同时，索尼也利用自身在 PlayStation 游戏机上的优势，结合互联网技术，转型做在线娱乐服务供应商。如果单纯看链条升级的起点与终点，看似企业的主营业务已经发生了巨大的变化，但是仔细观察整个链条升级的过程，可以发现企业在选择升级的方向上还是有迹可循的。

综上所述，索尼集团在 21 世纪开始采取的功能升级与链条升级，其主要目标是调整自身的产业布局，提高高利润率产业占自身产业的比重。具体策略是：①专注自身核心技术，将自身打造成核心技术领域最强企业，从而提高自身利润率；②将主营业务转向未来更具有发展前景、利润率也更高的产业上去，并且牢牢占据其产业链利润率较高的位置。

20.3.2 手段及措施

在功能升级方面，索尼利用自身在影像传感器上的优势，进一步研发行业领先的图像传感器，在智能手机更新换代非常迅速的今天，依旧保持很高的创新能力和相对优势。在出售了 PC 业务和电子书业务之后，将大量的人力资源和资本协调至影像传感器部门，并进一步降低数码相机和单反业务的投入比重，而专心开发更加适用于智能手机摄像头的图像传感器，在进一步提高 CCD 传感器的品控能力的基础上，强势打入 CMOS（complementary metal oxide semiconductor，互补金属氧化物半导体）图像传感器市场。

在链条升级方面，索尼进入影视娱乐行业主要依靠并购，自 1989 年 9 月以 60 亿美元天价收购哥伦比亚广播公司的电影与音乐部门之后，恰逢日本泡沫经济破灭，这家新公司沉寂了一段时间，直到 1997 年霍华德·斯金格开始主导改革才逐步获利。索尼影视娱乐公司在全球拥有广泛的业务，如电影、电视节目及数码娱乐节目的制作和发行，购买和发行家庭娱乐节目，对全球范围的电视频道投资，提供影视拍摄设施，开发新型娱乐产品、服务和技术，并在全球 67 个国家开展电影娱乐产品销售，制作和发行了大量脍炙人口的电影。

20.3.3　关键因素

对于产品及功能升级而言，关键的因素包括：①如何选择未来有发展潜力的产品；②如何扶持新产品业务板块；③如何在新产品的产业链上选择合适的位置并重新协调自身与供应链上下游企业及消费者之间的关系。其中第二点涵盖的内容极多，包括如何切割掉未来发展停滞的业务板块，其中甚至包括一些当下依旧运营良好的板块；如何内部协调可以提供给新产品业务板块的相关资源，比如产线、设备等；如何稳定产能；如何产生核心竞争力并占领一定市场；如何获得并保持连续性创新等。

索尼公司观察到未来智能手机市场的规模一定是巨大的，一旦智能手机形成其独特的生态系统，就会成为人类生活的必需品，而这种必需品并不是简简单单的耐用品，其更新换代的速度会远超数码相机和游戏机等电子产品。因此索尼在很早的时候便开始考虑进入智能手机领域。2000 年，原世界第三大手机公司——欧洲著名电信巨头爱立信子公司爱立信移动连续亏损，索尼便向其伸出了橄榄枝。2001 年，索尼和爱立信各自出资 50%、成立了合资的索尼爱立信，新公司涵盖了索尼在影音、产品规划与设计、消费电子产品营销和品牌推广方面的专长以及爱立信在移动通信技术、运营商关系构建、网络设施建设等方面的优势，经过数年发展，跻身世界手机品牌商前列。然而在市场转向智能手机的过程中，索尼爱立信又落后了，虽然曾一度凭拍照、音乐功能而风靡一时，但在 iPhone 引领的智能手机时代，这些都已成为标配，索尼爱立信失去了它独特的魅力。尽管在 2012 年 2 月 15 日，索尼收购了爱立信持有的 50%股份，并更名为索尼移动通信国际股份有限公司（简称索尼移动），成为索尼的全资子公司，但是显然索尼在作为手机品牌商方面并不具备很好的条件，强行卖手机只会带来更大的亏损。但是智能手机的市场如此广阔，未来前景又如此辉煌，又如何能够放弃这部分的业务呢？如果不做品牌商，做设备供应商是否可行呢？索尼利用自身在影音设备中的优势，终于在整条智能手机产业链中找到了适合自己的定位：摄像头相关设备的供应商。为此，索尼虽然继续保留了索尼移动作为智能手机品牌商，但是逐步缩减了索尼移动的规模，并进行了裁员。而在东京本部，增加针对摄像头的进一步研发工作，为此，索尼甚至早在 2010 年 12 月，便斥资 500 亿日元从东芝回购了设在长崎的传感器生产工厂。这些投资主要是为了进一步加强索尼的 Exmor 和 Exmor R CMOS 影像传感器的产能，巩固其作为世界上 CMOS 和 CCD 影像传感器的领先者的地位。此后，索尼便成了诸如苹果、华为、三星等企业的设备供应商，并没有因为存在竞争关系而有所保留，而是选择加强合作，不仅在整个智能手机产业链中寻找到了自身合适的定位，也重新协调好了供应链上下游之间的关系。2019 年，索尼已经成为全球最大的 CCD 和 CMOS 图像传感器供应商，其中 CMOS 图像传感器的市场份额达到了 50.1%，掌控了全球一半的市场，成为智能手机品牌商如苹果、华为等公司的首选。

对于链条升级而言，因为要进入相对全新的领域，一个关键因素在于找到合适的管理人员。一般而言，如果想进入一个全新的领域，需要对该领域的历史沿革、规模大小、发展现状及未来、运作模式、竞争对手、供应链上下游等都需要有比较深入的了解。索尼作为影音设备供应商，进入影视娱乐行业有其天然的优势，但是需要学习的地方也很多。经过了一段时间的探索后，索尼大胆启用英裔美国籍原哥伦比亚广播公司首席执行官霍华德·斯金格爵士作为索尼（美国）公司董事长，这位在影视娱乐行业浸润多年的老人不负众望，将索尼濒临颓废的音乐和电影业务，发展为索尼目前的支柱产业。2002 年影片《蜘蛛侠》的成功发行，使得影视业务逐步成为索尼的主要获利来源。2004 年末，在霍华德·斯金格丰富的人脉关系主导下，索尼影视娱乐公司进一步并购了米高梅电影公司，一跃成为全球第一大电影公司。

索尼的财报显示，索尼 2017 年实现营业利润 7349 亿日元，创下了它成立 72 年以来的最高纪录，索尼主要业务门类 2017 财年业绩表现见表 20-1。

表 20-1　索尼集团主要业务门类 2017 财年业绩表现（2017 年 4 月 1 日至 2018 年 3 月 31 日）

单位：亿日元

业务部门	销售额	营业利润	备注
游戏及网络服务业务	19 438	1 775	PS4 软件销售和会员增加带动销售额上涨 18%
音乐业务	8 000	1 278	可视化媒体和平台、录制音乐业务带动销售额增长 24%
影视业务	10 111	411	媒体网络服务、电影和电视制作业务使销售额增长 12%
家庭娱乐及音频业务	12 227	858	高附加值产品策略带动销售额增长 18%
影像产品及解决方案业务	6 559	749	高附加值产品策略带动销售额增长 13%
移动通信业务	7 237	−276	利润下降源于不利汇率因素、长期资产减值以及核心部件价格上涨等
半导体业务	8 500	1 640	移动产品影像传感器销售增长带动销售额上涨 10%
金融服务业务	12 284	1 789	索尼人寿销售额增长显著

资料来源：索尼公司

20.3.4　如何抵抗转型风险、提升转型收益、控制转型成本

转型的同时自然也会存在风险，如何抵抗转型风险、提升转型收益、控制转型成本，这是管理层在转型之前必须要深思熟虑的事情。当然，事先的准备固然重要，事中的调整亦能带来意想不到的效果。

对于产品及功能升级而言，由于是在原有价值链上流动，转型成败风险较小，主要的问题就在转型收益与转型成本上，如果收益过低而成本过高，也可以看作一种转型失败。既然是在原有价值链上流动，自然面临着产品生产线的调整而非切换，调整就意味着有些部分需要放弃或更换，有些部分则不需要变动甚至有时还要加强，在这一过程中，为了最大化利用资源（包括生产设备、人力资源、研发能力等），需要做好整体的协调工作，将原状态下可以利用的资源进行转移再利用。而需要放弃的部分，也要考虑其残值，最好能够“发挥余热”，为企业再创造最后的收益。如索尼的转型，从手机品牌商转向手机影像传感器供应商，原来用于生产手机摄像头部分的资源当然可以保留加强，其余的则需要合并或裁减，有些资源可以出售，有些则可以出租，索尼的运作方案见表 20-2。

表 20-2　智能手机企业功能升级资源调整方案表（以索尼为例）

供应链部分	对象	资源	调整方案
上游	关键芯片、重要元器件及配套	我方采购人员	调岗/裁员
		现有库存	出售
		我方仓库	出租/再利用
		原合同	合同变更/转让
中游	手机制造商	原合同	合同变更/转让
		我方驻厂人员	调岗/裁员
	手机品牌商（自己）	我方工作人员	调岗/裁员
下游	物流	原合同	合同变更/转让
	经销商、分销商、代理商	原合同	执行当期合同
		在售库存	继续销售/回购
	专卖店	门店	出售/出租
		在售库存	促销/打包

除了转型成本，还要考虑转型收益。而转型收益很大程度上取决于是否能在价值链中站稳新的高利润的位置，并且维持住相对优势。首先要选取利润比较高的位置，其必须是整条产业链中较为关键的节点，而企业能提供的产品或服务必须是具有较强的竞争力的，市场环境至少不应该是完全竞争市场。根据索尼公司的优势，其选择的关键节点是手机影像传感器供应商，可以生产该产品的企业并不多，能够与索尼相抗衡的就更少了，因此索尼在该产品上有较高的话语权和价格主导能力，那么自然就能够寻求到较高的利润率。

除了关键芯片供应商的毛利率实在是超乎寻常的高之外，在所有重要元器件及配套中，索尼的摄像头占有着非常高的毛利率——41%，这已经是一个很高的数据了。为了保持住这一高毛利率，索尼必须时刻保持自身的相对优势。因此，索尼非常注重研发工作，2007 年索尼发布了首款 Exmor 传感器 IMX035，其尺寸为 1/3 英寸，当时主要应用在安保领域。与业内先进水平相比，索尼起初是落后的，直到实现了内置的模数转换器（analog-to-digital converter，ADC）之后，索尼影像传感器的时代终于到来。2008 年索尼又推出了采用背照式（back-illuminated，BSI）技术的 Exmor R 传感器，当索尼黑卡二代 RX100 Ⅱ面世时，这款传感器对相机市场产生了巨大影响。当时另一款传感器 IMX183 在高感光度表现上大幅度飙升，并被佳能、松下这样实力雄厚的相机厂商所采用。当时内置 ADC、BSI 是 CMOS 图像传感器的常规套路，为了赶超对手，索尼在宽容度方面做了提升，2015 年披露的 CMOS 图像传感器 IMX204 能够在全感光度范围下实现 14stops 宽容度，至今尚未被量产的相机超越。同年，索尼新设计的 IMX278 传感器还首次采用了 R、G、B、W 四种滤镜来捕捉彩色图像。再之后，索尼又研发了尺寸为 1/3.2 英寸的 IMX145 传感器，而这款传感器被广泛用到了 iPhone 4s 和 iPhone 5 产品中，除了高像素和单位像素，该传感器还拥有出色的算法，而其极高的画面表现力一举被业内认可。之后，众多手机厂商纷纷向索尼抛出橄榄枝，寻求定制版 CMOS，使得索尼传感器的性能不断被业界认可。时至今日，索尼每年还会有新的 CMOS 图像传感器问世，行业霸主地位短期之内无人可以撼动。

对于链条升级而言，其转型的风险、收益以及成本，则完全不同。由于链条升级往往是战略性的，是企业整体产业布局的调整，其短期之内的成本与收益并没有显得特别重要，而需要考虑的是中长期的发展问题。但这也并不意味着在链条升级的过程中就什么都不管不顾，其实还是有很多细节需要把握的。

1. 收割金牛产业

企业进行整体产业布局调整时，原主营业务一般还会有比较好的营利能力，只是未来发展乏力，根据波士顿矩阵，针对此类金牛产业不需要再投入过多的资源，而是把它作为回收资金、支持其他产品的后盾。同时采用榨油式方法，争取在短时间内获取更多利润，为其他产品提供资金。

2. 扶持问题产业

问题产业是未来有希望成为明星产业的产业，只是目前没有寻找到好的着力点，但是整体产业未来发展前景广阔。对问题产业的管理组织，一种有效的措施是采取智囊团或项目组等形式，成立独立的分公司。同时，选拔有规划能力、敢于冒风险、有才干的人负责。

索尼的操作方法也基本上符合上述方式，一方面减少传统民用电子设备（除核心产品外）的资源投入，并快速收割市场，甚至出售相关业务包括厂房、地皮等回笼资金；另一方面大力支持影视娱乐行业的发展，不仅将索尼影视娱乐公司继续放在了美国，对其母公司——索尼（美国）公司也给予了足够的自主权，并聘请了霍华德·斯金格任索尼（美国）公司董事长。而霍华德·斯金格也不负众望，为索尼的影视娱乐产业做出巨大贡献。2005 年 3 月 7 日，日本索尼公司董事会任命霍华德·斯金格出任董事长兼首席执行长，斯金格顺利通过了 2005 年 6 月 22 日的索尼股东大会的最终投票，成为索尼史上第一位外籍领导人，这一消息让外界十分震撼，这也反映出索尼已经完全蜕变成一家具有全球眼光的国际公司。

2019 年 4 月 26 日，索尼在日本东京公布了 2018 年的全年收益，实现了约 8700 亿日元的营业利润，使得索尼在 2017 财年创下史上最高利润值之后，再次刷新了历史纪录。这家娱乐与科技公司的最新表现超过了华尔街的预期，其盈利的主要来源有三大板块，一是传统的电子游戏类业务，剩下的两部分则是影像传感器和影视业务。其中，索尼影视业务包括电影、电视与媒体网络。索尼影视 2018 年的盈利达到了 4.89 亿美元，比上一年度的 3.76 亿美元增长了 30%。虽然目前的索尼影视对于索尼整体而言，仍不是利润的主要来源，但随着亚太地区电影行业的蓬勃发展，这一产业未来可期。

20.3.5 基于转型策略及路径的组织结构设置

组织结构需要配合企业的战略规划，在转型升级的过程中，组织结构也要随之调整。对于工艺过程升级，一般情况下是在原有的工作岗位上进行升级改造，可能涉及人员、设备的提高，除非涉及生产流程的改善，否则一般不会对组织结构产生什么影响。即便是生产流程的改变，组织结构的变化往往是局部的、小范围的。对于产品升级，因为涉及新的产品，除了生产部门内部组织结构可能会进行调整以外（增加、升级产线），企业从研发、设计到物流、销售等，与具体产品有关的部门，可能都要进行组织结构调整。而对于一大类产品而言，很多工作内容是相似的，不少企业周期性地发布新产品是一种常规的工作，很多职能部门的员工已经有能力应付不断更新的产品，因此在产品升级的过程中，组织结构一般不需要进行大的变动。

一旦涉及功能升级和链条升级时，一切就不一样了。作为企业战略层面的变革，组织结构必须要有相应的调整，有些调整甚至是颠覆性的。

对于功能升级，由于企业在原价值链中的位置发生了移动和重构，与原位置相比，相同的职能部门需要保留，而不同的职能部门，则需要调整——去除现在不需要的，补上原来没有的。比如索尼的功能升级，由于是从智能手机品牌商变成重要元器件供应商，是一个往上游的转移，那么原本用于与下游合作的机构需要调整，比如专卖店、广告部门等。而物流则由于服务的客户为新的下游企业，运输量会下降，路线也会简化，但是对于时效性要求会更高。2007 年索尼在全球拥有 75 家工厂和 200 多个销售网点，仅电子产品方面，每年的全球集装箱货运量已经超过 16 万个标准箱，而功能升级后不仅工厂数量有所下降，销售网点大量裁撤，货运量也降低了很多。而往上游转移，则需要与新的价值链的上游企业进行合作（包括影像传感器原材料供应商和加工制造商），得益于原来索尼的很多电子产品本来就采用自己的影像传感器，因此这部分只是需要强化而已。面临的挑战是保留下来的职能部门如研发、设计、采购，这些部门的通用性又不如财务、法务等部门，随着企业主营业务在价值链上移动和重构，产品会发生变化，因此上述部门的工作内容也需要发生变化，如原来做整机的设计，现在只需要做摄像头的设计，这些情况导致这些部门内部的科室需要进行相应的调整和重组。

对于链条升级，由于企业转入了新的价值链条，企业的根本业务发生了变化，那么组织结构调整的幅度则会更大。一般情况下，如果是集团型的企业，往往会选择成立新的事业部甚至分公司，然后从原有的企业中慢慢抽调合适的员工去新的企业，同时新的企业也可以进行招聘。从集团层面看，资源一定程度上向新产业倾斜，逐步降低原有产业的比重，扶持新产业，这是一个此消彼长的过程。以索尼的链条升级为例，自从其收购哥伦比亚广播公司之后，一直没有考虑将其搬回日本，而是让其在影视行业非常成熟的北美大陆继续发展，给了它足够的自主权，同时索尼日本总部也全力支持这块新业务的发展。影视行业风险比较大，有的年份大赚，有的年份大亏，但是即便是在连续数年巨额亏损的情况下，索尼也没有想过放弃这块业务，这也体现出链条升级往往对应着企业长期的战略规划。

20.4　案 例 思 考

索尼这家老牌企业几度被传出亏损、倒闭，如今却再次崛起。相较于东芝、夏普、三菱重工等依然陷在泥潭里的日本老牌企业，索尼率先实现了复兴。而这条复兴之路以及背后所揭示的内涵和路径中有哪些值得其他企业学习借鉴呢?

总体而言，索尼公司的转型升级比较成功，虽然现在的索尼公司似乎逐步淡出了消费者的视线，但其产业规模却并没有削减，同时索尼公司也在影视行业为消费者默默地创造着“精神食粮”。可以说当年的索尼是一家伟大的公司，今天的索尼依旧是一家伟大的公司，在 21 世纪初的经济风暴中，它并没有被打倒，而是以一种新的方式生存了下来。转型升级，说起来容易，但做起来难。不少企业倒在了转型升级之前，更多的企业倒在了转型升级的过程中，成功转型的企业比例其实远没有我们想象的高。索尼的今日也不代表它的未来，它的未来还有很长的路要走，期待下一波转型升级的大潮中，再看到索尼的身影。

第21章　“蜡烛大王”到“美妆黑马”：青岛金王“链条升级”之路

21.1　青岛金王的发展历程

青岛金王集团有限公司（简称青岛金王集团）成立于1993年，青岛金王集团控股的青岛金王应用化学股份有限公司（简称青岛金王）于2006年在深圳证券交易所上市。目前，青岛金王的主营业务分为三大板块：化妆品、新材料蜡烛、工艺制品及一般贸易。其中，化妆品、新材料蜡烛及工艺制品是公司的核心业务发展板块。

青岛金王成立初期主要从事新材料蜡烛及工艺制品业务的生产和销售。青岛金王通过多年的研发设计、国际化的产业布局，已发展成为亚洲第一、世界领先的新材料蜡烛制品生产商，行业龙头地位突出。目前，青岛金王是国内最大的蜡烛、时尚工艺品制造商，主要供应沃尔玛、宜家等大型连锁零售企业，全球销售网络覆盖50多个国家和地区。

从2008年开始，青岛金王从单一的蜡烛业务向油品贸易、美妆产品业务等多重业务并存的企业转型。2008年通过收购美国页岩油气油田，青岛金王增加了油气贸易业务；2013年，青岛金王通过一系列投资、并购等方式对优势资源进行了整合，围绕化妆品的研发、生产、品牌运营、智慧零售的整体产业规划进行布局，逐步建成了完整的化妆品全产业链。到2019年，青岛金王已经在全国20多个省份设立了50多家子公司，构建了覆盖全国主要省区市的化妆品营销网络。

至此，青岛金王成功从单一的蜡烛研发销售业务，逐步完成多重主营业务的链条升级转型。现在青岛金王的公司战略为，稳步发展新材料蜡烛业务和油品贸易业务，重点深入打造美妆产业链的整合平台。

21.1.1　转型背景

青岛金王曾是亚洲的“蜡烛大王”，但公司上市之后发展缓慢，2006 年，其净利润为 0.34 亿元，到 2013 年也不过 0.54 亿元。2008 年的金融危机，使得欧美消费市场需求大幅萎靡，严重依赖沃尔玛、家乐福及宜家等全球连锁零售企业的青岛金王，在蜡烛制品的出口业务上受到严重打击。同时，由于严重依赖大型超市的零售渠道，青岛金王议价能力不敌强势的零售厂商，使得单一业务模式下的净利润持续下滑。2009 年公司利润比上一年度下降约 12%，净利润不足 1500 万元。在单一的蜡烛业务发展受挫的局面下，青岛金王开始寻求适合自己的转型升级之路。

21.1.2　转型策略与目标

制造企业的升级路径可分为四种形式：工艺流程升级、产品升级、功能升级和链条升级。Humphrey 和 Schmitz（2002）具体描述了“链条升级”的概念。链条升级的实践形式是从产业链跨越到另一个新的、高价值的相关产业，并将原先行业中获得的能力应用于另一个新行业。

不断跨越新行业会使得公司的产业实现多元化。产业多元化一方面可以降低企业的经营风险，从而使企业可以获得稳定的收入；另一方面，也可以建立相关联的产业链。马颖（2019）认为，多元化的产业，使公司不受单一业务生命周期的限制，为企业带来新的变化增长点，进而找到具有成为未来核心业务的增长点。

在意识到单一的蜡烛业务的局限性后，青岛金王一方面围绕蜡烛业务的上下游进行探索扩张，另一方面则谋求多元业务的链条升级策略。青岛金王的链条升级目标为摆脱单一蜡烛业务的局限，建立多元化的业务板块，寻找未来高潜力的新核心业务。

21.2　探索转型路径

21.2.1　初试上游延伸，进军油气行业

2008 年，国内蜡烛的原材料价格迅速上涨。为此，青岛金王把目光投向了蜡烛原材料的上游产业——石油化工原料产业。2008 年受金融危机影响，国际原油价格大跌，国际上的油田资产也大幅萎缩。一些石油投资公司选择退出石油市场并以低价出售油田，在危机期间价格下跌的石油资源凸显了巨大的投资价值。青岛金王陆续收购美国俄克拉何马州占地约 9 平方公里的两块油田、得克萨斯州占地 50 平方公里的福洛布拉

菲油田。2008~2013 年，油品贸易业务的拓展为青岛金王带来了较大的业务增长，年复合增长率（compound annual growth rate，CAGR）达到了 22%。如图 21-1 所示，在 2013 年，油品贸易的营业收入已超过蜡烛业务，成为青岛金王的另一大主营业务。

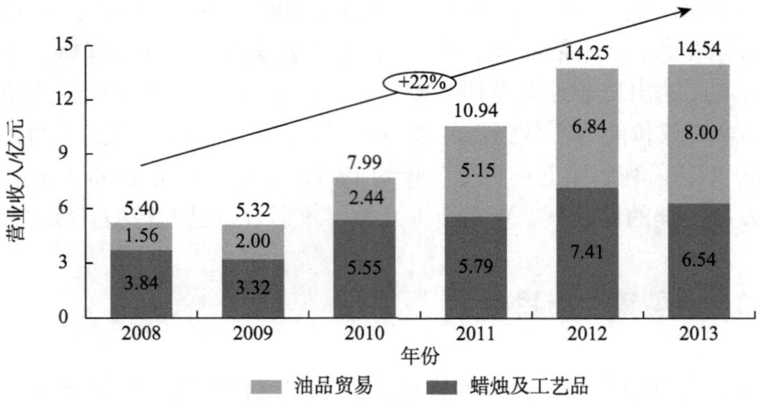

图 21-1　青岛金王 2008~2013 年营业收入图

油品贸易的业务特点是贸易金额大，但是毛利受国际油价影响波动较大。如图 21-2 所示，油品贸易业务的毛利润占比在 6%~25%，波动明显。从年报[①]可知，油品贸易的毛利率仅为 6%~8%，远低于原主营业务蜡烛业务（25%）。2013 年后，国际原油走势震荡不明，下行风险巨大，新扩展的上游业务前景不佳使得青岛金王也开始思考，以油品贸易业务作为链条升级的方向是否正确，从 2013 年开始，青岛金王开始谨慎扩张油品贸易业务，开始寻找另外的链条升级的业务。

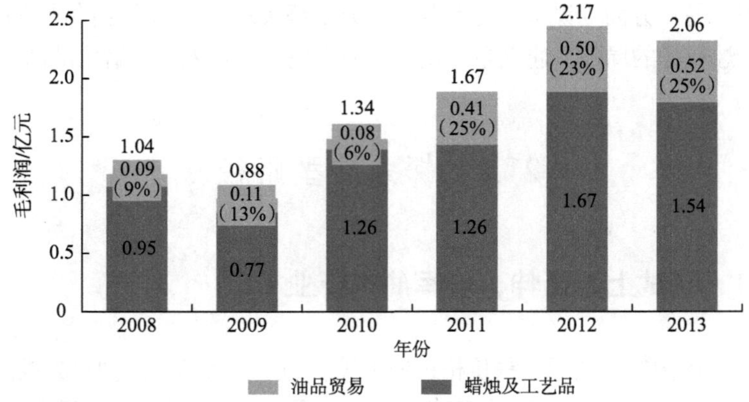

图 21-2　青岛金王 2008~2013 年毛利润图

① 青岛金王官网，http://www.chinakingking.com/cy.html，青岛金王应用化学股份有限公司历年上市年度报告，2018 年。

21.2.2　进军美妆行业，转型初获成功

2013 年，油品贸易业务转型未达成效，青岛金王不得不重新思考公司战略转型的方向。为寻求新的增长点，青岛金王决定在蜡烛产品市场需求和用户基本一致的领域扩张不同的品类，比如作为蜡烛类产品的衍生物，工艺蜡烛、精油、香薰其实可以看作快消品或者化妆品，虽然它们的受众与使用场景有较大差异，但是在渠道、研发和产品设计上有许多共同之处。并且，国际日化巨头宝洁就是一家蜡烛产品起家的公司。从蜡烛衍生物到化妆品市场，宝洁借助公司已有的海外销售渠道进军化妆品市场。借鉴宝洁经验，青岛金王又一次探索链条转型之路。

2013 年至 2016 年，青岛金王完成了对 10 家公司的收购，包括杭州悠可化妆品有限公司（简称杭州悠可）、广州栋方生物科技股份有限公司（简称广州栋方）、上海月沣化妆品有限公司（简称上海月沣）、广州韩亚生物科技有限公司（简称广州韩亚）在内的一系列的知名化妆品制造、运营公司均被其收入囊中。至此，青岛金王已初步完成化妆品产业链的布局，打造“代理—研发设计—渠道建设”的美妆生态系统，这使得青岛金王成为化妆品市场的一匹黑马。从 2013 年至 2016 年，青岛金王的股价从 8.63 元上升至 30 元，涨幅高达 247.6%。如图 21-3 所示，2015 年青岛金王的化妆品营业收入约为 1.74 亿元，2016 年化妆品营业收入为 6.66 亿元，同比增长 282.8%。2016 年化妆品业务营业收入占总营业收入 28%，毛利率占比为 63%（图 21-4），化妆品版块已经成为青岛金王的核心业务，青岛金王进军化妆品市场的链条升级转型之路初步获得成功。

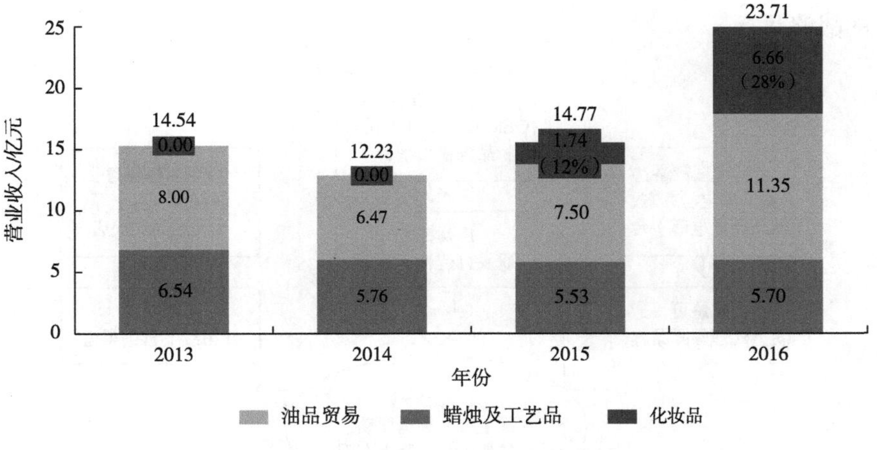

图 21-3　青岛金王 2013~2016 年营业收入图

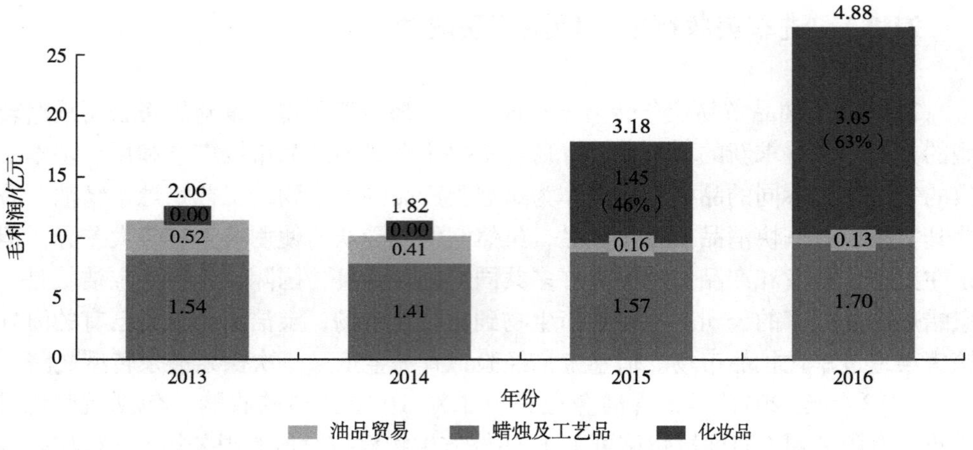

图 21-4　青岛金王 2013~2016 年毛利润图

至此，青岛金王的战略目标确定为：稳步发展蜡烛业务及油品贸易业务，重点发展和完善化妆品全产业链。

21.3　链条升级 1.0：化妆品产业节点全覆盖

青岛金王通过投资化妆品市场中研发生产、渠道建设和品牌建设的领先公司，初步完成了整个化妆品供应链的布局。通过三个主要的转型手段（图 21-5），整合各公司的优势资源（表 21-1），以求最终实现“成为国内领先的大型现代化日化集团”的战略目标。

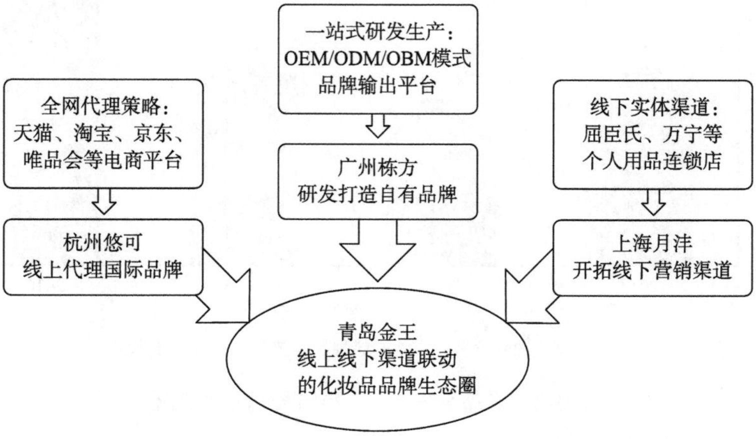

图 21-5　青岛金王化妆品产业链布局图

表 21-1　青岛金王化妆品产业链的并购历程

供应链环节	投资时间	股权占比	优势资源
研发/生产	2014.7	广州栋方：45%股权	OEM/ODM 生产商，客户包括植萃集、阿芙精油、名创优品等品牌
品牌建设	2016.4	广州韩亚：100%股权	集彩妆与护肤于一体，拥有研发、生产、销售全产业链，旗下品牌有蓝秀、LC 等
线上渠道	2014.3 2017.5	杭州悠可：100%股权	化妆品品牌互联网运营商，拥有约 40 个国际品牌的线上运营权
线下渠道	2014.12 2016.4	上海月沣：100%股权	拥有较强品牌运营能力的线下专业公司

21.3.1　打通研发与生产环节，实现供应链上游功能升级

青岛金王 2014 年投资了广州栋方，使得青岛金王拥有了行业稀缺的自有研发、设计和生产的制造能力。广州栋方是一家为众多化妆品企业提供代工生产解决方案的厂商，其在行业内已沉淀多年，积累了众多核心专利和配方，并且已基本完成了从 OEM 到 ODM 再到 OBM 的业务模式的升级（表 21-2）。广州栋方曾经帮助日本最大的化妆品制造商 ITC（International Tocletries Co. Ltd.，国际化妆品制造株式会社）成功将其“水肌理”产品引进国内，迅速实现本地化的供应链再造，可见其在化妆品供应链上游的出众能力。

表 21-2　OEM、ODM 与 OBM 模式的区别

类型	客户群	服务内容
OEM	已注册品牌并且已完成产品线策划和产品设计的客户	为客户提供配方研发及生产加工，可以按照客户的定位和要求来策划产品，再根据文案来做包装加工，按照客户要求代采购包材，协助客户做产品市场规划
ODM	已注册品牌，但没有完成具体产品线的策划、产品设计和产品配方研发的客户	帮助客户进行产品策划、设计、研发和制造。除产品代加工外，提供一站式全程配套增值服务，包括品牌注册、产品规划、产品设计、配方研发、包材原料采购、产品灌装、产品送检、三证提供的全过程
OBM	准备推出新品牌的客户，或计划对现有品牌进行品牌升级或转型的客户	提供全方位的服务，可以提供并转让栋方艾圣已经注册好的现有品牌，包含已规划好的产品线、配方、包装设计、市场定位、产品卖点以及营销支持等

在与广州栋方开展战略合作后，双方共同打造了植萃集这一自有品牌。植萃集的产品从原料到销售终端，都由广州栋方进行质量把控，是目前国内为数不多能够真正实现一体化的化妆品牌。青岛金王在化妆品市场中迅速得到了成熟的品牌建设解决方案，为自有品牌的开发奠定了坚实基础，这也成为青岛金王化妆品业务获得高毛利的原因之一。

21.3.2　布局线上线下渠道，实现供应链下游功能升级

销售渠道在化妆品市场中起着举足轻重的作用。青岛金王在布局化妆品市场的过程中，精准地对杭州悠可和上海月沣两家公司进行战略投资，使得青岛金王在化妆品市场初步建立了线上和线下的销售渠道（图 21-6）。

图 21-6　青岛金王化妆品渠道建设路线图

通过对杭州悠可的投资，青岛金王得以迅速借鉴业内先进的化妆品营销和管理模式，并与各大国际品牌增强互动。杭州悠可坐拥丰富的客户资源：1 万/日的咨询客户数、20 万/日的访客数以及近 500 万的付费客户数据库，让跨界进入化妆品市场的青岛金王，可以快速、高效、深层次地把握和洞察化妆品消费者的购买行为和心理，使得青岛金王在链条转型的初期就获得了强大的引流和营销能力。

而直面消费者的线下渠道也是青岛金王构建化妆品供应链不可或缺的一环。一方面，上海月沣成熟优质的线下渠道资源，可使青岛金王直接获取屈臣氏、丝芙兰的连锁专营店渠道，与此同时也能够覆盖大润发、沃尔玛、家乐福等大型连锁商超的零售渠道。另一方面，上海月沣一直坚持的直营模式，也能够让青岛金王较好地管控线下渠道的化妆品质量和服务水平，对消费者的引导和消费体验实现精准把控，从而提升供应链尾端的最终价值。

21.3.3　创立自有品牌，提升供应链价值

提升化妆品供应链的价值，必须从源头建设自有品牌。青岛金王在继续发展自有品牌植萃集的同时，也对化妆品行业内优质品牌资源进行了收购。广州韩亚拥有独立的蓝秀、LC 品牌的彩妆产品，已拥有 30 多家省级经销商和 5000 多家终端销售点，是行业内为数不多的渠道覆盖全面的自有国内品牌。事实上，广州韩亚自 2016 年起已谋求上市多年，但是青岛金王凭借其前期建立起的线上线下渠道优势以及自主研发能力，让广州韩亚看到了企业发展的新动力。在全资收购广州韩亚后，青岛金王形成了植萃集护肤品+蓝秀、LC 彩妆品双系列的自有品牌资源，通过向自有品牌大力倾斜资源，广州韩亚的蓝秀、LC 彩妆品业务有了飞速的发展，其净利润也稳步上升，年复合增长率可达 20%（图 21-7）。

由此可见，青岛金王大力发展自有品牌的手段提升了在化妆品市场的营利能力和供应链价值。

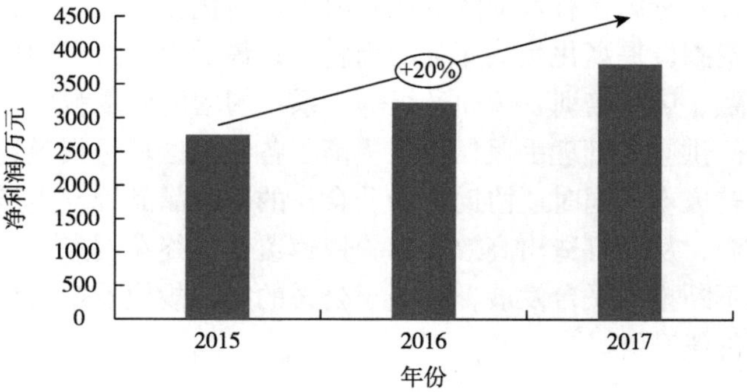

图 21-7 蓝秀+LC 净利润增长图

21.4 链条升级 2.0：打造化妆品智慧零售供应链

21.4.1 整合全链条资源，实现供应链价值升级

2014~2017 年，通过对化妆品全供应链的投资、并购等方式，青岛金王整合了一系列领先的技术研发公司（广州栋方）、线上品牌运营商（杭州悠可）、线下渠道商（上海月沣）的优势资源，逐步形成了完整的化妆品全产业链。为了能够深度整合化妆品供应链的价值，青岛金王在 2017 年成立了安徽众妆供应链管理有限公司（简称众妆供应链公司）。

青岛金王的年报提及，众妆供应链公司以消费者需求及体验为核心，以全球集采优选及品质品牌订制为优势，通过新零售、新供应链、新金融等，打造线下全国美妆门店网络+线上一体化的智能交易平台。众妆供应链公司的主要作用如图 21-8 所示。

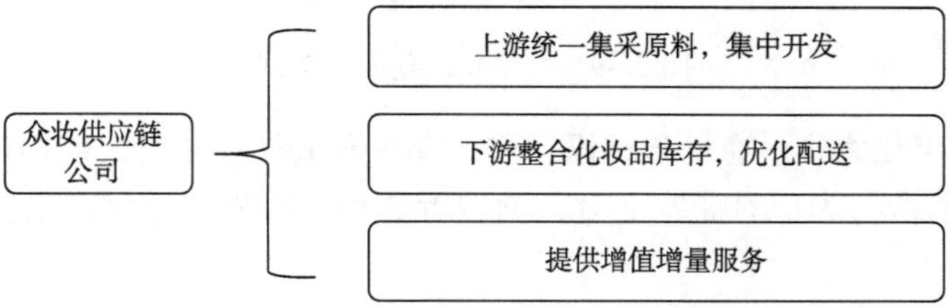

图 21-8 众妆供应链公司职能图

众妆供应链公司的主要管理职能有：通过对上游化妆品原料的统一采购，增加谈判筹码，从而获得更低成本的采购资源；统一开发产品可以整合各家收购公司之前各自的开发资源，有效地降低研发成本；将优化配送的理念引入消费者最后一公里的消费圈，提高化妆品库存的周转率；最后为各大经销商和终端零售店提供供应链金融、店员培训、店面升级等一系列的增值增量服务。

这一系列的供应链管理手段，不仅提高了各省或区域级渠道运营商的经营效率，降低了流转成本，同时还协助自身及合作的化妆品品牌、生产方共享了消费渠道和终端资源，从而打造出高效分销、快速覆盖的终端网点。最终，同时在上下游两个层面不断推动平台发展，增强了公司的渠道规模及销售规模，实现了供应链全链条的价值升级。

21.4.2 探索化妆品数字化新零售模式

在完成供应链中实物流转的管理改革后，青岛金王开始思考如何将化妆品与数字化相结合。在阿里巴巴吹响新零售新型商业模式的号角下，2018 年 8 月，青岛金王宣布与腾讯达成智慧零售战略合作①。

青岛金王表示，基于公司和全国各省众妆 CS（customer satisfaction，顾客满意）渠道、KA（key account，重要客户）渠道约 9500 家门店资源以及中国美妆的线下零售渠道，将与腾讯开展深入合作，共同在美妆领域构建数字化新能力、构筑数字化运营体系，最终打造出美妆新生态，从而实现美妆智慧零售的价值链重构。通过与腾讯的战略合作，青岛金王的化妆品供应链可以实现数字化供应链管理的新零售模式（图 21-9）。

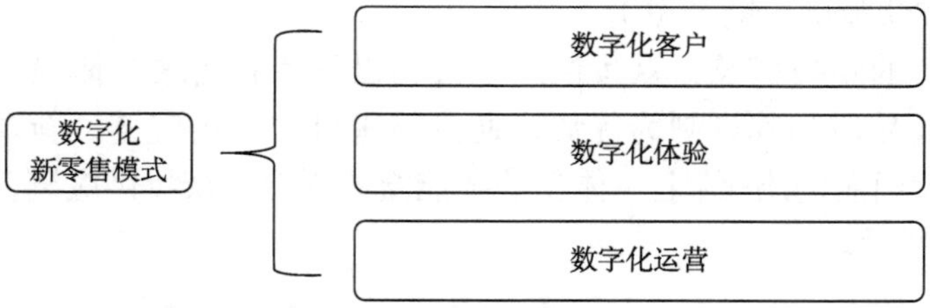

图 21-9 数字化的新零售模式

（1）数字化客户。通过与腾讯合作，青岛金王可以利用大数据技术，记录每一个顾客的消费行为。对商家而言，消费者的每一次购买过程都是独一无二、实

① 《关于与深圳市腾讯计算机系统有限公司签署“智慧零售”战略合作框架协议的公告》，http://www.szse.cn/disclosure/listed/bulletinDetail/index.html?d6e1930c-32b3-45ad-9a2d-03cdb93fd0c5，2018 年。

时且准确的。通过记录和搜集用户在购买商品过程中的浏览、对比和购买行为，商家能准确完整地洞察出消费者的消费行为。基于这些消费行为数据，可以对客户进行精准的用户画像分类，洞察消费者的消费习惯。

（2）数字化体验。利用腾讯微信的线上社交平台以及公司本身的线下多消费场景，深度挖掘社交、消费互动场景的潜力，同时结合青岛金王化妆品全产业链的综合运营经验，为顾客提供一系列数字化消费体验，构建出数字化新能力。企业筹建的“众妆优选”智慧新零售店不仅能为客户提供国内外知名品牌的美妆，还能为客户进行肤质检测，给客户选择化妆品提供数据画像的支持。另外，青岛金王利用化妆品魔镜等设备为客户提供模拟化妆服务，更为直观地让客户体验化妆品带来的效果，进而为客户选择化妆品提供参考。

（3）数字化运营。在传统的供应链运营管理中加入数字化手段，通过信息集成打破整个化妆品供应链的信息壁垒，从而做到从前端供应链到末端零售点的信息互通互享，进一步发挥青岛金王在化妆品市场全供应链运营的优势。借助与腾讯的战略合作，青岛金王获得了互联网先进的大数据和人工智能技术，进而对传统的化妆品供应链体系进行重构，一方面打通上下游产业，另一方面融合线上线下渠道，逐步由单一局部的化妆品运营向顾客全生命周期运营模式转型。借助产品全生命周期管理理念，可以将供应链全部关键环节整合，将供应商、承运商、经销商、客户的信息集成，从化妆品的概念形成阶段到报废的整个生命周期中，为青岛金王提供支持产品快速设计和制造优化的集成化产品协同与制造。

21.5 转型保障的关键因素

21.5.1 实现供应链端到端的集成

青岛金王能够成功实现链条升级的关键因素，首先在于其有效管控了化妆品产业全供应链的各个关键环节。文献研究表明，对于同一产业链环节中的上下游企业采取纵向收购的方式，有利于拥有更加完整、更加高效的价值链，将原本属于企业外部的问题和交易“内部化”，从而降低交易次数以及由信息不对称导致的高额交易成本。如图 21-10 所示，自 2014 年青岛金王开展链条升级进军化妆品行业后，其净资产收益率呈现稳步上升的趋势。随着对行业上下游资源进行不断整合，其整体供应链的沟通成本、交易成本得到有效下降，同时自有品牌的建立和优先发展，使得青岛金王可以获得更高的利润空间。

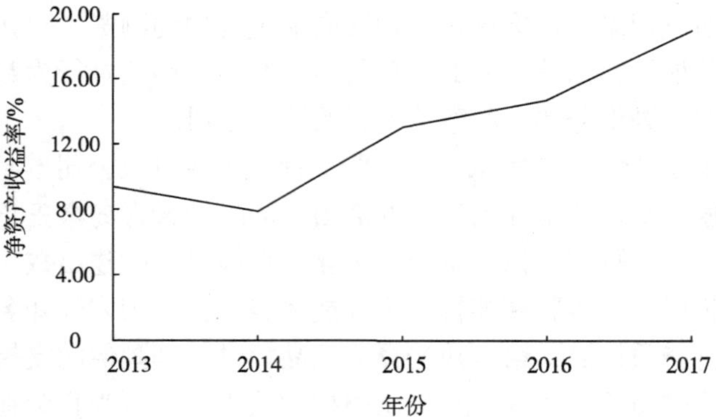

图 21-10　青岛金王净资产收益率一览

21.5.2　构建数据供应链新模式

随着互联网技术的不断发展，传统的商业模式也开始受到各大互联网企业的冲击和挑战。青岛金王在集成传统供应链各环节后，并未停止升级的步伐。在和腾讯的强强联手中，青岛金王的信息化供应链管理获得了强大的“互联网基因”，成功将腾讯的数字化管理工具“优 Mall”融入日常的店面管理。优 Mall 助力店铺进行精细化和数字化管理，以提高店面运营效率，通过深入洞察商店客户，对商店区域的客流进行准确的统计分析，并进行区域优化和店内动线优化。在实体店中应用人脸识别等互动方式，帮助店铺吸引顾客，统计人群肖像信息，积累基本数据，实现精准营销。

供应链管理的新模式是实现供应链的信息化深度管理。通过强大的信息技术集成整个化妆品供应链，加之腾讯积累的消费者数据，青岛金王能更好地理解客户需求，从源头更加迅速地响应市场变化，从被动设计、研发变为主动地为下游的消费者提供更加贴切的服务。

21.5.3　为转型提供组织保障

在竞争日益激烈的化妆品行业中，传统企业的科层制理论与“正三角”组织架构限制了组织的灵活性，也无法激发员工的积极性。另外，“互联网+”的普及和环境对企业的灵活性、敏捷反应产生了更高的要求：企业需要满足产品更新换代速度、物流速度以及用户需求响应速度。因此，在构建数字化管理的供应链的过程的同时，也要对企业的组织架构进行调整。

传统企业的组织形态往往是串联式的，从研发设计、生产制造、品牌营销、售后服务一直到终端用户，工厂和最终用户中间隔着众多环节。正如青岛金王公告[①]所言，维护员工的长期利益，建立共同成长机制，就必须给予员工一个充分发挥积极性并且可以有一定自主权的成长平台。因此，引入互联网时代典型的小微创客模式是合适的（图 21-11）。通过小微创客模式，员工有更高的积极性去了解和挖掘用户的潜在需求，同时各个终端销售点可以形成“我为自己赚钱”的绩效考核模式，最大限度地激发每一个终端销售点的销售潜力。

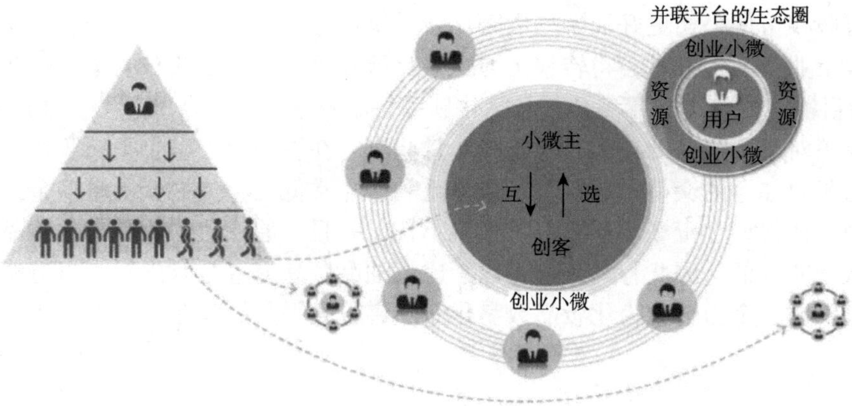

图 21-11　互联网时代典型的小微创客模式

21.6　案 例 思 考

从青岛金王的转型案例中可以看出，企业的转型升级必然伴随着不确定性和转型成本，链条升级的转型模式必然会面临更大的调整和风险。青岛金王在确立了蜡烛主营业务的龙头地位后，发现该行业已趋于成熟，难有增长潜力，主动迈出转型的步伐。

在探索原油贸易的转型路径受挫后，青岛金王看到了化妆品市场巨大的市场潜力。在宣布进军化妆品市场后，短短几年内就通过一系列投资和并购初步建立了完整的供应链，改革魄力非常大。因此，青岛金王的链条升级之路可以认为是较为成功的。

在新零售浪潮的推动下，供应链的管理模式朝着集成化、一体化的方向发展。所谓供应链一体化，就是将上游生产者、下游销售者以及中间商进行集成，打造

① 青岛金王官网，http://www.chinakingking.com/cy.html，青岛金王应用化学股份有限公司历年上市年度报告，2018 年。

成一个统一的生态体系。作为传统的化妆品行业，如果不想在互联网时代被吞噬，就必须敢于持续改革。从供应链整合的 1.0 链条升级到 2.0 的新零售模式，青岛金王在顺应甚至主动拥抱时代的发展，在和腾讯的战略合作中，获得了整合化妆品市场信息的先机。作为打通消费者日常消费生态圈的重要一环，化妆品和护肤品行业的消费数据在未来必将体现更大的价值。

2019 年 2 月，青岛金王以 14 亿元出售了杭州悠可。对于出售原因，青岛金王称，由于公司化妆品数字化新零售业务前期建设需要大量资金投入，而出售杭州悠可股权可使公司更好地聚焦数字化新零售业务的战略部署。未来青岛金王化妆品线上业务的建设重心将转移至与数字化新零售服务平台结合度更高的线上渠道，而目前杭州悠可与青岛金王数字化新零售服务平台的关联度较低。由此可见，青岛金王对于数字化的再度转型升级非常坚决。在青岛金王整个集团版块中，原油贸易版块如今的交易金额巨大，但是毛利率非常低，整体拉低了青岛金王的营利能力，使得如今青岛金王的股价表现不佳。并且，原油贸易业务与化妆品行业的关联度非常低，因此青岛金王可以考虑将油品贸易业务全盘出售，打造蜡烛产业稳定发展，全力转型为化妆品数字化新零售服务平台的双业务发展模式。

第22章　从国民手机到生态链：“现象级”小米的转型升级

22.1　小米的发展历程

2019年7月22日，《财富》发布了2019世界500强排行榜，小米集团位列第468位，这是小米首次进入世界500强。其他入围本次500强榜单的中国企业还有京东、阿里巴巴、腾讯以及华为等公司。公开资料显示，腾讯进入世界500强用了14年，京东、阿里巴巴用了18年，华为用了23年，而小米仅仅用了9年，成为中国目前最快上榜的互联网及科技企业，同时，小米也是2019年榜单中最年轻的公司。

小米集团公布的年报显示，2018年所有业务分部收入为1749亿元，同比增长52.6%；经调整净利润为86亿元，同比增长59.5%。2019年上半年财报显示，2019上半年公司总收入为957.1亿元，同比增20.2%；调整后净利润为57.2亿元，同比增长49.8%。不到十年的时间里，小米从一个初创企业成长为年营业收入接近2000亿元的世界500强企业，小米的成功可谓“现象级”。小米的成功得益于其超前的市场布局和追求极致效率的商业模式。小米的每一次进步和发展，都离不开其对于自身的革新和对新领域的勇敢尝试。

提到小米的成长与发展，就不得不提到小米的掌舵人雷军，对于雷军而言，大家最熟悉的莫过于他担任小米的董事长，但他还是金山的董事长，多玩、猎豹移动、顺为基金等的天使投资人。2019年据不完全统计，雷军担任企业法人12家，对外投资46家，在外兼职83家，但基本都与移动互联网相关，同时为自身企业提供了强大的技术积累和资金积累。雷军在1992年参与创办金山软件，并于1998年出任金山软件CEO。接着，雷军在1999年创办了卓越网，2007年金山软件成功上市之后，雷军卸任金山软件CEO职务。到2011年，作为天使投资人，雷军投资了 20 多家创新型企业，如凡客诚品、多玩、优视科技等。2010 年 4 月 6 日，雷军选择二次创业，创立了小米科技有限责任公司，开始在中国手机品牌行业掀起了一股强劲的“MI”旋风。雷军曾说过：“我从来没做过手机，也不了解手机行业的规律，但我只做了一件事情，就是把手机当作电脑来做。”而雷军的这个想法也恰好是智能手机最核心的思想，即每一部手机就是电脑。正是由于他的这种将手机当作电脑来做的想法，在手机行业引起了颠覆性的反响。

众所周知，小米的 LOGO 是一个“MI”形，即 Mobile Internet 的缩写，表示小米是一家移动互联网公司。另外，如果把小米的 LOGO 倒过来看，变为一个“心”字，少一个点，意味着小米期望用户省一点心（图 22-1）。

图 22-1　小米的商标

22.2　小米的转型升级

在小米手机发布初期，小米想用其最为倚重的米聊 APP 作为支撑点来让消费者对小米手机产生客户黏性。米聊是一款既跨 iPhone、Android、Symbian 手机操作系统平台，又跨移动、联通、电信运营商的免费社交聊天软件。米聊结束了 2G 时代手机用户之间只能通过短信等枯燥方式进行沟通的方式，为用户提供了免费的文字聊天、语音对讲聊天，群聊，免费发送图片，手写涂鸦以及语音微博等功能，最大化地减少了手机用户之间的沟通障碍，从而成为 3G 时代、智能手机上的全新应用。换句话说，米聊真正做到了随时随地聊天，让用户之间的沟通变得乐趣无穷！

2010 年，小米推出了基于 Android 的原生、深度优化、定制的手机操作系统：MIUI 系统。对比 Android 系统，MIUI 有超过 100 项优化和改进。小米成为国内第一家深度定制安卓系统的企业。MIUI 采用了开放式的 bug 及需求管理，从而使得用户可以参与并影响 MIUI 的开发过程，每周保持升级更新是其最大特色，而这种模式也让 MIUI 第一个具备了较高的功能细节完善度和易用度。到

2012 年，MIUI 受到了全球 23 个国家、60 万手机发烧友的追捧，享誉中国、英国、德国、美国、西班牙、瑞士、意大利、澳大利亚、俄罗斯、荷兰、巴西等多个国家。

雷军最早的战略布局是"流量分发，服务增值"。在这个战略中，MIUI、米聊两款软件是雷军最为倚重的支撑点。2011 年，小米成功地将庞大的爱好者群体转化为消费者。小米推出第一款手机小米 M1（图 22-2），高通骁龙 8260 处理器加上当时主流的 1G 运行内存最终定价仅为 1999 元，在当时可以说是震惊了整个手机圈。2014 年第 3 季度小米手机销量突破 1730 万台，成为仅次于三星和苹果的全球第三、国内第一大手机品牌。

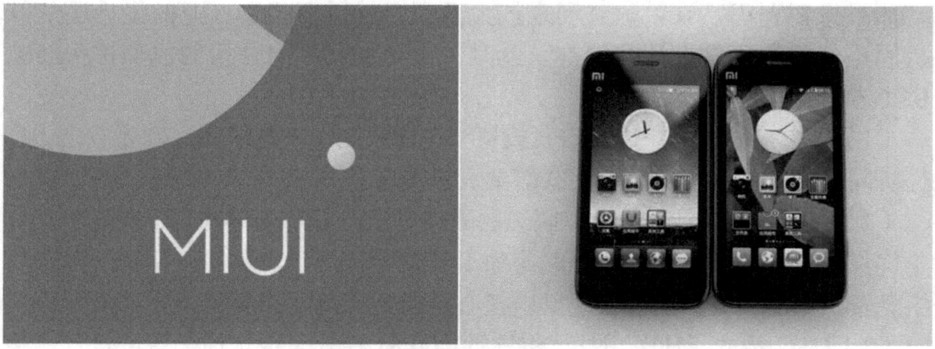

图 22-2　MIUI 与第一款小米手机 M1

然而 2011 年风云突变，微信横空出世，并在一年内注册用户量就突破了 3 亿，而此时的米聊还不足其 1/10，这让米聊有一种"既生瑜何生亮"的无奈。雷军被迫调整战略，借鉴苹果走单品扩张之路，之后陆续推出了电视盒子、智能电视、路由器和平板电脑，其中标志性事件是 2013 年 7 月 31 日小米发布了红米手机，为了扩张，雷军不惜食言之前说过的"不考虑中低端配置的手机产品"的承诺。与此同时，小米先后进军中国香港和中国台湾市场，并开始布局新加坡、马来西亚、印度尼西亚、泰国等。但扩张结果并不令人满意，路由器、智能电视、平板电脑并没有获得期待中的成功，此时海外市场也举步维艰，小米陷入混乱与麻烦之中。这算是小米一次不太成功的转型，好在这种状态持续的时间并不长，很快雷军重新布局，收缩战线，转向打造"生态链"的战略布局，明确小米产品的边界，即专心做手机、路由器和电视三大产品线，掌控小米网、MIUI、供应链等核心环节，形成了软件、硬件、服务、内容四方面联动的"生态链"系统。这两次转型升级可以看作小米在产品链条上的升级，由原来的单一手机厂商，升级成为以手机、电视、路由器为三大主要产品的科技公司。

22.3　小米切入生态链

到了2012年，小米已经积累了大量的手机用户群，手机销售也给小米带来了大量稳定的现金流和紧密的上下游企业关系。于是，小米开始尝试扩张，但并不成功：内部培育的小米盒子陆续引发版权诉讼；内部工程师新开发的小米移动电源上市一个月销量尚不足2万件，很快即被叫停；而NFC（near field communication，近场通信）支付模块的开发和推广也难与支付宝抗衡。小米发现，如果想要利用已有粉丝红利来扩大盈利，就需要投资专业的设计团队开展手机周边产品的研发设计和生产。此时，市场上有不同公司的成功扩张经验可以供小米借鉴。

（1）乐视控股模式：通过自我投资（包括收购）来控股和运营多业态，进而促进协同、降低成本，但这个模式需要大量资金。

（2）联想软硬一体化模式：联想的战略是沿产业价值链布局，专注于其具有竞争优势的硬件和服务领域，同时与固定开发商合作开发软件，并在个人PC上提供免费试用等服务，这种模式要求核心企业具有过硬的品牌。

（3）HTC模式：HTC的思路是通过OEM模式掌握优质品牌的设计、生产技术，积累一定知识和能力后加大研发、人力等投入，先逐步转型至ODM模式，之后再建立并扩张品牌，最终成为OBM。按照这个模式发展智能硬件生态链从成长到大规模需较长时间，同时具有很多挑战。

2013年初，小米智能手机面临的竞争进入白热化阶段。而小米自身缺乏专门知识、技术、人力、专注度和资金，如果采用乐视、联想、HTC等常规模式，智能硬件生态链很难快速做强做大，会错过物联网领域高速发展的时机。最后，这三家标杆企业貌似成功的扩张被事实证明失败了。

最后，小米另辟蹊径，决定借鉴竹林繁育的原理来打造小米智能硬件生态链，小米把初创期、产品技术好的企业或团队作为投资目标，采取了“非控股投资+孵化和加速”的“平台+”模式。小米生态链上的产品如同一棵棵的春笋。在小米生态链上，一个个爆品不断生成，同时产品也能完成新陈代谢。当用户的需求发生变化，硬件产品的形态也要不断更迭，只要生态能力一直存在，爆品就如春笋一样不断地产生，生生不息。

然而，小米的转型与升级并没有止步，而是随着时代与科技的不断发展时时做着调整和更新。2014年12月3日，金山、小米联合向北京世纪互联宽带数据中心有限公司注资近2.3亿美元，这标志着小米将未来的战略方向定位于云服务和大数据。通过"生态链"系统，小米将一切可以连接的智能设备全部连接，小米认识到"生态链"接入点越多"护城河"就越稳固，平台的价值就越高。为此，小米汇聚了大量终端数据，最终建成了一个数据采集、服务中心。2015 年，小米巩固融合三大生态圈。第一个是移动互联生态圈，MIUI 在小米设备上创建生态圈，作为一个入口整合其他应用软件。第二个是智能终端生态圈，以智能手机、路由器、智能电视乃至未来的笔记本电脑作为核心，整合智能家居、办公室等各种生活场景，继续打通"生态链"。第三个是小米互联网平台，以小米官网为核心，与阿里巴巴、京东、苏宁易购等电商平台合作拓宽渠道。鲜为人知的是，小米不知不觉间已成为中国第三大电商公司。由于 2015 年小米业绩增长缓慢，2016 年雷军果断再次转型，2016 年 3 月底，小米发布全新品牌"米家"，雷军宣称"小米要做的是科技界的无印良品"，核心内容就是打造 50 到 100 个小米生态链产品，以接近成本价销售，最终构建一个移动互联网平台，靠增值服务赚钱。"米家"与"小米之家"双轮驱动，"科技界无印良品"的背后，是雷军将小米打造成世界级的零售连锁集团的雄心。小米早已经不只是一家手机公司了。2015 年的"双 11"购物节期间，小米天猫旗舰店以超过 12.54 亿元的总支付金额拿下全品类单店第一、手机销量第一，此外还有平板电脑、智能设备、3C 数码配件、影音电器以及网络设备等品类的单品第一，而小米手环、小米插线板、小米智能摄像机、小米体重秤等小米生态链产品也位居全网智能设备品类单品销量前列。

22.4　小米转型的目的与策略

所有企业的转型都有其特殊的目的或者战略定位，有的转型是为了抵抗经营风险、突破企业当前的低迷现状，有的则是未雨绸缪，为企业的未来发展打好提前量，也是为企业深挖"护城河"。

小米的前两次战略转型应该算是以规避经营风险、改变低迷现状为目的的转型。小米在经历米聊被微信打压，用户注册量及活跃度不足后，被迫进行产品线升级，其目的就是抢占市场，赢得更多的消费群体，从而改变企业现有的经营状况。但这次战略转型并没有达到预期的效果，小米也意识到盲目扩张给企业带来的发展停滞，为了让企业有着明确的发展方向，雷军收缩战线，转而打造"生态链"，开启了小米的第二次战略转型。小米的此次转型目标清晰，明确了以手机、电视、路由器三大主营业务，但这次转型可以看作是小米为后面几年的发展做的一个铺垫，有了"生态链"的概念和方向，小米的发展也逐渐清晰明确。在此之后的转型也是在大方向不变的前提下进一步加强公司的科技化和智能化，亦可以说是以科技为向导的转型策略。小米的转型策略也可以看作是一个以大数据和智能生态系统为核心支点，从单一产品走向全品类的发展转型策略，发展至此小米的 AIoT（artificial intelligence & Internet of things，人工智能物联网）战略布局也算是在“生态链”概念的提出后拉开了序幕。所以说小米的前两次转型算是以自保或者求生存为目的的转型，而接下来的几次转型则是未雨绸缪，长远布局，为企业的发展打好坚实基础，树立明确的发展方向，一步一步地做好企业的“护城河”。

22.5 小米转型的措施与升级路径

要想深入透彻地了解小米的转型措施或升级路径，就需要弄清楚小米所处行业的发展变化和发展瓶颈，以及如何解决发展瓶颈和快速适应行业变化，并能够抢先一步走在行业的前面，这也就是小米转型的具体措施和路径。

小米成立之初是一家智能手机设计生产商，但是随着科技的不断发展与进步，智能手机制造厂家犹如雨后春笋般地不断涌现，且各品牌均有其独特的市场切入点，这使得市场竞争越发激烈，这种情况下小米刚开始主打的“为发烧而生”的主打堆砌硬件参数的硬件思维已经不再具有可持续性，手机的设计工艺、用户体验度以及软件易用性逐渐成为消费者的关注点。而且在当时小米连续推出的小米 3、小米 4 口碑不佳，即使小米仍旧采用饥饿营销的方式，给消费者造成一种供不应求的现象，也无法掩盖小米手机销量下滑的真实情况。与此同时，国内的手机用户增长也逐渐趋于饱和：①从功能型手机向智能型手机更新换代的趋势已经基本完成，所以，由此带来的销量增长红利也已基本消失；②随着竞争的日益加剧，国内市场智能手机的价格也不断走低，千元级别的智能手机的配置已经很高，因此，由提升性能带来的市场换机需求也相应减弱。也就是说，智能手机行业已经以加速度的方式完成了产品的升级换代。

许多产品参与市场竞争的一个噱头是高性价比，但高性价比其实是个伪命题，因为高性价比很容易让企业陷入价格战，进而降低企业的营利能力。同样，小米一直也以高性价比作为卖点，另外，饥饿营销的期货模式更可以最大化地获取利润。小米的饥饿营销利用硬件更新的时间差来扩大销售量从而获取巨大利润。这个模式是小米开创的，在 2014 年之前可以说是无往而不利，小米的高性价比和独特的互联网打法让无数手机厂商摸不着头脑：小米手机的性价比甚至可以超越许多手机厂商的旗舰机，这对消费者充满了巨大的吸引力。虽然价格战是各个行业屡试不爽的法宝，然而，青出于蓝而胜于蓝，小米的高性价比策略已经被绝大多数竞争者模仿甚至有过之而无不及，反而高性价比的小米后续发展乏力，这种基于期货的高性价比模式也让众多的粉丝和其他竞争对手所诟病。

纵观小米的发展历程，我们不难发现，小米在其发展前期真正缺乏的是可持续的核心技术竞争力。手机行业有两种核心技术竞争力：①像苹果公司一样，拥有行业顶级的工业设计能力、自主开发的手机操作系统以及强大的 AppStore 封闭生态系统，苹果通过软件和硬件的整合捆绑缔造了其核心竞争力。②三星集团则不同，三星拥有顶级的工业设计研发能力，掌控了从芯片到显示屏的完整的硬件供应链，三星通过硬件全产业链模式的规模带来巨大的成本和研发优势，而丰厚的关键零配件出售利润也是其核心竞争力之一。所以，高性价比无法成为小米的核心优势，小米公司工艺设计没有成型的风格，也缺乏硬件的产业链，而小米唯一津津乐道的 MIUI 也是在 Android 操作系统基础上的改进，还需要较长时间的探索才能形成类似 AppStore 那样健康的生态系统。而作为互联网尝试，小米在广泛的渠道和良好的售后服务方面的优势也不明显。

面对市场环境的变化与经营模式的挑战小米进行了多次的战略转型与升级。首先是以拓展市场和产品线升级为途径进行改变，小米从单一生产高性价比手机的厂商，转向多维度产品的制造型企业，甚至为了拓展市场，占有低消费群体而推出中低端配置的红米手机。但是这条升级途径给小米带来的成果并不令人满意。在这次扩张未果之后，小米掌舵人雷军重新明确了公司的主营业务与发展方向，并提出了"生态链"的全新概念，以"生态链"系统为转型路径开始了又一次的转型升级。借助互联网、云服务与大数据的飞速发展，小米也找到了合适的升级路径，那就是以手机为核心，融合"互联网生态圈"、"智能终端生态圈"以及"小米互联网平台生态圈"，进一步发展智能家居，并成功打造了一个全新的品牌"米家"。这一次的转型真正意义上让小米的产品几乎覆盖了我们生活的每一个角落，如图 22-3 所示，我们可以更为清晰地了解到小米目前产品所覆盖的品类，从手机、电脑、家电、数码配件、网络设备、智能机器人到体重秤、净水器、空气净化器，甚至连运动鞋、个人护理和旅行箱都全部覆盖，如今的小米已经不能用手机公司或者互联网公司来诠释了，雷军所描述的 AIoT 已经初具规模了。

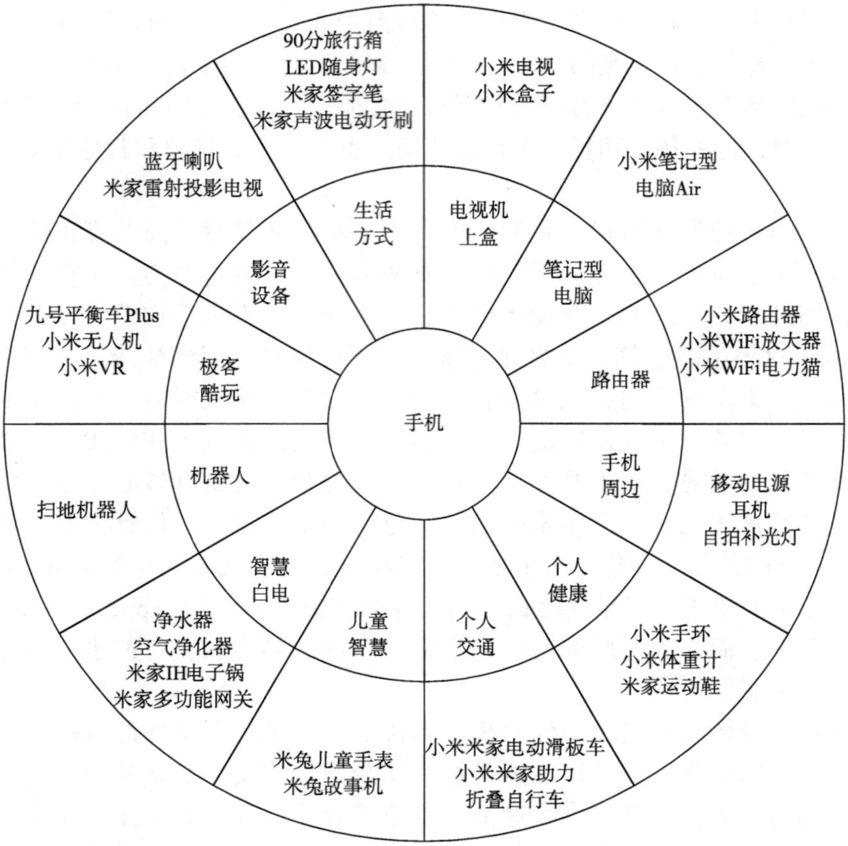

图 22-3　小米产品结构图

22.6　小米生态链孵化过程

小米是一家战略驱动型的公司，小米在发展过程中不断地创新，不断地调整自己的商业模式。前两次小米的转型之所以不算成功，有一部分原因就是转型之后仍旧没有核心竞争力，简单的品类扩展和粗暴的市场扩张在如今厮杀激烈的市场中已经见惯不怪。小米在后期转型过程中，抓住了“生态链”的方向，并在这条路上不断发展和更新迭代，最终形成了具有小米特色的核心竞争力，这是转型过程中的关键因素。

小米在构建智能手机价值链时形成了众多核心经营性资源和能力，这些资源及能力与智能硬件创业企业的产品能力有很好的互补性和匹配价值（图 22-4）。比如，小米智能硬件生态链事业部通过专业职能部门及其产品经理，统筹协调小米所掌控的经营性资源能力，围绕智能硬件创业企业及团队的"产品设计—供应链管理—销售—配套服务"经营活动过程，开展业务和非控股投资交易。当形成可行的生态链创新方法后，将小米产品价值观、方法论以及各种资源，包括小米电商、营销、资本等，输出给小米生态链企业（表 22-1）。

图 22-4　小米资源能力与生态链初创企业需求资源匹配图

表 22-1　小米对生态链企业的资源支持

分类	资源能力	描述	生态链创业企业的痛点及需求
产品	优质元件	创始人带来的、通过小米手机固化在企业资源中，与品牌供应商的合作关系	由于体量小、信用低等，难以获得品牌元件
生产要素	人才库	小米拥有制造全价值链的专业人才，且各领域专家善于筛选人才	部分环节直接利用小米团队或通过小米团队间接获得人才，降低大量搜索成本
	硬件品质控制经验	小米在手机等精密硬件领域品质的控制经验	初创企业品控能力差导致产品上市前等待时间长错过风口，且在与代工厂等谈判中缺乏经验，可能影响产品效果和质量
	供应链管理	创始人带来的、通过小米手机固化在企业资源中的，全球范围的供应链体系	前期梳理供应链成本巨大，可利用小米的供应链进行采购、管理和销售
	销售渠道	小米网等线上销售渠道、具有爆品经验的营销团队、正在布局的线下实体店	缺乏有效的销售、分销网络，可减少大量早期投入，减少融资需求
经营要素	市场数据	来自终端用户的大量统计数据，小米能发现用户偏好	生态链企业难以洞察用户需求，小米能提供消费者喜爱的外观设计、痛点功能等，提高产品质量和成功率，提高生态链企业收益
	服务体系	小米已开发 MIUI 体系、智能家居 APP 平台、云服务账号、强大的配送安装和售后服务体系等，客户体验良好	缺乏优质服务能力，利用小米资源可减少大量早期投入，减少融资需求
	用户群	手机积累的 2 亿以 17~35 岁理工男为主的米粉，且正向女性和高年龄段扩张	缺乏品牌认可度，可减少大量早期投入，减小融资需求

续表

分类	资源能力	描述	生态链创业企业的痛点及需求
经营能力	市场洞察与产品定义能力	基于大数据和经验，善于发现精准匹配用户需求的产品	难以直击用户需求，成功率低。小米可优化生态链企业产品定位，降低方向错误导致的时间浪费、省略设备无用功能等，降低成本和风险
	品牌声誉	小米品牌已形成口碑	要达到同等爆品销量，初创企业依托小米品牌能提高出售价格，提高利润
	大公司谈判地位与信用背书	小米在价格谈判中有更大话语权，可对生态链企业关键或大量元器件进行集采	生态链企业信息匮乏，难以筛选最合适元件供应商；缺乏谈判力。小米可以提供信息、背书和集中谈判
投融资关系	投资能力	小米与雷军系顺为基金及外部风险投资机构有着紧密的合作关系	往往存在资金缺口、抗风险能力弱。小米能帮助初创企业回笼资金，参与股权投资，解决融资难题，支持生态链企业加快产品迭代升级
	引流目标	小米布局智能硬件以引流为主要目的，而非追求投资盈利	小米对生态链企业不控股

2017 年底，小米宣布已完成当时世界上最大物联网平台的搭建，连接量超过 1 亿台设备，超过 90 家小米生态链企业的产品都能通过米家 APP 与物联网平台产生联动，这也是小米生态链体系的“护城河”。截至 2018 年 1 月，小米共投资了 100 家以上的智能硬件生态链公司，其中超过 40 家公司已发布产品，16 家公司年收入过亿元，3 家公司年收入额超过 10 亿元，还有 4 家成为估值超过 10 亿美元的“独角兽”企业。小米生态链企业在 2017 年营收突破 200 亿元，增长幅度保持 100%，已然成为手机外的产品新增长点。在小米手机热销时，这些生态链产品，可以为小米锦上添花；在小米手机销售遇冷时，这些品种丰富的智能硬件产品，也能够帮助小米保持在市场上的存在感，不至于迅速被大众遗忘。至此，小米形成了以硬件生态圈为主，核心产品为手机、电视、路由器三大产品，外层则是小米投资的硬件智能企业的生态链。小米将自身渠道开放给生态链企业。在小米商城，小米及其生态链商品涵盖手机、电视、笔记本/平板、家电、出行/穿戴、智能/路由器、电源/配件、健康/儿童、耳机/音箱、生活/箱包等十大品类数百款商品。这些是在小米商城长期发售的商品。

22.7 小米转型升级中对风险、收益以及成本的控制

22.7.1 风险分配机制

从小米的角度来看，主要的风险有以下三个方面。

（1）生态链上企业的产品质量问题。如果生态链上的企业在产品质量方面连

续出现问题，会给小米品牌带来难以恢复的损害。因此，小米通过高于市场要求 2~3 倍的严苛质量标准要求初创企业对质量进行严格控制，并通过调整渠道端销售能力对初创企业进行行为控制，把风险降到最低。

（2）投资生态链企业失败。小米与生态链企业早期签订了排他性协议，两年的排他性协议要求不能进行同类竞品的投资，但排他性协议在初创企业没达到预期时也会使小米错过市场时机。因此，早期的排他性协议逐渐被目前的最优供货协议替代，初创企业仅仅要求小米如果随后有同类企业投资，需要保证不低于新进入者的资源分配。

（3）在生态链企业发展自有品牌的同时，由于小米品牌产品是非自有品牌而忽视产品改进和服务水平提升。小米的做法是：通过使初创企业八成以上的销售收入来自小米品牌的销售渠道，从而进行挟制，迫使初创企业投入必要资源和能力以保障产品质量、销售增长稳定且处于一定范围内。

站在初创企业的角度，其面临的主要风险是小米为了保障自身品牌产品的发展，可能会阻碍初创企业培育自有品牌、进而导致延误发展机会。初创企业的快速发展大多是得益于小米品牌产品的现金流支撑，一旦小米以拒绝销售为要挟，这些初创企业不得不首先满足小米对小米品牌产品的要求，这样就很容易影响初创企业自有品牌的发展。目前，初创企业通过采取股权定价的方式来缓解该问题，从初创企业融资的新闻资料整理来看，在创企业成立初期，小米系持有大约 40%甚至近 50%的股权比例，当初创企业的规模达到足够水平时，再通过引入财务投资人或创始人自己回购，从而使小米实现一部分股权投资收益。而初创企业股权投资的价值往往与自有品牌的成熟度有关，如果超过 9 成产品都是小米品牌、是通过小米渠道进行销售的话，资本市场的股权估值会低。当然，早期小米的高股权有助于缓解双方在小米品牌和自有品牌之间的利益冲突。

22.7.2　收益分配机制

站在小米的角度，其收益主要包括：①业务收益，小米为初创企业提供了品牌和电商销售渠道，快速提高了创业企业的市场销量并降低了其销售成本。所以，小米先是以成本价向生态链企业采购成品，当销售完成后再将销售价格去除成本之后产生的利润按照 5：5 比例分成给生态链企业。②投资收益，小米为创业企业提供了其他经营性资源及能力，小米通过少量参股投资，分享不确定的投资收益——投资的生态链企业 IPO 或被收购，从而获得股权增值收益。除此之外，多样化的智能硬件产品的不断上线销售，有助于小米低成本、低风险、高质量地布局智能硬件领域。在小米系内各产品多维度引流对持续维持小米智能硬件品牌的热度、扩大用户群并获得用户数据等方面有诸多好处。

对于初创企业，其早期收益来自小米品牌产品的制造销售。一方面，小米及时的采购回款能够极大地缓解初创企业的流动资金压力，另一方面，利润分成机制也保障了小米会为了最大化自身收益而重视产品质量和营销。实际上，对于大部分生态链上以第一批小米产品而一炮走红的初创企业而言，小米产品能够带来大量稳定的现金流，得以有效保障初创团队完善自身产业链、把自有品牌做强做大。而后期，初创企业大多会发展自有品牌，通常为避开小米品牌产品的客户群而定位于毛利更高的中高端产品，企业逐渐积累不依赖小米的其他自身品牌资源和经营体系，如果企业股票增值，初创企业将通过上市或被收购获得股权收益。

截至 2019 年 6 月 30 日，小米从零开始投资孵化了近百家初创企业，小米的物联网平台已经连接的 IoT 设备数量（不包括智能手机与笔记本计算机）达到了 1.96 亿台，同比增长 69.5%。从 2018 年第三季度到 2019 年第二季度，小米物联网平台设备连接数量，持续保持约 13%的环比增速。2019 上半年，小米 IoT 及生活消费品的收入达到了 270 亿元，同比增长约 49.3%。其中，2019 年第二季度收入 149 亿元，同比增长约 44%。值得注意的是，小米 IoT 与生活消费品的收入占比呈逐步扩大的趋势，已由 2018 年半年度的 22.7%上涨至 2019 年上半年的 28.2%。也就是说，这个不足千人的事业部门，占用了不足集团 10%的员工，却创造了 234 亿元营业收入，同时还抢占了全球智能终端设备连接数量的头筹。对比华米科技①、万魔声学②、润米科技③的成长和上市，无不证明了小米商业生态系统的成功和高效。

22.7.3 成本控制机制

在小米生态链模式下，初创企业不需要承担太多的成本，对于刚加入生态链的初创企业，仅需要支付人员成本开展核心技术的研发，甚至连办公场地都可由小米负担。根据小米生态链的机制，小米同时会为初创企业提供如下辅助：供应链渠道和背书，产品定义辅助、产品设计、质量控制、市场营销等，同时，初创企业的第一批产品通常使用小米品牌，并在小米电商渠道进行销售。

作为小米的生态链公司，华米科技在其招股说明书表明，当后期企业逐渐成长起来，在首批产品回款支持下，企业可以逐渐从创始团队周围或小米人才库中

---

① 公司全称为华米（北京）信息科技有限公司。

② 公司全称为万魔声学股份有限公司。

③ 公司全称为上海润米科技有限公司。

引入各环节人才。当形成公司完整业务活动链条后，华米科技会开始在保障首批小米产品生产质量和投入必要精力的前提下，发展自有品牌，同时，华米科技的自有品牌也可选用小米的渠道资源进行分成销售。

22.8　频繁的组织结构变革

2018 年 9 月 13 日，小米创始人雷军以内部邮件的方式宣布了小米集团的最新组织架构调整和人事任命。这不仅是小米上市后的首次重大人事调整，也是小米成立以来最大的组织架构变革。此次变革中，小米一方面新设立了集团参谋部和集团组织部；另一方面则进一步增强了总部管理职能，改组了电视机部、生态链部、MIUI 部和互娱部等四个业务部门，将其重组成十个新的业务部（图 22-5）。其中，集团参谋部将协助 CEO 制定集团的总体发展战略，并督导各个业务部门的战略执行；集团组织部将负责中高层管理干部的聘用、培训、升迁和考核激励等，以及各个部门的组织建设和编制审批机制。此外，小米部分高管也将转任，带领新业务的长远发展。其中，联合创始人、高级副总裁洪锋转任小米金融董事长兼CEO，专注小米金融业务的发展推进。

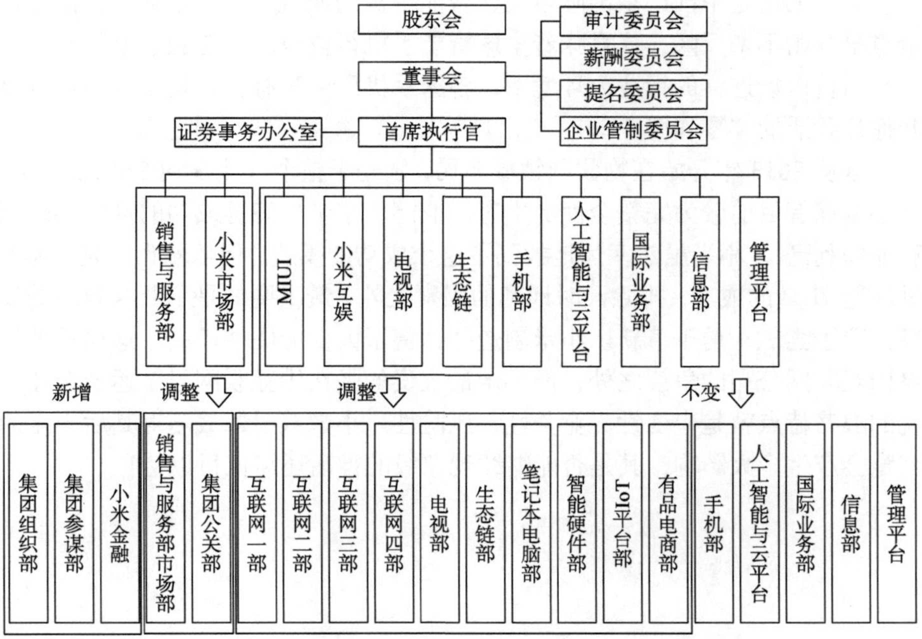

图 22-5　小米组织架构变化

首先是集团新增的参谋部，这再次佐证小米是一家战略驱动型公司，公司的发展离不开好的战略，也正是由于小米几次成功的战略升级与转型，才让小米有了今天的成绩。其次，集团新增加了组织部，这足以说明小米对人才的重视，万事离不开一个“人”字，企业的发展更是如此。小米想要继续做大做强，第一步要做的就是搭建好人才梯队，加强总部管理。最后是业务部门的调整，原来的MIUI、互娱部、生态链以及电视部进一步细分为十个业务部门，原来作为小米公司主营业务的手机部保持不变，单纯地分析这一变化，就足以看出小米的转型升级是朝着融合“互联网生态圈”、“智能终端生态圈”以及“小米互联网平台生态圈”的方向发展。业务部门的进一步细分，说明小米要把业务进一步做极致，因为此刻的小米已经确定了自身的核心竞争力，现在要做的就是把这条企业的“护城河”挖宽挖深。而作为小米发家的产品小米手机，在此时已经不再是那个唯一的核心业务了，小米手机仅仅作为一个连接其他周边辐射产品的平台。至此，小米再也不仅仅是一家手机公司或者互联网公司了。

22.9 案例思考

目前，无论是中国还是国际市场，智能手机的换机频率正在降低，而整体出货量也早开始不增反降，这意味着全球智能手机行业也已经遇到了增长天花板。在没有增量市场这样的行业大环境下，各家手机厂商只有在存量市场不断竞争，展开你死我活的“零和博弈”。

小米从2013年开始在物联网领域布局，领先于整个行业3到5年的时间，这也让小米拥有目前较为完整全面的生态产业链。小米生态链成功的最大秘诀就是“利他即利己”。小米虽然幸运地找到了这个成功的模式，但依然也只是“摸着石头过河”。小米的成功，排除天时地利的因素之外，最重要的是不断探索新的发展路径，勇于尝试，勇于革新。小米制造并销售了大量的硬件产品，这也是外界对其自诩互联网公司的争议之处，但小米最宝贵的是在用互联网思维运营企业。现代化的战略特点就是应变性、竞争性、风险性。小米双引擎战略对其后十年的发展究竟会产生多大影响，其是否能继续现象级的神话还需拭目以待！

第23章 从“面板制造”到“物联智造”：京东方的百变智行之路

23.1 诞生：中国液晶面板发展史的见证者

2016年，汤森路透《2016全球创新报告》提到，京东方科技集团股份有限公司（简称京东方）已在半导体领域跻身全球第二大创新公司①。

从最初专注显示器件的面板厂商，到如今以产品与服务为主营业务的创新型物联网技术提供商，京东方是如何破茧成蝶、重新起航的呢？

京东方业务版图的扩张之路见证了中国液晶面板的发展进程。

1968年，以电视机为主营产品的美国无线电公司（Radio Corporation of America，简称RCA公司）工作人员发现电压影响液晶分子的排列形态，因此，射入的光线在变化的分子排列中发生光线偏转现象。RCA公司沙诺夫研发中心利用这个原理发明了世界第一台使用液晶显示的屏幕②。液晶面板就这样在美国诞生了，但是当时这项技术发展并不成熟，没有在市场上得到广泛认可。

第二次世界大战结束后，日本各行各业百废待兴。美国政府对日本战后经济开展了一系列的扶持政策，因此对日本政府的技术需求保持一定的开放态度，与此同时，液晶屏幕技术在美国发展并不理想，有意出售这项技术给日本政府。日本看到了这项技术的市场缺口，对液晶面板的应用前景和未来市场较为看好，因此向美国公司购买了这项技术，并且对这项技术进行了大量的投入。经过一段时间的技术沉淀，为了建立一套国际化的液晶面板产业标准，日本加大产业投入和资金支持，最终形成一套相对成熟的独立技术体系。此时，日本进入液晶面板领

---

① http://www.bj.xinhuanet.com/bjwq/jdf/。

② https://lcd.zol.com.cn/528/5282299.html。

域领先时代[①]。

1994 年，在液晶面板市场，日本占 94%，而美国占仅 3%。日本几乎垄断了液晶面板行业，而垄断带来的寡头市场价格居高不下。不仅在液晶面板领域，日本在当时的半导体领域也是独领风骚，促使日本经济全面振兴。美国政府采取各种打压措施，树立贸易壁垒阻挠日本经济发展和技术创新。直到 1985 年，美国、法国、英国、德国与日本（G-5）在纽约的广场酒店（Plaza Hotel）签订了著名的《广场协议》[②]。伴随协议签署，日本发生了房地产崩盘，相关产业受到牵连，大量企业倒闭。在这样的历史变革下，韩国政府乘虚而入，投入大量资金抄底收购日本企业，间接获取了大量技术。此时，韩国政府扶持的三星借此丰富了液晶面板和半导体行业的相关技术，在液晶面板领域疯狂扩张。

韩国企业迅猛发展不断吞并日本企业市场，就在快要独占鳌头时，1997 年的亚洲金融风暴席卷而来，韩国和日本作为当时的行业市场霸主，首当其冲面临巨大危机。金融危机下的韩元迅速贬值，很多企业资不抵债。然而，韩国企业依然不断压低液晶面板价格，由于韩国企业生产的液晶面板价格低廉，大批量订单不断涌来。此时的日本为了牵制韩国企业在液晶面板市场的势头，采取极端策略直接将已有的液晶面板技术和产品生产线出售给中国台湾。而台湾抓住了这次技术引进的时机，台湾企业纷纷崛起，如奇美电子股份有限公司、广达电脑股份有限公司、中华映管股份有限公司等。

直到 1998 年，韩国超越日本成为面板行业第一，而台湾在这次面板行业洗牌中抓住机会，一跃而起，站稳脚跟。液晶面板的行业大战从未停止。伴随中国改革开放的发展，一只未来的行业巨兽诞生了。

吉林的彩晶项目是中国大陆第一次踏足液晶项目，之后液晶产业的大门逐渐开启。当时，只有日本企业愿意为中国企业提供生产线和技术，然而技术引进之后才发现，日本企业出售给中国企业的生产线是 1991 年搭建的落后二手生产线，其良品率仅有 8%。商场如战场，中国大陆的第一次液晶项目就这样失败了。在这样一个穷苦匮乏的局势下，为了改变这种“卡脖子”的局面，上海广电集团（简称上广电）斥资 100 亿元与日本 NEC 公司签订合资项目。

这次的合资共建项目准备引进日本五代线，这一次会成功吗？

然而，成功哪有那么轻而易举。此次合资共建中，除了土地、工人、厂房这些非核心技术的资源允许中方企业参与，其他的核心管理模式、先进技术、主要设备都是日本企业控制。中国企业在液晶合资项目中只是耗资方，这必然导致油尽灯枯。2009 年，上广电成为我国第一个在全球金融危机里倒下的大型

---

① http://www.360doc.com/content/16/1107/22/37983055_604729049.shtml。

② https://www.sohu.com/a/463143107_121101283。

国有企业。

屡败屡战，而这一次扛起振兴中国液晶面板制造大旗的是：京东方！

当时，京东方是一个以电子管为主营业务的国有企业。在当时的历史条件下，每次到与合资公司的分红期，京东方的企业分红都会遭遇百般阻挠。技术落后、产量低、良品率低、成本高等诸多问题有待解决，因此，京东方一直处于亏损状态。这段历史记录在路风的《光变：一个企业及其工业史》一书中，《光变：一个企业及其工业史》是一本内容丰富、跌宕起伏的工业题材著作，它以京东方的经历为线索，讲述了这个企业和中国电子工业 60 多年的辉煌、困境和再次崛起。京东方历经的磨难以及京东方管理者们如何克服万难与命运一搏都记录在其中。在最艰难的时刻，京东方决定转型研究液晶面板，至此，中国大陆企业涉足面板领域。

23.2　立足：中国液晶面板业的崛起

1997 年，京东方董事长王东升带领团队向液晶面板市场进军。京东方在没有技术，没有外援的大环境下开始了负重前行。2001 年机会来了，市值两三百亿的韩国现代显示技术株式会社（HYDIS）欠下 3.5 亿元债务，以资抵债，出售 TFT-LCD（thin film transistor liquid crystal display，薄膜晶体管液晶显示器）业务。当时的京东方连年亏损，员工工资都无法按时发放。3.5 亿元对于京东方而言也是一笔巨款，而且前途未知[①]。

如果战略失误京东方将面临倒闭，领导班子甚至面临牢狱之灾。但是，如果战略正确，这一定是一次改变企业命运的绝佳机会！收购 HYDIS 的 TFT-LCD 业务对于京东方来说就是个摆在眼前的黑匣子。

此时，京东方是否应该收购这条生产线，买还是不买？

最后，京东方董事会紧急讨论了 10 个小时，由王东升拍板决定：买！

经过多年的研发投入，京东方在液晶面板领域不断发展壮大。2003 年，京东方通过收购 HYDIS 的 TFT-LCD 业务，迅速掌握了液晶面板核心技术和专业人才，占领 TFT-LCD 液晶面板市场。借此，京东方投资 12 亿美元扩充生产线，建设了一条五代线，同时通过技术引进，切入到手机屏幕市场。然而，夏普和三星等液晶面板企业在 2003~2006 年也大量落成新生产线，导致面板价格下降。因此，京东方面临技术扩充和国际面板市场价格下跌的双重压力，连续亏损 30 多亿元。但是，京东方依然坚定信念，进行逆周期投资，

① https://www.sohu.com/a/331798202_790449。

继续建设新生产线。直到 2007 年 iPhone 的出现，智能手机向触摸屏幕的方向发展，液晶面板的市场需求激增。过剩的面板产能出清，液晶面板市场价格回升。此前投建大量产能的京东方在市场需求变换中扭亏为盈，2007 年净利润达到 6.91 亿元。2010 年，京东方顺应市场需求着手研发更适合手机全面屏的 OLED 屏幕技术。2013 年京东方提交的技术专利数量已经超过行业巨头 LG、三星、夏普①。为了压制京东方的市场扩展，韩国企业试图通过推出新技术 AMOLED（active matrix organic light emitting diode，有源矩阵有机发光二极管）淘汰京东方的产品，但 AMOLED 依赖两项关键材料，而这两项材料的技术专利全都由京东方掌握，这导致三星和 LG 的项目很难取得进展，由于大量资金和研发人员投入到 AMOLED 项目，主要的液晶面板生产和产品更新研发受到牵制，反而需要从京东方采购液晶面板。2013 年，京东方成为韩国大部分手机屏幕的实际供应商。

京东方在技术上实现突破导致液晶面板的价格一路走低，因此获得了市场的话语权。不论日韩企业怎么压低价格，京东方都实现了盈余，直接导致危在旦夕的夏普在 2018 年被挤出液晶面板市场。2012 年以后，中国大陆面板企业逐渐在数量上体现优势（图 23-1），提升了中国大陆在液晶面板市场的占有率（图 23-2）。

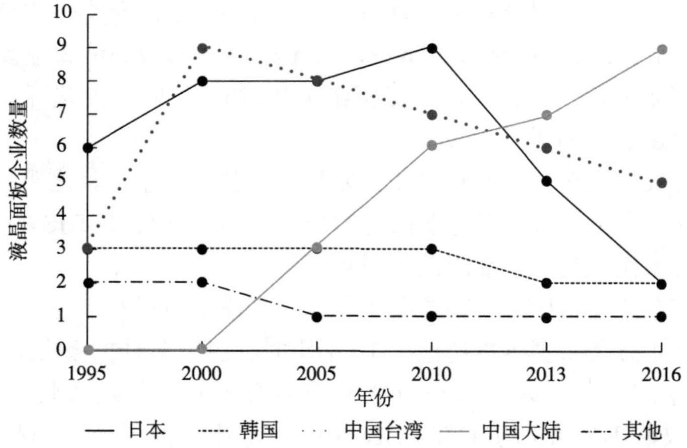

图 23-1　1995~2016 年亚洲地区液晶面板企业数量

资料来源：http://www.yejibang.com/news-details-16487.html

① https://new.qq.com/omn/20210127/20210127A07K3X00.html。

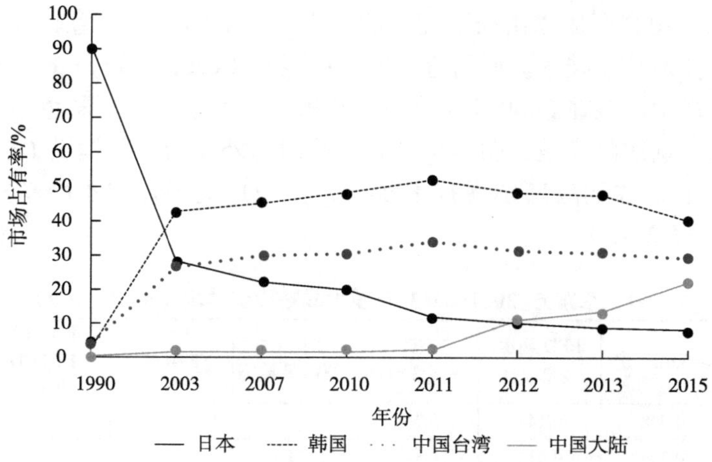

图 23-2　1990~2015 年亚洲地区液晶面板市场占有率

资料来源：http://www.yejibang.com/news-details-16487.html

京东方先后在北京和成都投资建厂，带动当地经济和就业，成为国内各地政府眼中的明星企业。各地政府纷纷抛出橄榄枝，通过优惠政策吸引京东方入驻建厂。截至 2019 年 2 月底，京东方掌握的生产线项目已经多达 14 项①，带动入驻城市在税收、就业、城市竞争力和相关产业的发展。京东方逆势进取的背后是 11 个城市的鼎力支持，是 4452 亿元的巨额投入②，中国面板行业迅速崛起。

伴随全球新型冠状病毒肺炎疫情肆虐，在线经济持续发展，促使传统线下行业向线上转移，如“居家经济”“线上办公”“线上教学”等。“互联网+”的生活模式带动全球面板市场价格一路上涨。2021 年，全球面板市场总体产值突破 1500 亿美元。京东方公布的官方报表显示，2020 年，企业营收 1355.53 亿元，业绩同比增长 16.8%，企业净利润 50.36 亿元，业绩同比增长 162.46%。2021 年第一季度，京东方单一季度收益创企业营收最高纪录，达到 496.55 亿元。2020 年是京东方硕果累累的一年，其中，京东方显示屏总出货量突飞猛涨，稳居全球市场第一位。不仅如此，柔性 AMOLED 的市场占有率位居中国第一、全球第二。

23.3　跨越：海外并购之路

由京东方发展史可知，早在 1987 年，北京电子管厂（京东方前身）占股 25%

① https://www.163.com/dy/article/G7HV6IVO0511RIVP.html。

② https://baijiahao.baidu.com/s?id=1671149233133593488&wfr=spider&for=pc。

与日本松下公司合资成立由松下控股的北京·松下彩色显像管有限公司没有帮助中方掌握任何核心技术。而引进的阴极射线管（cathode ray tube，CRT，又称显像管）电视生产线在2009年也走下历史舞台，北京·松下彩色显像管有限公司关门大吉，这次的失败经验为京东方后续的海外并购之路提供了前车之鉴。

京东方通过并购战略实现技术赋能，在21世纪走向了跨越式发展之路（表23-1，表23-2）。

表23-1　京东方2001~2013年重大战略投资情况（单位：亿元）

年份	子公司厂房	LED显示技术项目	真空荧光显示屏项目	TFT-LCD设备、实验室	第5代TFT-LCD项目	第4.5代TFT-LCD项目	第6代TFT-LCD项目
2001	0.098	0.146	0.753				
2002	0.206	0.034	0.545				
2003			1.025	0.658			
2004		0.099	0.239	1.738	55.73		
2005	0.109	0.105	0.069	0.113	27.438		
2006	0.601	0.004		0.355	1.839		
2007	0.290						
2008	0.131				6.397	3.349	
2009	0.727			0.821		21.019	7.636
2010	1.129			1.553		0.830	113.741
2011				0.019		4.614	1.932
2012						2.859	4.931
2013						0.642	6.953

资料来源：根据2001~2016年京东方年报手工整理

表23-2　京东方2001~2016年重大战略投资情况（单位：亿元）

年份	2001	2002	2003	2004	2005	2006	2007	2008
份额	2.611	3.086	3.167	59.991	30.171	3.660	0.720	10.699
年份	2009	2010	2011	2012	2013	2014	2015	2016
份额	32.339	156.987	172.993	36.786	217.205	220.564	181.787	299.395

资料来源：根据2001~2016年京东方年报手工整理

第一次海外并购始于2001年，京东方在韩国与两家半导体企业（韩国现代半导体株式会社和韩国半导体工程有限公司）正式合资成立现代液晶显示器有限公司（HYLCD）。随后，以HYLCD为收购主体，京东方连带收购韩国现代显示技术株式会社所掌控的业务资产，包括超扭曲向列型液晶显示器（super twisted nematic-LCD，STN-LCD）和有机电致发光显示器件（OLED）。

第二次并购借鉴了第一次海外并购成功经验。2002年11月，京东方再次在韩国设立子公司BOE-HYDIS并以此为收购主体。BOE-HYDIS先后收购了韩国现代半导体株式会社的彩色薄膜晶体管液晶显示器件（thin film transistor-LCD，TFT-LCD）业务及其子公司韩国现代显示技术株式会社的全部资产和经营权益。

2003 年 8 月 6 日，京东方以总价 10.5 亿港元收购 Fields Pacific Limited（FPL）所持有的 26.36%的冠捷科技股份（0903，HK）。此时，冠捷科技的 CRT 显示器产销量位居全球第二，液晶显示器产销量位居全球第四。

是什么契机让京东方实现我国面板领域的技术变革？

值得关注的一次并购事件是京东方以 3.8 亿美元收购韩国现代电子的液晶业务。在此基础上，京东方与北京经济技术开发区签约，投资 12 亿美元在亦庄建设了一条 TFT-LCD 生产线。2005 年 5 月，京东方液晶面板量产，实现中国液晶显示屏自主生产零跨越，打破了垄断寡头对中国大陆企业的十年液晶技术封锁。

与此同时，全球电视机市场从传统显像管显示器向等离子面板、液晶面板等新型显示器转换。液晶面板生产成本占液晶电视机生产总成本的 2/3，而液晶电视机在市场上供不应求间接为京东方带来了丰厚的利润回报。京东方的海外并购战略实现了关键技术的突破，并不断拓宽市场份额。

近年来，新型显示产业进入全球深度调整和高速发展的爆发时期。京东方转型升级的步伐不断加快，新型显示器表现出多种技术并存、产业多元化发展的趋势。

23.4　升级：全球工业互联网平台赋能

2020 年，在国际新基建的浪潮下，发展工业互联网，推进智能制造成为炙手可热的市场风口。京东方在新形势下紧跟时代步伐探索企业数字化转型解决方案，提出“京东方工业互联网平台”的智能工厂解决方案，目标是从单一的面板制造转型为智能化生产、数字化运维和精益化管理的全球工业互联网企业。

在 2020 年 11 月 18 日举办的京东方全球创新伙伴大会上，京东方高级副总裁、智慧系统创新事业首席执行官陆宽表示，目前，BOE 工业互联网设备接入数超过 55 万台，智慧金融涵盖超过 1500 个网点，智慧园区解决方案服务于 TOP50 的产业运营商。其中，TOP50 的产业运营商具体指产业领域内排名前五十的产业服务供应商。例如，华为、中兴、诺基亚等是手机生产运营商，而中国移动、中国联通、中国电信、中国广电等公司是通信产业运营商。

2020 年 12 月 17 日在京东方创新中心举办的媒体专访活动中，京东方与英特尔联合发布《强化工业互联网边缘计算能力》白皮书，并且携手深化战略合作，共创工业发展新格局，共建全球工业互联网新生态。

京东方积极探索全球工业互联网布局，在人工智能缺陷检测、大数据不良根因分析等方面已与英特尔开展全面合作。未来，京东方将借助英特尔在互联网领域的技术优势探索边缘计算带来的工业互联网应用场景。有望与英特尔共同利用人工智能、5G、大数据分析、高性能计算等高新技术，持续深化故障诊断、改良工艺、工业园区精细化管理等方面的合作交流。

英特尔公司市场营销集团副总裁兼中国区行业解决方案部总经理梁雅莉表示，英特尔在处理器领域具有多年实践和经验，同时也在异构处理以及软件方面有着很多的积累，京东方是全球创新型物联网企业，双方将在工业互联网领域进一步加强合作，共创价值，实现共赢。

那么，工业互联网平台与电商互联网平台之间有何共性或者差异呢？

工业互联网平台与电商互联网平台在平台经济规律方面有着共同之处，体现出平台经济的诸多普适性特征。具体包括以下三点。

第一，平台产生的规模效应和聚集效应适用于工业互联网平台和电商互联网平台。工业互联网平台重点吸收企业客户，企业群体聚集达到引发网络规模效应才能触发平台经济的自我增长机制，形成平台化互动的增值循环。京东方全球工业互联借助线上服务将传统智能制造的管理经验和见解通过数字化手段呈现出来。京东方线上服务体系由业务中台借助 SaaS（software as a service，软件即服务）应用提供决策能力。到 2020 年，京东方全球工业互联网服务已通过线上平台汇聚 200 个以上工业 APP，不仅为供应链上下游企业提供制造行业和相关领域内的订阅服务，而且为客户数字化转型提供一种新的思路，节省企业客户的投资成本，为持续运维服务提供支持。作为京东方重要合作伙伴之一的苏州通广物流有限公司发布了《平台赋能，助力物流产业数字化转型升级》，京东方和客户之间可通过京东方工业互联网平台，打造多级智慧云服务系统。

第二，服务类型多样且丰富。无论是工业互联网平台还是电商互联网平台，二者都需要面向不同类型的客户融合人工智能、区块链、大数据等高新技术来探索不同的服务内容，为用户创造新需求、新价值、新体验。京东方工业互联网在发展业务的同时，帮助制造行业开展数字化转型、智能化升级。京东方正式发布了《BOE IPC · 2020 发布工业互联网 2.0 产品》。新产品以平台化、场景化、智能化、服务化的“四化”为发展理念，以 BOE 工业互联网 1.0 为基础，融合制造业工业场景，立足于打造 C 端客户体验的 B 端全球工业互联网产品，以工业数据智能分析作为驱动引擎，全面实现制造行业应用的线上个性化服务。

第三，平台生态的衍生机制。工业互联网和商业互联网平台都表现出多边参与、多层次开放的多样化价值网络。两种平台经济的生态衍生机制是可持续增值的重点。北京电子控股有限责任公司推出京东方工业园区解决方案，通过传感器应用、人工智能算法技术，实现京东方园区的硬件、软件和工业互联网系统有机融合，提高管理反馈效率，保障园区安全和有序。目前，京东方工业互联网平台已有平台用户超过 50 家，助力企业全方位、全流程的数字化转型，为客户企业提供智能工厂的产品及服务，共建全球工业互联网生态。京东方与上下游合作伙伴联合创新、平台生态发力聚合起“1+1 远大于 2”的衍生势能。工业互联网平台企业的竞争也逐渐演变为工业互联网生态衍生力的竞争。

工业互联网平台主要应用在工业领域，而电商互联网平台主要应用在零售市场，二者存在一定的差异化特征。

尽管京东方的工业互联网平台能够打通制造环节与零售环节，形成从市场端到制造端的数据连通和商业融合模式，但与消费驱动的电商互联网平台不同，工业互联网平台存在不同之处。具体包括以下三点。

第一，技术需求差异化。电商互联网平台聚集的是消费者个体，网络平台的信息传递速度要求不高，能够满足个人感官体验即可。而工业互联网平台需要打通生产环节、流通环节和消费环节。京东方工业互联网平台既要连入个人消费者，又要连入机器、设备等实物体，注重的是人与物的互联、物与物互联以及互联系统的全面感知。因而，工业互联网平台对技术要求标准更高，需要满足超高速、高可靠性、低延时以及高存储的企业级要求。不仅如此，在网络安全性方面，工业互联网平台的要求比电商互联网平台更高。

第二，应用场景差异化。电商互联网平台面向消费端，更注重成本和效益的平衡、交易效率的提高。而工业互联网平台除了成本还要考虑质量和安全，以及提高生产和供应的效率。电商互联网平台服务需求的异质性效用弱于共同性效用，因此存在需求规模效应。工业互联网平台直接面向企业生产制造，应用场景复杂性高，大多以京东方为代表的行业龙头企业在垂直领域的投入为核心向上下游延伸，很难跨平台运营。而电商互联网平台应用场景变化性较弱，容易产生跨行业经营的电商互联网平台。

第三，商业模式差异化。电商互联网平台以轻资产企业为主，通过广告收益、会员制等方式借助流量效应变现。而工业互联网平台以重资产为主，投资和技术的门槛都较高，且回报周期长。造成二者的商业竞争格局迥异。电商互联网平台以科技企业为核心，规模效应形成后容易造成寡头垄断的格局。工业互联网平台蕴含传统工业基因，以京东方为代表的行业龙头企业将发挥核心作用。

23.5　新战略布局：打造从物联网到智慧物联生态的航母事业群

随着数字化时代的到来，京东方依托其雄厚的技术沉淀在创新能力、制造能力、产品能力及上下游产业链协同能力等方面展现出核心优势。在已形成的全球工业互联网基础上，京东方不断探索业务布局、优化管理体系、扩充企业规模、树立品牌形象。在多个维度全面升级的基础上，京东方再次调整战略布局，确立了“1+4+*N*”航母事业群的全新业务版图，向着构建物联网生态创新的更高目标前行。其中“1”为以显示事业为中心；“4”指的是 Mini LED 事业、传感器及解决方案事业、智慧系统创新事业以及智慧医工事业融合发展的事业群；“*N*”指的是以“1+4”的核心技术产品为基点，不断开拓与耕耘的物联网细分应用场景。

京东方执行副总裁、显示事业首席执行官高文宝表示，过去的京东方从 0 到 1 铸就了一条全球顶级显示之路。当前的京东方秉承的物联网生态发展战略，正用技术创新融合培育富饶的物联生态“沃土”。未来的京东方将在全球用户心中树立一座“BOE 即物联”的丰碑。

在 2021 年 3 月 29 日举办的川渝媒体见面会上，京东方首次宣布西南地区总体战略布局，投资将达 2000 亿元，打造西南万亿级产值规模的电子信息产业带。航母级事业群战略布局包括 6 条半导体显示生产线、2 个智慧系统创新中心、1 个研发中心、1 个数字医院等，携手当地政府共同构筑成都、绵阳、重庆三地为核心的西南产业集群（表 23-3）。

表 23-3　京东方 2001~2016 年在政府和市场作用下获得的资源（单位：亿元）

年份	政府补助	政府购买的定向增发	政府提供的贷款便利	发行债券	土地等稀缺资源	其他	合计
2001	0.155		5.296		0.560		6.011
2002	0.127		3.070		0.010	0.033	3.240
2003	0.136		4.095		0.010	0.005	4.246
2004	0.292		10.700		0.002	0.005	10.999
2005	0.549		61.626		0.001	0.041	62.217
2006	1.008	18.600	2.350			0.076	22.034
2007	2.325		0.215		0.067	3.100	5.707
2008	0.556	22.500	33.666		0.202	0.092	57.016
2009	8.337	66.960	5.800		1.153	0.211	82.461
2010	9.426	90.447	33.085		2.463		135.421
2011	12.168		68.951		36.793		117.912
2012	9.499		41.171		0.603		51.273
2013	13.076		164.624		2.714		180.414
2014	11.557	213.330	374.235		2.155		601.277
2015	10.095		329.163		2.807	25.000	367.065
2016	20.024		263.569	100.000	5.419	8.000	397.012
合计	99.330	411.837	1401.616	100.000	54.959	36.563	2104.305

资料来源：根据 2001~2016 年京东方年报、董事会决议和股东大会决议公告等资料手工整理；“其他”包括直接计入资本公积的补助以及其他非流动负债中附赎回条款等资金

什么驱动了京东方的二次腾飞?

从时代环境看，显示器在物联网时代是在面向人的信息交互过程中不可或缺的端口。作为全球面板领域巨头，全球每四块显示屏中就有一块来自京东方，这为其从面板显示器领域迈向物联网领域奠定了先发优势。2018 年，京东方电子价签出货量超过 1.6 亿片，客户分布在 60 多个国家，使用其产品的门店达到 1.7 万家，以超 50%的市占率位居全球第一。2020 年京东方业绩井喷增长，为开创物联网时代企业新篇章提供了信心，京东方战略创新蓄势待发。2020 年上半年物联网产业相关的端口器件业务是京东方增长最快的业务，期间实现营收 563.69 亿元，同比增长 10.75%[①]。京东方始终保持“对技术的尊重和对创新的坚持”的核心价值观。京东方累计可使用专利超 7 万件，连续 5 年保持全球专利数量前十名，形成技术领域的全球领导力（表 23-4）。借助技术底蕴，京东方激发创新活力，顺势打造融合发展新引擎也是必然。

表 23-4　京东方 2001~2016 年研发人员和专利申请情况

年份	研发人数/人	研发人员占比/%	专利申请总量/件	发明专利/件	发明专利占比/%
2001	193	11.17	69	27	39.13
2002	208	3.26	87	43	49.43
2003	604	5.78	165	118	71.52
2004	784	6.01	122	91	74.59
2005	443	3.62	126	93	73.81
2006	288	2.92	191	173	90.58
2007	324	3.24	525	454	86.48
2008	339	3.51	793	647	81.59
2009	435	3.37	882	642	72.79
2010	930	5.28	765	464	60.65
2011	984	6.01	1834	1037	56.54
2012	1416	6.16	3736	2515	67.32
2013	1653	6.14	3736	2515	67.32
2014	1653	6.14	5629	4028	71.56
2015	2060	6.08	5981	5085	85.02
2016	3248	6.10	5630	4031	71.60

资料来源：研发人数及占比情况根据 2001~2016 年京东方年报手工整理，专利数据来自国家知识产权局的专利检索及分析系统

“科技价值源于以人为本”，秉承这一人才战略理念，坚持“正直诚信、勤奋

① https://baijiahao.baidu.com/s?id=1688011689751558210&wfr=spider&for=pc。

务实、国际视野"，成就了京东方的物联网转型之路。京东方保持专业、科技、年轻、高学历等独特的人才体系结构，其中员工平均年龄 28 岁，海外高级专家约 1500 人，研发人员 2 万余人。京东方从人才招募、培养、薪酬福利、职业发展等维度构筑起具有全球竞争力的人力资源管理与发展体系，以及制订股权激励等计划促使员工的个人价值与企业价值实现共赢。

平板显示在物联网环境下的产业链长，多学科多领域交叉融合，涉及自动控制、微电子、化学等多个学科，是一个典型的学科交叉行业。这不仅对从事该专业的人才提出了很高的要求，而且对产业和技术的前瞻性要求高。京东方与国内多所高校成功对接并建立合作伙伴关系，进一步促进了校企合作和高校科技成果的转化，这是京东方在产、学、研合作方面的又一重要举措。例如，京东方与四川大学、电子科技大学、西南科技大学等高校建立产学研互补机制，并与电子科技大学组建联合创新研究院。

"千亿级西南战略"是京东方全面推进其物联网生态转型的一个缩影。以此辐射全国，京东方将携手合作伙伴共筑新型物联网生态，打造物联网行业数字化转型的新模式，为人们创造更加智慧、美好、健康的新生活。

2021 年 2 月 1 日，中央广播电视总台在牛年春晚前夕举办了国内首次 8K 超高清电视频道播出试验启动仪式，这次活动标志着屏幕面板领域的 8K 超高清应用取得重大突破。为这次央视春晚 8K 超高清技术提供支持的合作伙伴是京东方。京东方助力央视实现历史上首次春晚的 8K 高清直播，在屏幕面板领域树立了新的里程碑。

自新型冠状病毒肺炎疫情爆发以来，京东方凭借几十年的积累和沉淀，依托其技术实力为广大老百姓的抗疫生活带来了丰富多彩的视觉盛宴，就在面板巨头亮相春晚三个月后，再一次传来耳目一新的消息。

2021 年 5 月 13 日，京东方在中国国际医疗器械博览会①上展示了多款智慧健康、智慧医疗相关的新产品和新方案。这次在医疗领域的亮剑，京东方展示出传统面板巨头向智慧医疗工业市场进行布局和延伸的实力和成果，令人眼前一亮。京东方在展会中首次公布了医疗健康产业"3+3+3"创新模式，其中，第一个"3"是对三大核心优势"物联网技术、医工融合、医疗生态整合"进行整合；第二个"3"是三大核心理念"以人为中心、生命数据、治未病"；第三个"3"是在健康管理体系"预防–诊疗–康复"形成的三大核心业务"数字健康、数字医院、健康科技"。新型冠状病毒肺炎疫情席卷全球，京东方通过业务转型升级向公众提供全生命周期的智慧健康服务，助力健康中国的同时，为全球智慧健康产业提供了一条"科技+医疗"融合发展的新路径。

① http://www.828i.com/yy/153706.html。

23.6 案例思考

近年来，传统产业数字化转型风潮迭起，逐渐成为中国互联网市场成熟之后的下一个战略布局风口。以大数据、人工智能、区块链等为代表的智能互联技术正在日益重构传统制造业，致使各大企业纷纷以构建平台模式谋求企业的转型升级。

京东方经过多年的沉淀和创新，逐渐从一家业绩几千万规模的电子元器件企业发展为年业绩数千亿的全球知名企业。京东方从“面板制造”到“物联智造”，为中国“缺芯少屏”的信息科技产业解决了“屏”的问题。从几十年前的市场追赶者到如今全球智能屏产业的引领者，京东方的百变智行之路无疑为中国传统产业的数字化转型和平台经济建设提供了宝贵经验。

第 24 章　数字化转型升级：来自“灯塔工厂”的启示

传统制造模式在第四次工业革命的推进下被逐步颠覆，各种先进技术如大数据、人工智能、物联网等大量涌现，催生了新的制造模式和价值共创。制造业正在经历从工具革命到决策革命的变革：一方面，从传统的能量转换工具（如机器人、机床、专业设备等）升级到智能工具（如数据、算力和算法）；另一方面，制造管理决策从传统经验决策升级到基于“数据+算法”的先进决策，进而实现从局部决策优化到全局决策优化。在全球制造业智能化的大趋势下，有些工厂依靠创新的科技应用走到了前列，少数企业成功跨越试点阶段，把第四次工业革命创新成果推广到了实践中。

“灯塔工厂”（lighthouse），是由世界经济论坛和麦肯锡 2018 年共同发起，从全球上千家制造企业中遴选最有科技含量和创新性的“数字化制造”和“全球化 4.0”示范者。“灯塔工厂”的评判标准包括三个方面——业务转型、技术转型和组织转型，以及四个维度——价值实现（财务和运营指标重大影响）、用例集成（多个先进工业 4.0 应用的试点和推广）、技术平台（稳定、高速、安全和可拓展的工业互联网架构）和赋能要素（赋能组织、人才、敏捷的最佳实践落地）。“灯塔工厂”被视为第四次工业革命的领路者，也是数字化转型和全球化 4.0 的表率。“灯塔工厂”遍布各个行业和地区，规模大小不一，并非以机器取代人工为标准，而是专注价值链的重构和提升，其特征往往包括自动化、数字化、大数据分析、工业物联网、5G 等技术。

当前众多制造企业开始践行数字化变革和智能制造，在探索的过程中不可避免地遇到各种各样的曲折和陷阱，因此“灯塔工厂”的意义不仅仅是对先行者的一种肯定，也能够起到行业引领的作用——以价值为导向的应用推广，即通过“灯塔工厂”可以了解哪些方式和路径可以重构价值链，哪些生产手段能够驱动全球经济增长的新引擎，形成新的数字化转型思维逻辑，运用新科技将制造业的高质量发展推升到新的层面。这些领先者的经验、方法和路径可以成为其他制造企业的指路明灯：如何从数字化转型中挖掘新的价值，进而提高敏捷度和响应能力、提高资源利用率、加快新品上市速度、提升定制化水平等。因此，“灯塔工厂”的意义不仅仅是对制造业先行者的一种肯定，更重要的是传达了“以价值为导向的应用推介”。根据麦肯锡对全球 1000 多家企业的调研，大约 70%的企业停留在转型试点阶段（试点陷阱），无法实现价值和竞争力的突破，它们努力应用先进技术，却难以收获理想的投资回报，运营方面的 KPI 也无太大改善。与此同时，领军企业与其他制造商之间的差距日益拉大；整个行业也许很快就会陷入“非赢即输”的两极分化局面。“灯塔工厂”完全是制造企业成功转型的典范，这些“灯塔工厂”如同明灯，在茫茫转型之路中指引着它们所处的企业、行业中的其他企业，甚至整个产业抵达智能制造的彼岸。

那么，这些“灯塔工厂”取得了哪些成效，又有哪些经验能够为其他企业所分享？哪些成果能够为加速数字化技术的普及提供实质证明？下面从“灯塔工厂”案例中，或能一窥究竟。

24.1　“灯塔工厂”概况及数字化举措

“灯塔工厂”的遴选和公布从 2018 年开始，不定期向外公布入选企业，截至 2020 年 9 月，由私营组织、大学和技术先驱组成的调研小组，在评估了世界各地的 1000 多家制造业企业样本后，宣布全球灯塔网络拓展至 54 家。“灯塔工厂”的发展历程概述如下。

2018 年公布的 9 家“灯塔工厂”如下。

①菲尼克斯电气：工业自动化行业，德国工厂；②UPS Fast Radius：增材制造行业，美国芝加哥工厂；③西门子工业自动化产品：工业自动化行业，成都工厂；④施耐德电气：电子元件行业，法国勒沃德勒伊工厂；⑤宝洁 Rakona：消费品行业，捷克工厂；⑥强生 DePuy Synthes：医疗设备行业，爱尔兰科克工厂；⑦海尔中央空调互联工厂：家电行业，青岛工厂；⑧博世集团：汽车零部件行业，无锡工厂；⑨拜耳生物制药：制药行业，意大利加巴纳特工厂。

2019 年 1 月公布的 7 家“灯塔工厂”如下。

⑩塔塔钢铁：钢铁制品行业，荷兰埃莫伊登工厂；⑪沙特阿美天然气工厂：天然气处理行业，沙特 Uthmaniyah 工厂；⑫Sandvik Coromant：工业设备行业，瑞典 Gimo 工厂；⑬Rold：电子元件行业，意大利 Cerro Maggiore 工厂；⑭富士康：电子设备行业，深圳工厂；⑮丹佛斯商用压缩机：工业设备行业，天津工厂；

⑯宝马集团：汽车行业，德国雷根斯堡工厂。

2019 年 7 月公布的 10 家“灯塔工厂”如下。

⑰塔塔钢铁：钢铁制品行业，印度；⑱Petrosea：采矿行业，印度尼西亚；⑲Arcelik：家电行业，罗马尼亚；⑳Zymergen：生物技术行业，美国；㉑雷诺集团：汽车行业，法国 Cleon 工厂；㉒诺基亚 5G 工厂：电子通信设备，芬兰奥卢工厂；㉓福特集团：汽车行业，土耳其科贾埃利奥特桑工厂；㉔施耐德电气：电气行业，印度尼西亚 Batam 工厂；㉕浦项制铁：钢铁制品行业，韩国；㉖上汽大通 C2B 定制工厂：汽车行业，南京。

2020 年 1 月公布的 18 家“灯塔工厂”如下。

㉗强生视力健：医疗设备行业，美国杰克逊维尔；㉘日立：工业设备行业，日本奥米卡工厂；㉙通用电气医疗：医疗设备行业，日本日野；㉚Petkim：化学品行业，土耳其伊兹密尔；㉛美光：半导体行业，新加坡；㉜英飞凌：半导体行业，新加坡；㉝联合利华：消费品行业，阿联酋迪拜；㉞爱科：农业设备行业，德国马克托波道夫；㉟汉高：消费品行业，德国杜塞尔多夫；㊱葛兰素史克：制药行业，英国韦尔；㊲MODEC：油气行业，巴西里约热内卢；㊳雷诺集团：汽车行业，巴西库里提巴工厂；㊴潍柴：工业机械行业，中国潍坊；㊵宝洁：消费品行业，中国太仓；㊶强生 DePuy：医疗设备行业，中国苏州；㊷海尔：家电行业，中国沈阳；㊸福田康明斯：汽车行业，中国北京；㊹宝山钢铁：钢铁制品行业，中国上海。

2020 年 9 月公布的 10 家“灯塔工厂”如下。

㊺施耐德电气：电气行业，美国莱克星顿工厂；㊻DCPMidstream：能源行业，美国丹佛工厂；㊼沙特阿美：能源行业，沙特库阿斯工厂；㊽诺和诺德：制药行业，丹麦希勒勒工厂；㊾JanssenLargeMolecule：生物制品行业，爱尔兰科克工厂；㊿雷诺集团：汽车行业，法国莫伯日工厂；(51)联合利华：家化行业，合肥工厂；(52)美的集团：家电行业，广州工厂；(53)美光科技：半导体存储器行业，台中工厂；(54)阿里巴巴犀牛智造：科技公司+服装行业，杭州工厂。

将 54 家全球“灯塔工厂”根据不同的行业进行分类（参见表 24-1、表 24-2），可以看出，汽车及零部件、生物制药及医疗设备和电子元件、设备及半导体这三大行业拥有最多的“灯塔工厂”。

表 24-1　全球 54 家“灯塔工厂”的行业分类（一）

汽车及零部件行业	生物制药及医疗设备行业	电子元件、设备及半导体行业
博世集团	拜耳生物制药	富士康
宝马集团	Zymergen	诺基亚 5G 工厂
雷诺集团（法国 Cleon 工厂）	葛兰素史克	美光

续表

汽车及零部件行业	生物制药及医疗设备行业	电子元件、设备及半导体行业
福特集团	诺和诺德	英飞凌
上汽大通 C2B 定制工厂	JanssenLargeMolecule	美光科技
雷诺集团（巴西库里提巴工厂）	强生 DePuySynthes	施耐德电气（法国勒沃德勒伊工厂）
潍柴	强生视力健	Rold
福田康明斯	通用电气医疗	施耐德电气（印度尼西亚 Batam 工厂）
雷诺集团（法国莫伯日工厂）	强生 DePuy	施耐德电气（美国莱克星顿工厂）

表 24-2　全球 54 家“灯塔工厂”的行业分类（二）

工业自动化及设备行业	消费品行业	家电行业	钢铁制品行业	其他行业
菲尼克斯电气 西门子工业自动化产品 Sandvik Coromant 丹佛斯商用压缩机 日立	宝洁 Rakona 联合利华（阿联酋） 汉高 联合利华（中国合肥工厂） 宝洁	Arcelik 海尔中央空调互联工厂 美的集团 海尔冰箱互联工厂	塔塔钢铁 塔塔钢铁（荷兰埃莫伊登工厂） 浦项制铁 宝山钢铁	Petrosea（采矿） UPS Fast Radius（增材制造） 爱科（农业设备） 阿里巴巴犀牛智造（服装）

由表 24-1、表 24-2 可以看出，“灯塔工厂”遍布各个行业和地区，规模大小不一，但这一类工厂并没有完全用机器取代工作者，而是专注于工作变革，降低工作重复性，提升员工工作效率。被评选出来的“灯塔工厂”，需要符合下列四项高标准：①拥有多项先进工业 4.0 用例的试点和推广；②有可拓展的技术平台，如稳定、高速、安全和可拓展的工业物联网架构；③赋能要素，如赋能组织、人才、敏捷的最佳实践落地；④通过新的价值实现对财务和运营指标产生重大影响。这些在第四次工业革命中领跑的“灯塔工厂”分布于全球各地的各个行业，通过优化业务流程，改变了组织架构以及生产员工的工作和技术使用方式，实现了运营系统的创新。

纵观“灯塔工厂”的发展脉络，不难看出其数字化旅程都始于运营系统的转型。同时依托物联网集成、组织结构调整与员工新型工作方式等驱动因素，数字化技术得以实现规模化发展①。

目前，所有“灯塔工厂”可以分为两类：单个生产场所的“灯塔工厂”和端到端“灯塔工厂”。单个生产场所的“灯塔工厂”采取了类似工业 4.0 中的纵向集成方式，这类方式主要关注制造环节的价值链提升。端到端“灯塔工厂”则采取了类似工业 4.0 中的端到端集成方式，通过实现上下游产业链中数据的共享开放来提升产品价值和用户体验。端到端集成可以理解为从客户需求到完成产品生产和交付的价值链端到端流程的集成，涉及供应链、产品生命周期、财务等多个业务领域的贯通。

① 见世界经济论坛报告，《全球“灯塔工厂”网络：来自第四次工业革命前沿的最新洞见》，2019 年 12 月。

基于纵向集成的价值链数字化转型方面，传统制造企业的生产模式是线性串联的，从客户的订单开始，然后是产品设计、生产工艺、制造加工、质量检验、物流配送、售后服务，最后到回收环节。在这种线性串联模式下，工单和物料单从一个节点传递到下一个节点，一旦任务变更就会导致整个生产计划的调整与变动。工业 4.0 的纵向集成往往只在企业边界内实现数据的统一，纵向集成主要提升了企业工厂或车间的效率。纵向集成主要实现企业内部的集成，即解决信息孤岛、信息网络与物理设备之间的联通问题，目标是实现全业务链集成，纵向集成是智能制造的基础。具体而言，纵向集成形成了一个完整的任务流规划、信息流规划、资金流规划以及物流规划，让信息传递平台化，此时，平台对信息的传递，并不是上下节点的传递关系，而是全流程的信息打通，任何一个工作节点都能与平台直接做交互。

“灯塔工厂”在制造环节纵向价值链提升方面的举措包括以下几个方面①。

1. 数字装配与加工

“灯塔工厂”采用的措施有：数字精益工具（如电子看板、电子安灯）、基于工业物联网的流程优化、人工智能驱动的过程控制、数字化赋能的可变生产节拍时间和模块化生产配置、关键零件制造的实时定位系统（real time location systems，RTLS）等。

2. 数字设备维护

“灯塔工厂”采用的措施有：基于历史和传感器数据的预见性维护数据整合、设备报警集成［实现报警的优先级判定和根因分析（root cause analysis）来支持解决问题］、设备及零部件远程监测及维护保养、通过增强现实来进行远程支持等。

3. 数字绩效管理

“灯塔工厂”采用的措施有：用于远程生产优化的大数据分析平台、用于监控设备综合效率（overall equipment effectiveness，OEE）的数字仪表板、用于远程生产优化的数字孪生、将机器数据与企业软件连接的工业 APP 集成平台、基于传感器的生产 KPI 报告、实时资产性能监控和可视化、数字化赋能的人机匹配、用于增强员工之间的互联的数字工具等。

4. 数字质量管理

“灯塔工厂”采用的措施有：自动在线光学（如 3D 扫描仪）检测（取代最终产品人工检测）、物联网赋能的制造质量跟踪与追溯、基于大数据预测的质量提

① 见世界经济论坛报告，《全球“灯塔工厂”网络：来自第四次工业革命前沿的最新洞见》，2019 年 12 月。

升、现场质量问题整合（实现优先级判定和根因分析来支持解决问题）、利用虚拟现实眼镜来指导操作员进行在线检查、数字质量审核等。

5. 数字化可持续发展

“灯塔工厂”采用的措施有：通过预测分析实现企业生产所需能源优化、基于传感器的数据收集用来进行能源及碳排放管理、基于工业物联网的实时能源数据整合和报告仪表板等。

基于端到端集成的价值链数字化转型方面，传统生产模式中，产品交付给用户后，产品的使用状况、维修管理等环节与生产制造是分离的，相互之间没有信息共享。而所谓端到端集成就是企业内部价值链从上至下进行整合，实现从产品设计、生产制造、物流配送、使用维护的产品全生命周期管理和服务。通过端到端集成，客户的需求和反馈可以直接与研发设计端相连，形成以产品为核心的互联互通的业务闭环流程。而工业 4.0 中的端到端集成更是跨出了企业的边界，实现了企业之间全产业链的集成，以供应链上下游之间的合作为主线，通过价值链以及信息网络的互联，推动企业间研产供销、经营管理与生产控制、业务与财务全流程的无缝衔接，从而实现产品开发、生产制造、经营管理等在不同企业间的信息共享和业务协同。

“灯塔工厂”在端到端横向价值链提升方面的举措包括以下几个方面[①]。

1. 供应网络连接性

“灯塔工厂”采用的措施有：通过端到端供应链网络整合需求、端到端实时供应链可视化平台、供应商和材料质量跟踪、基于数字化标签的零部件可追溯性、数字供应商绩效管理、多维数据集支持的数字化采购、与设备供应商进行联合数据分析来实现流程优化等。

2. 端到端产品开发

“灯塔工厂”采用的措施有：基于 3D 仿真/数字孪生的新产品设计及测试、基于虚拟现实的样品设计、数字化测试、基于 3D 打印的样品快速设计、大数据/人工智能赋能的产品设计和研发、基于众包的数字解决方案开发、从创意到上市全过程的数字化绩效管理等。

3. 端到端规划

“灯塔工厂”采用的措施有：供应链需求预测、动态供应链网络优化、端到

---

① 见世界经济论坛报告，《全球“灯塔工厂”网络：来自第四次工业革命前沿的最新洞见》，2019 年 12 月。

端实时供应链可视平台、供应链实时库存管理及销售与运营计划、基于供应链上下游数据的动态仓库资源规划和调度、预见性库存补货、利用高阶分析（advanced analytics）优化生产计划和分销布局、基于数字孪生的供应链决策、数字化综合业务规划等。

4. 端到端交付

“灯塔工厂”采用的措施有：数字跟踪和追溯、数字化拣货和运输、供应链动态交货优化、数字物流控制中心、基于实时数据的先进运输计划、车队资产的预见性维护、无人工介入全自动订单管理等。

5. 客户连接性

“灯塔工厂”采用的措施有：大规模定制和B2C在线订购、互联设备跟踪和消费者行为分析、客户数字孪生系统、支持终端用户配置和订购产品并提供配送跟踪、通过在线社区获取客户洞见、RFID（radio frequency identification，射频识别）支持的客户分析、基于GPS的地图和客户定位、产品全生命周期性能跟踪、3D打印、智能包装等。

24.2 “灯塔工厂”案例分析

24.2.1 量体造车的上汽大通

汽车行业发展百余年，大致经历了三个阶段。①制造1.0时代：大批量生产。在当时短缺经济时代下，大众对汽车具有强烈需求，福特通过大规模流水线生产方式从数量上获取价值，使得汽车走进了千家万户。②制造2.0时代：精益生产。面对20世纪70年代的经济危机，企业要生存就必须消除一切浪费来提升利润，丰田通过JIT[①]和精益的生产管理方式从协作中获取价值，使企业得以获得竞争优势。③制造3.0时代：用户制造。随着互联网及物联网的普及，企业需要通过定制化生产的方式来满足消费者多样化的需求，汽车企业通过构建柔性化、数字化和互联工厂模式来实现攸关方的利益共享。

“灯塔”照亮上汽大通未来。没有人会想到一个造房车、轻客和多用途汽车的国内品牌会拥有一个高度智能化的生产工厂，更不会有人想到这样一个智

① 即just in time，准时生产，又译实时生产系统,简称JIT系统。

能工厂能够获得世界经济论坛的认可。2019 年 7 月，上汽大通在和 1000 多家全球工厂的竞争之中与全球第一大汽车技术供应商博世、全球电子电气工程领域领先企业西门子、全球大型家电品牌海尔等工业巨头在列的 26 家工厂脱颖而出，成为唯一一个上榜的中国工厂。达沃斯世界经济论坛和麦肯锡联合评审专家一致认为上汽大通南京 C2B 工厂达到了“实现重大影响、成功整合多个用例、拥有可扩展的技术平台以及在关键推动因素中表现优异”的工业 4.0“灯塔工厂”标准。

在 C2B 定制化方面，上汽大通走在了汽车行业前面。所谓的 C2B，其中 C 指的是厂家，B 指的是消费者，C2B 就是厂家直接面向消费者。C2B 模式的最大价值在于直连“需求者”和“生产者”两端，实现更加扁平化的商业过程。然而，来自 C 端用户的万千个性化需求，给上汽大通的生产端带来了巨大的挑战。在购车这个环节，用户可以直接跟厂家（上汽大通）下订单，因此，高度的定制化是上汽大通的一大特色。上汽大通开发的“蜘蛛智选”工具（下载“上汽 MAXUS”APP，点击入口“蜘蛛智选”）（图 24-1），可以让消费者在 APP 上进行高度自由的私人定制（图 24-2），对每一项配置都可以独立修改。该 APP 选车流程采用的是减法式的选配方式，APP 软件一开始会给消费者一款“顶配”车型，消费者可以逐项去掉或者换掉不想要的配置（比如座椅上的专属刺绣、多种中网格栅、轮毂设计都可以进行选择），在这个过程中消费者不知不觉会把所有选配项一一了解，相比那种加法的方式，很可能自然而然地就会选成“高配”版本。

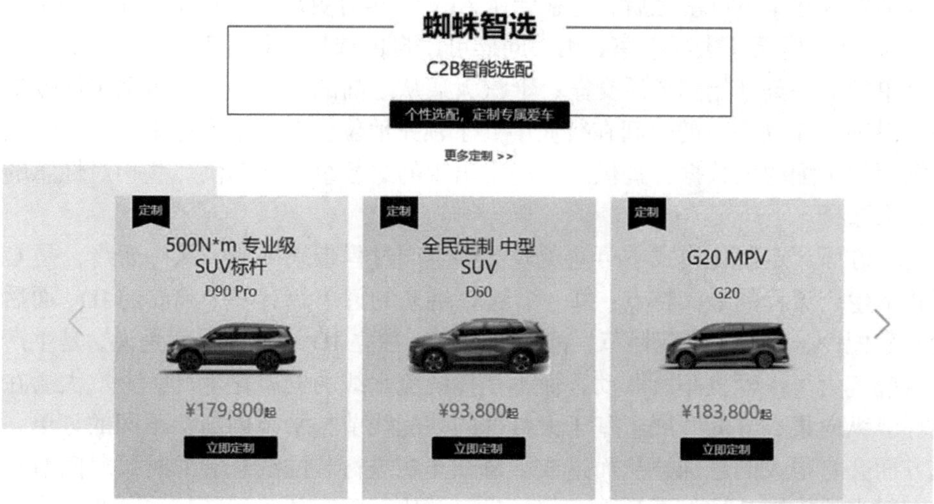

图 24-1　“上汽 MAXUS”APP 的“蜘蛛智选”

图 24-2　上汽大通订单“定制服务”示意图

消费者选车下订单之后，厂家会在 APP 上实时更新订单进度，最后提车还是得去 4S 店，但至于去哪一家，用户同样可以自由选择。而对于整个流程，从正式下订单的那一刻开始到最后交车，上汽大通从之前的 28 天，缩短到了如今最快 18 天完成，3 周左右的时间在行业中处于领先地位。在经销商那里，厂家还是会根据用户选配的大数据，提供一些经常出现的爆款组合现车供那些相对性急的消费者来选择。

一方面，定制化模式不可避免地会给生产过程带来挑战。从一而终，是 C2B 模式下生产流程的最大特点：每一个从 C 端来的订单都有一个独立的 ID，而后续所有零配件、生产、装配环节，都将对应这一独立 ID 进行。也就是说，是生产线和供应链为每一辆汽车所调动，而不是传统流水线的同质化生产。上汽大通在制造环节纵向集成方面开展了基于大数据的装配线节拍平衡创新：不同的订单，配置方面会有很大的悬殊，从而造成了每款车在进行装配线总装的时候时间节奏上会有很大的不同，比如不带天窗的，肯定就比带天窗的车型装配得更快。为了平衡该节拍时间差异，上汽大通利用大数据系统把各种配置的车型做一个相对平均的顺序分配，避免出现有些工位过于繁忙、有些却处于闲置，且下线时间节奏大幅度波动的情况。同时，为了验证每款车配置的准确性，在每一个工位完成之后，都会有仪器检测相应的配置是否装配到位，完成了才会进入到下一个环节。

另一方面，C2B 千人千面的订单模式，也势必要求供应链配合联动。也就是说，定制化模式也会给供应链上下游的协同带来挑战。在大通 D60 这款车上，消费者可以定制化选择很多种内饰，比如，定制化支持座椅字母刺绣，而这种要求足够让座椅配件厂头疼，如果几千个座椅都放在工厂内，一是占地面积特别大，二是无法从这么多座椅中快速找到某一个订单指定的座椅，装配难度及时间大大增加。三是供应商生产压力也会加大，生产周期会拉长，传导下来直接影响车辆的交付时间。

为了解决这一协同问题，上汽大通一方面通过 IT 系统与座椅供应商延锋安道拓将需求信息打通，每一个订单都将实时发送到座椅供应商手中，再进行备货送货。另外，在上汽大通的总装车间，延峰安道拓更是将一条生产线搬到了上汽大通工厂内部，通过零部件输送的机运链打通，可以实现成品零库存，响应从一周缩减到两小时（图 24-3）。

图 24-3　上汽大通上下游协同座椅装配线示意图

上汽大通定制化生产成功的背后离不开“看不见的 C2B 之魂——数字化改造”。上汽大通的工厂数字化改造不仅仅停留在工厂内部各个环节上，还涉及与供应商的联动，上汽大通的信息系统不但涵盖了全价值链的各个业务板块，包括 DMS、SAP、PLM、MES[①]等，而且在企业信息化基础上，升级到了数字化工厂，与上下游产业环节实现了打通。而这些数字化系统，形成了整个工厂运转流程背后支撑的核心。上汽大通数字化转型主要体现在：①通过业务数据化，上汽大通

① DMS 即 dealer management system，汽车经销商管理系统；SAP 即 systems applications and products in data processing，又称企业管理解决方案；PLM 即 product lifecycle management，产品生命周期管理；MES 即 manufacturing execution systems，制造执行系统。

的供应链数据得以打通，每一辆车的订单数据能够实时传递。②通过数字化与上下游联动，特别是如何将来自 C 端的千人千面订单，准确实时地传导到上游供应商实现联动。上汽大通通过把订单信息和供应商在一个平台上共享，用“消费者定制的配置级”预测取代过去的“零件号”预测，形成了上汽大通独有特色，这种配置级预测是一个很好的创新，能够支持 C2B 造车模式，是其他车企没有做过的事情。

综上，上汽大通通过端到端的价值链提升实现定制化汽车的批量生产，由此产生的影响包括：上市时间减少约 35%，缩短产品交付周期达 20%，缩短 30% 的加工及换线时间。上汽大通通过互联网与客户实现互联互通，客户可以使用定制 APP 下单，并追踪生产状态。而上汽大通则根据客户订单需求，使用 3D 仿真和数字孪生技术来辅助实现汽车的定制化。借助高效的数字化供应链，上汽大通与上游供应商互联互通，每辆车的配置和生产队列会实时发送给供应商，启动准时化顺序供应（just-in-sequence）发货。而基于大数据的自动化智能工程系统能够鉴别数千种配置，从而得出最终方案（图 24-4）。

图 24-4　上汽大通使用数字化解决方案来颠覆大规模定制汽车的批量生产

随着 C2B 模式的深入开展，上汽大通正在普通消费者看不见的地方，将更多的关键节点开放、打通。价值链的上端是距离消费者最远的位置，未来上汽大通计划通过在线研发平台让客户在研发阶段就能参与到汽车定制化过程之中。2018 年年底，上汽大通与法国达索系统达成协议，上汽大通将 C2B 模式应用到基于达索系统的研发平台 3D EXPERIENCE 之中，创建一个开放的研发在线平台，构造一个上汽大通内部研发工程师和社会设计力量共同协同设计的环境。短短时间内，上汽大通的“设计创意平台”已有约 1000 位工程师、设计师加入创意设计和研讨中。不久的未来，可以将消费者也融入该在线平台，使得消费者可以直接参与产品研发设计过程，从而实现客户参与全价值链的全维度定制化。

作为推动制造业升级的先行者，上汽大通正在转型成为用户驱动的平台化数字企业。数字化转型不仅让上汽大通拥有了高度定制化的智能工厂，还建立了一个供应商、厂商和消费者之间的桥梁。如果说“灯塔工厂”的全球遴选为世界工业转型创造了一条全新跑道，那么不可否认的是，上汽大通正在通过 C2B 智能定制模式，为全球汽车企业提供大规模定制转型升级的方法论。

24.2.2　跨职能协作的施耐德电气

施耐德电气是全球能效管理领域的领导者，主要业务包括电力、工业自动化、基础设施、节能增效、能源、楼宇自动化与安防电子、数据中心和智能生活空间等业务领域。施耐德电气在美国、墨西哥、中国、法国、印度、印度尼西亚和菲律宾设有 9 间智慧工厂，是公司客制化可持续联结（tailored sustainable connected）4.0 供应链数字转型的核心，主要通过其 EcoStruxure 能效管理平台（一个基于物联网的、开放的、具有交互性的系统化架构与平台），将数字化解决方案全面运用于供应链。

位于美国肯塔基州的莱克辛顿工厂是施耐德电气智慧工厂计划最具代表性的据点之一。莱克辛顿工厂运营超过 60 年，如今这座工厂已经重新进行了智慧化改造，并通过 EcoStruxure 相关架构平台等数字工具，让操作人员能掌握运营和维护状况，关键设备平均维修时间缩短 20%，流程数字化同时减少了 90%的文书处理工作量。莱克星顿工厂部署了数字化能源管理战略，采用工业物联网连接、基于边缘的描述性分析和基于云的预测分析来提高运营效率，为智慧工厂树立了新的标杆：①自 2012 年以来，通过对能源使用情况进行实时监测和分析以推动节能，每年的同比节能率达 3.4%，累计节省了 660 万美元；②采用先进工程和工业离散精益管理软件 AVEVA 提高生产运营的可见性，使计划外的设备停机时间减少了近 6%；此外，文书工作也减少了 90%；③通过 EcoStruxure Power 智能配电和 EcoStruxure Building 智能楼宇解决方案进行整体优化，使能耗减少了 26%，二氧化碳排放量减少了 78%，可再生能源信贷（renewable energy credits，REC）减少了 20%，用水量减少了 20%。

另外，施耐德电气在印度尼西亚巴淡岛全新打造了一家智慧工厂，成为其机器学习、人工智能、预测和数字维护及联网机器和流程的试验台，为亚洲工业物联网应用实例。其中，该工厂通过数字化转型做出基于“数据+算法”导向的决策，从而提升获利能力、资产管理绩效与运营效率，并保持安全性、灵活性，实现环境可持续发展。巴淡岛智慧工厂通过旗下 EcoStruxure Machine 解决方案，运用智慧传感器、警报预测管理、厂区基准化分析、增强现实等各种工业物联网技术，目前已减少约 17%人工维护时间和 46%废弃物。

施耐德电气的成功在于其对整个价值链的贯通和价值提升。价值链的各个环节极其复杂，任何一点异常和中断都可能会对其他环节产生负面影响。施耐德电气利用数字化技术加强了整个价值链的互通性，价值链上各供应商能够共享信息、交换运营经验，从而实现更好的供应链规划，最小化生产偏差产生的影响。例如，施耐德电气位于印度尼西亚巴淡岛的工厂创建了一个信息共享平台，供利益相关方监控和应对制造流程中的异常情况。由于上述举措，其总体管理时间减少了85%。该平台的成功得益于几项关键特性：①工业物联网平台能为供应商监控和传输实时数据，帮助供应商实时了解所有生产变动；②该平台能提供实时需求预测，帮助供应商实现高效的智能库存管理，供应商的服务率也因此提高了 70%；③采用基于二维码的智能跟踪系统，高效地跟踪整个价值链中的库存，使准时交货率提高近 40%（图 24-5）。

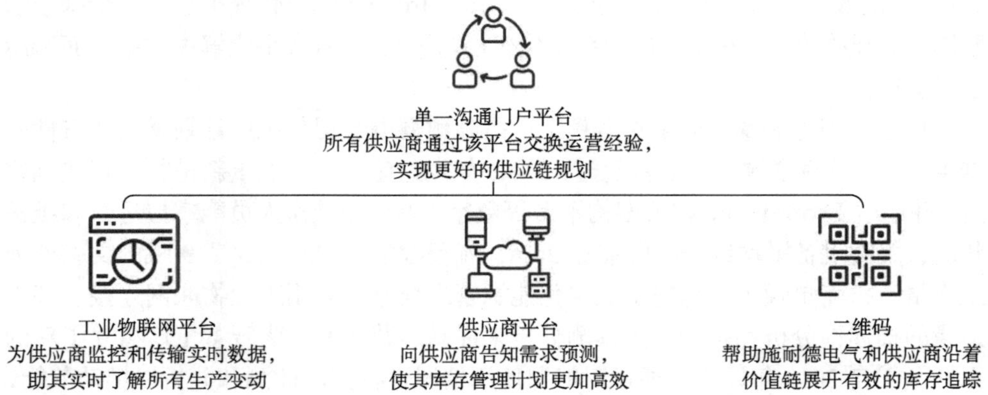

图 24-5　施耐德电气的信息共享平台能够监控和应对异常情况

24.2.3　数据透明的菲尼克斯电气

菲尼克斯电气是电气连接和电子接口领域、工业自动化领域的世界市场领导者，为电力、电子、通信、机械、建筑、石油、化工、航空、交通、铁路运输、汽车制造、工业自动化行业提供优质产品和服务。

菲尼克斯电气近期通过践行拥抱数字化来赋能全电气社会。菲尼克斯电气最大限度上实现了数据之间的互联互通，同时提升了数据的透明度。而这并不是简单的 1+1=2，通过数据互通及透明化所创造的价值要远高于价值链上每个步骤创造的价值总和。在数据赋能方面，菲尼克斯电气利用大量 RFID 标签收集信息，确保数据在流程所有阶段都保持透明可见且易于获取。这种互通性确保了生产线的全天候运转，不仅将绩效提升了 40%，还将生产时间缩短了 30%。得益于数据互通及透明化，菲尼克斯电气能够以批量生产的成本实现了定制化产品的生产。菲尼克斯电气着重关注数字化在质量、灵活性、性能和成本效益方面的优势（表 24-3）。

表 24-3　菲尼克斯电气工业 4.0 应用实例

措施	实例	描述	场景
统一的数字化描述	数字化改进模具设计流程	产品和流程首先以完全透明的虚拟方式创建。在产品的整个生命周期内，包括工程设计、安装、生产在内的所有过程都在增值系统内采用统一的数字化描述。通过可视化简化规划、分析和操作，有助于随时了解所有运行状态	
单批次的经济型生产	最大化效率的自动化	产品运载系统通过 RFID 标签与生产系统连接。即使小批量生产，其成本也可与大规模生产一样低。复杂流程和突发事件易于管理和优化，自主性智能化生产系统是长期经济型解决方案	
直插式连接技术	先进的连接技术	随着日益增长的复杂性和网络化程度，工业需要安全的电气连接。快速无误的接线节省了能源和数据传输系统在安装过程中的宝贵时间。例如，通过直插式连接技术，分布式设备和控制柜的接线更快速，从而节省安装时间	
人机通信	实现复杂流程的可控性	尽管复杂性越来越高，但由于系统具有自适应性，操作和决策却更轻松。辅助系统为用户提供应对各种情况的方法。例如，操作人员可获得操作向导的帮助和指导以及可视化解决方案场景	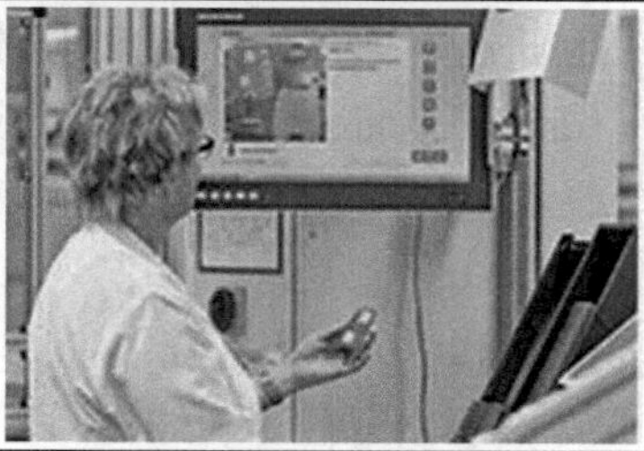

菲尼克斯电气通过集成式研发模式实现了成功转型，即制造部门同时需要兼顾研发职责。这种模式使得新型解决方案的快速引入成为可能。例如，菲尼克斯电气能批量生产 1000 多种不同设备版本的隔离放大器。在集成式研发模式中，该公司有效利用了数字化测试和数据共享，其数字孪生系统包含所有测试参数，所有测试数据也都会被记录下来，供生产部门参考。此外，生产部门也能直接对接客户，从而直接获取客户信息，能够向客户实时传达订单状态和交付细节（参见图 24-6）。

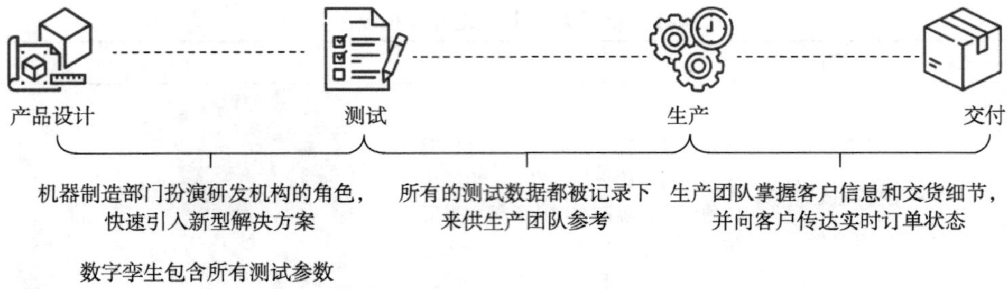

图 24-6　菲尼克斯电气基于 RFID 信息标签的流程中的数据透明及可访问

24.2.4　云赋能的汉高

德国百年化工巨头汉高集团（简称汉高）主营业务涉及三大领域：洗涤剂及家用护理、化妆/美容用品和黏合剂。汉高一直将可持续发展视为重中之重：计划到 2030 年将与环境足迹相关的价值创造增加两倍。汉高建立了“洗涤剂数据中心”（laundry data foundation），基于该数据中心所形成的洗涤剂数字化后台办公（Henkel laundry digital backbone）是一个基于先进云技术的数字化端到端平台，该平台能够实时连接汉高在世界各地的数据，形成生态系统，赋予了汉高数字化转型优势。

早在 2013 年，汉高就搭建了其未来数据中心的框架，将所有工厂的数据与中央数据库相连接，实时记录汉高在全球不同地区工厂及设施的能耗数据，并通过数字化后台进行管理。此后，汉高便构建了全球 33 个工厂和 10 个分销中心的“数字影子”（digital shadow），并以此形成了一个独特、可扩展、实时在线的数据分析及决策平台。2013 年用于数据显示的第一批屏幕投入使用时，平台的功能非常单一、只有展示简单线图这样的数据可视化能力。而到了 2019 年，该平台已经拥有实时分析、基准测试和机器学习的功能了，实现了数据的挖掘分析和人工智能的深度应用。

在数字化后台管理的支持下，汉高得以对全球数据进行收集、存储和虚拟化，同时打通单一数据源与各现有系统的接口，实现数据整合，让全部员工能分享跨领域的知识信息。此外，到 2019 年，汉高在全球大约分布有 3500 个相互关联的传感器，用于测量及记录电力、化石燃料、水、压缩空气和蒸汽的消耗，其标准化设备则将测量结果对标全球能源消耗，并识别参数偏差限额。通过这套数字化管理机制，汉高降低了 38%的能耗以及 28%的耗水量，但其洗涤剂的市场份额仍持续增长。同时，数据透明及可视化也是汉高成功的关键要素。汉高的数据中心拥有 1800 多名不同级别内部用户，他们可随时查看调取全球任一工厂、流程或传感器的数据信息，而汉高的数据中心会确保数据信息的及时性和准确性。随着汉高全球工厂中数字化工具和流程的日益普及，汉高每天从 10 亿逾个数据点收集相关数据，且数据点的数量还在不断增加，因此数据相关的工作越来越重要。汉高意识到企业的数字化转型不仅是技术数字化，也必定伴随着组织及人员的数字化转型，汉高着手培养熟悉数字技术的工程师、数据分析师、数据科学家以及工业物联网专家。

另外，汉高在营销端也开始尝试拥抱互联网。2019 年初，汉高与阿里巴巴 1688 的 B2B 在线交易平台达成年度营销战略合作，成为首家与阿里巴巴 1688 数字营销平台达成战略合作的化工企业。1688 数字营销将基于线上线下全域营销产品矩阵，依靠生态化的服务体系，为汉高提供行业化、个性化的在线营销解决方案，通过增值服务权益、特色营销场景、服务培训支持、产品数据优势、品牌及经销商联合营销工具等结合全方位的数字化赋能，助力汉高更好应对客户日益增长的数字化需求。基于新零售概念，通过全渠道、全链路、全数据的全域营销，阿里巴巴通过其自身 1688 平台的服务及技术优势，协助汉高更好地完善电商体系。通过站内外推广有效触达潜在客户，并通过工具化智能化的方式为汉高提供全面数据支持，助力汉高及授权经销商在线提供官方正品的同时，可以为用户远程提供定制化技术咨询及全渠道售后服务，为汉高创造独特的客户体验。

作为一家恪守气候保护承诺的企业，通过第五代云计算和系统化的数字技能提升计划，汉高成功实施了数据驱动的第四次工业革命，实现了高质量、低成本的可持续发展。除了传统产品产量及市场份额的增加，汉高还在提升工厂安全性与成本效益的同时，减少了能耗、水耗以及废物量等生态足迹，从而实现循环经济发展。

24.3　数字化匹配策略及转型路线图

从“灯塔工厂”的行业分布来看，汽车及零部件、电子制造、医疗器械行业入选企业位于前三名［参见图 24-7（a）］。从开展智能制造转型的举措来看，目前集中在企业内部纵向集成的企业占了大多数［参见图 24-7（b）］。

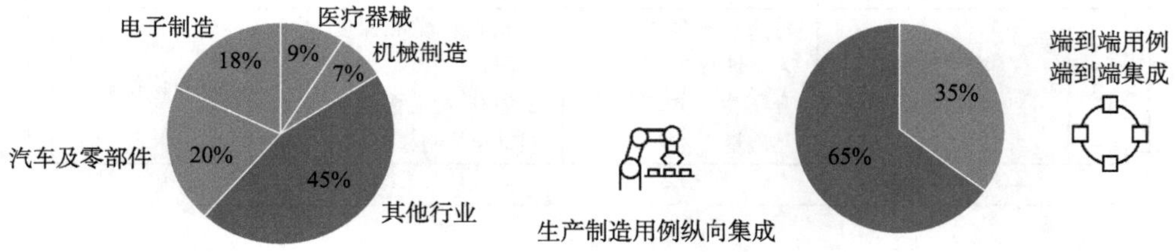

（a）“灯塔工厂”行业分布　　（b）“灯塔工厂”用例分布

图 24-7　“灯塔工厂”行业及用例分布概况

资料来源：世界经济论坛报告，《全球“灯塔工厂”网络：来自第四次工业革命前沿的最新洞见》，2019 年 12 月

在纵向集成用例中，企业往往要么从行业痛点（如数字化精益）入手，要么从企业自身瓶颈（数字化质量管理、机器学习预见性维护及数字化研发）入手，相关案例参见图 24-8。相关企业实践中采用最多的纵向集成措施（即用例）的比例参见图 24-9。

生产运营管理：从行业痛点入手（措施：数字化精益）

	工厂	转型故事	转型措施	转型效果
1	爱科，德国	数字化解决方案与智能生产线设计相结合，一条生产线可生产 9 个系列的拖拉机	1. 数字化赋能的可变生产节拍时间 2. 针对制造和生产线平衡进行虚拟设计	60%生产周期↓ 24%生产效率↑
2	福特奥特桑 土耳其	利用数字化制造和先进自动化，该工厂突破了精益生产	利用数字化制造和先进自动化，该工厂突破了精益生产	47%模具制造时间↓
3	通用电气医疗 日本日野	数字化精益生产	1. 在生产线上使用 eAndon 2. RFID 的物料拉动系统	33%劳动力↓ 30%生产效率↑

质量管理：从企业自身瓶颈入手（措施：数字化质量管理）

	工厂	转型故事	转型措施	转型效果
1	福田康明斯 中国北京	跨设计、生产和售后服务各个阶段，在其端到端产品生命周期中部署物联网和人工智能	1. 基于人工智能的视觉检测 2. 基于物联网的制造质量管理	100%瑕疵率↓ 90%生产质量瑕疵诊断时间↓
2	美光 新加坡	该半导体制造工厂将大数据基础设施与工业物联网相结合	1. 集成式偏差管理平台 2. 与 OEM 进行高级分析来优化流程	50%解决质量问题时间↓ 50%上市时间↓
3	浦项制铁 韩国浦项	将人工智能技术引入钢铁行业，成功提升了生产效率和产品质量	1. 机器视觉和深度学习 2. 基于人工智能的自动化控制	60%质量偏差↓

维护和产品开发：从企业自身瓶颈入手（措施：机器学习预见性维护及数字化研发）

	工厂	转型故事	转型措施	转型效果
1	日立 日本	将一系列工业物联网技术和数据分析应用于工程、生产和维护中	1. 利用数字化技术进行操作员绩效管理 2. 利用数字化技术进行设备性能管理 3. 用数字孪生模拟客户系统	50%生产周期↓ 30%产能↑ 70%检验效率↑
2	MODEC 巴西	将高级分析运用于预见性维护，成功将停机时间减少 65%，一举成为行业领袖	1. 数字孪生 2. 机器学习预见性维护	65%第一年停机时间↓ 10%整个生命周期停机时间↓
3	诺基亚 5G 工厂 芬兰	这家 5G 工厂已经实现了 100%的数字化，致力于结合设计和生产来推出新产品	1. 在新产品引入中运用虚拟技术 2. 利用云端数据控制实现实时流程管理	50%原型制作周期↓ 50%流程缺陷↓

图 24-8　“灯塔工厂”纵向集成转型升级案例汇总

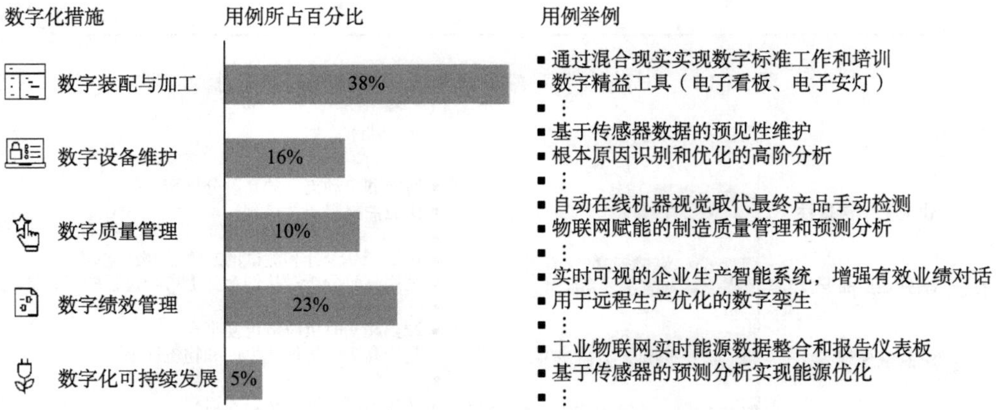

图 24-9　“灯塔工厂”纵向集成措施（用例）比例

资料来源：世界经济论坛报告，《全球“灯塔工厂”网络：来自第四次工业革命前沿的最新洞见》，2019 年 12 月

而端到端“灯塔工厂”则向供应链上下游拓展。这些“灯塔工厂”无论是在生产效率、运营成本还是上市速度，均实现了可观的改善。在提升企业价值的方法上，有三点尤为值得关注：①以客户为中心进行流程设计；②实现跨职能的无缝连接；③在组织间，甚至是供应链层面打造持续连接。这些价值驱动因素虽半新不旧，但从组织的应用角度而言，第四次工业革命带来的广度可谓史无前例（参

见图 24-10）。相关“灯塔工厂”实践中采用最多的端到端集成措施（即用例）的比例参见图 24-11。

端到端价值链：向产业链上下游拓展（措施：数字化供应链）

	工厂	转型故事	转型措施	转型效果
1	雷诺集团 巴西库里提巴	在包括经销商、客户和工人在内的价值链参与者之间建立一个互联互通的生态系统	1. 客户对接：B2C 电子商务平台 2. 端到端车辆交付追踪	10%单款车型销量↑ 30%发货交付周期↓
2	海尔 中国沈阳	部署一个可扩展的数字化平台，实现了整个价值链的端到端连接以及大规模定制模式	1. 大规模定制和 B2C 在线订购 2. 与供应商相连的数字化平台 3. 数字化质量管理	44%营收↑ 100%按时交付↑ 59%产品不合格率↓
3	汉高 德国	开发了一个独一无二的云端数据平台，可以实时连接 30 多家工厂和十几个分销中心	1. 数字化赋能的实时全球 OEE 提升平台 2. 数字集成式端到端需求感知 3. 可持续发展的数字孪生	30%设备（OEE）↑ 20%预测精确度↑ 38%能源↓

图 24-10　“灯塔工厂”端到端集成转型升级案例汇总

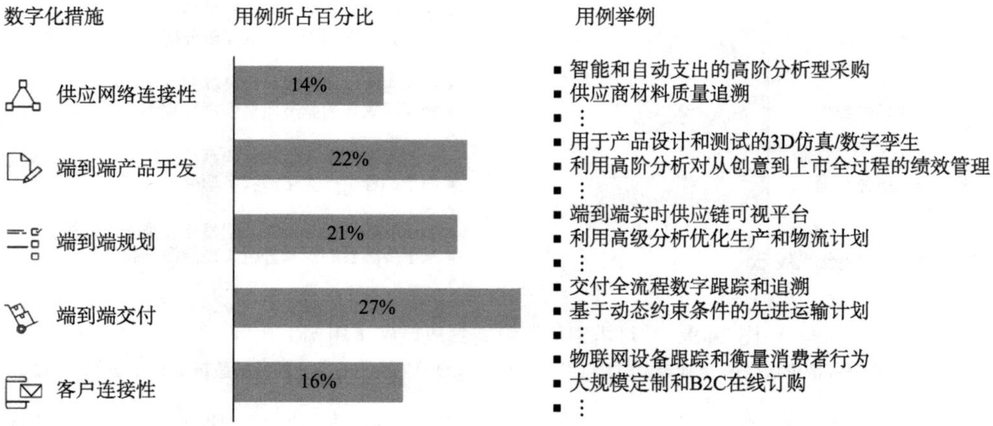

图 24-11　“灯塔工厂”端到端集成措施（用例）比例

资料来源：世界经济论坛报告，《全球“灯塔工厂”网络：来自第四次工业革命前沿的最新洞见》，2019 年 12 月

综合全球“灯塔工厂”的数字化转型升级实践，可以将“灯塔工厂”按照客户类型和定制化程度/产品创新程度分为四类（参见图 24-12）。①追求效率：扎根制造，以制造卓越为愿景（第一象限）。②降低成本：以降低库存成本为核心的一体化供应链（第二象限）。③最佳产品：以产品为中心的卓越产品生命周期（第三象限）。④以客户为中心：通过大规模定制实现以客户为中心的体验（第四象限）。

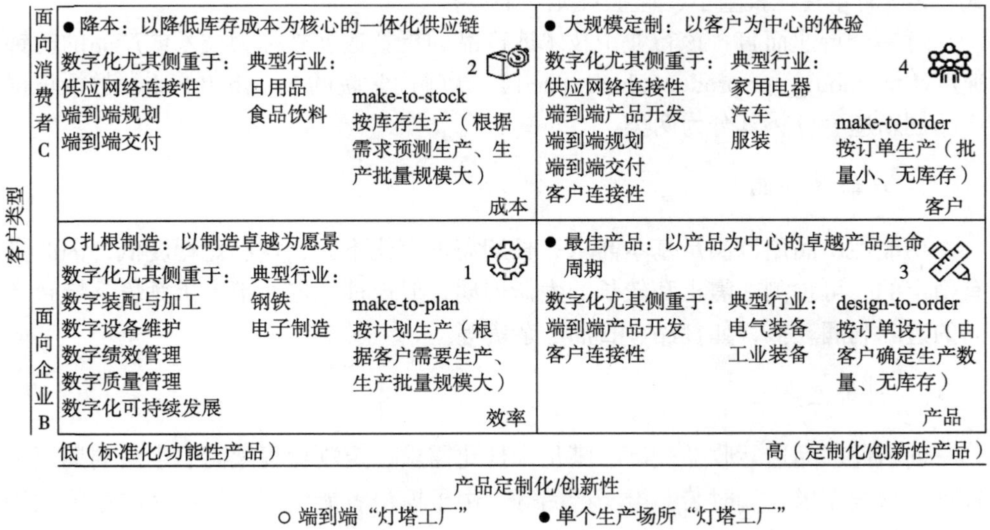

图 24-12　四类“灯塔工厂”的划分

由图 24-12 可见，作为纵坐标的客户类型分为两类：面向企业和面向消费者；作为横坐标的产品定制化/创新性程度也分为两种：高定制化/创新性产品和标准化/功能性产品。第一象限和第二象限中的企业主要生产变化不大、定制化程度不高的功能性产品，面临的竞争往往比较激烈，故企业转型升级的重点是效率和成本。落在第一象限的“灯塔工厂”以提升效率为目标，其采用的数字化手段涵盖了数字装配与加工、数字设备维护、数字绩效管理、数字质量管理和数字化可持续发展，典型行业包括钢铁和电子制造等。因此，第一象限的“灯塔工厂”基本上采用按计划生产的方式，即根据客户需要生产、生产批量规模较大。落在第二象限的“灯塔工厂”以降低成本为目标，因为这些企业直接面对消费者，故其采用的数字化手段涵盖了供应网络连接性、端到端规划和端到端交付，典型行业包括日用品和食品饮料等。因此，第二象限的“灯塔工厂”基本上采用按库存生产的方式，即根据市场需求预测生产、生产批量规模大。第三象限和第四象限中的企业主要生产定制化程度高的创新性产品，面临的产品创新及消费者要求高，故企业转型升级的重点是客户和产品。落在第三象限的“灯塔工厂”以提供最佳产品为目标，其采用的数字化手段涵盖了端到端产品开发和客户连接性。典型行业包括电气装备和工业装备等。因此，第三象限的“灯塔工厂”基本上采用按订单设计的方式，即由客户确定生产数量、企业无须持有库存。落在第四象限的“灯塔工厂”直接面对消费者，需要提供以客户为中心的体验，故其采用的数字化手段涵盖了供应网络连接性、端到端产品开发、端到端规划、端到端交付和客户连接性，典型行业包括汽车和服装等。所以，第四象限的“灯塔工厂”基本上采用按订单生产的方式，即由客户订单拉动式的生产方式，客户订单往往批量小、企业无须持有库存。

对一个行业而言，该行业中技术或产品的更新速度被称为技术或产品的时钟速度（technology or product clock speed）。沃顿商学院的 Marshall Fisher 教授根据产品创新速度分将其分为两类。

1. 功能性产品

功能性产品用以满足基本需求、长期需求变化不大、定制化程度低，因此具有稳定的、可预测的需求和较长的生命周期，但这种稳定性带来了竞争，导致产品的边际利润较低，如食品、石油、杂货等。

2. 创新性产品

创新性产品边际收益较高、满足个性化需求、定制化程度高、生命周期短并且难以预测需求，如时装、电子产品等。由于模仿者能使创新型产品的竞争优势迅速消失，企业需要不断地进行创新。

影响企业数字化策略的一个重要因素是产品面临的需求性质，产品需求性质的差异影响了对产品供应的方式。另外，根据企业客户的细分，企业也可以分为两种类型：面向企业（B 端）和面向消费者（C 端）。

德国工业 4.0 体系提出了三大集成，分别是纵向集成、端到端集成和横向集成，这也对应了三大商业模式的形态。从集成发生的边界来看，纵向集成发生在工厂，也就是企业内部，纵向集成的主要结果是提升效率、降低成本。端到端集成涉及产业链上下游，跨越了企业的边界，端到端集成的主要结果是通过产业链上下游协同，提高供应链整体预测准确性，降低供应链库存总成本，最终提升客户满意度。

在开展企业数字化战略匹配时，需要考虑三个步骤：①理解客户需求（产品需求特性和定制化程度的高低）和客户细分（企业客户或消费者）；②理解数字化能力（不同的数字化战略具有不同的数字化能力）；③实现数字化战略匹配（参见图 24-13）。

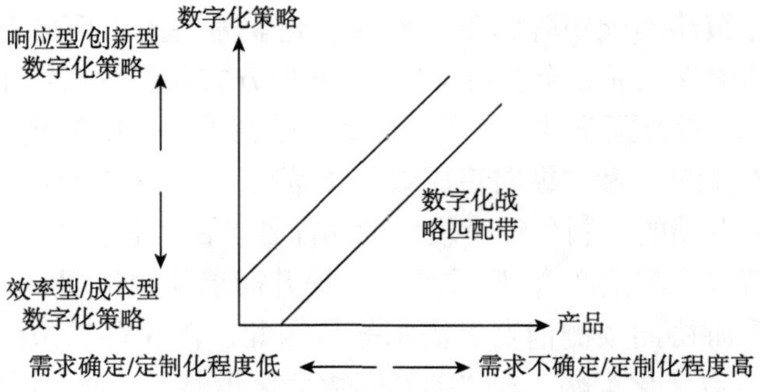

图 24-13　找出数字化战略匹配区

下面给出一个企业数字化策略匹配的矩阵，该矩阵的横坐标表示“产品多样性/创新性”，一端是创新性低的“标准化/功能性产品”、另一端是创新性高的“定制化/创新性产品”；该矩阵的纵坐标表示“客户类型”，一端是需要跨越企业边界、通过上下游合作才能提升满意度的“C 端消费者”、另一端是需要提升企业内部效率和创新能力才能提升满意度的“B 端企业客户”（参见图 24-14）。

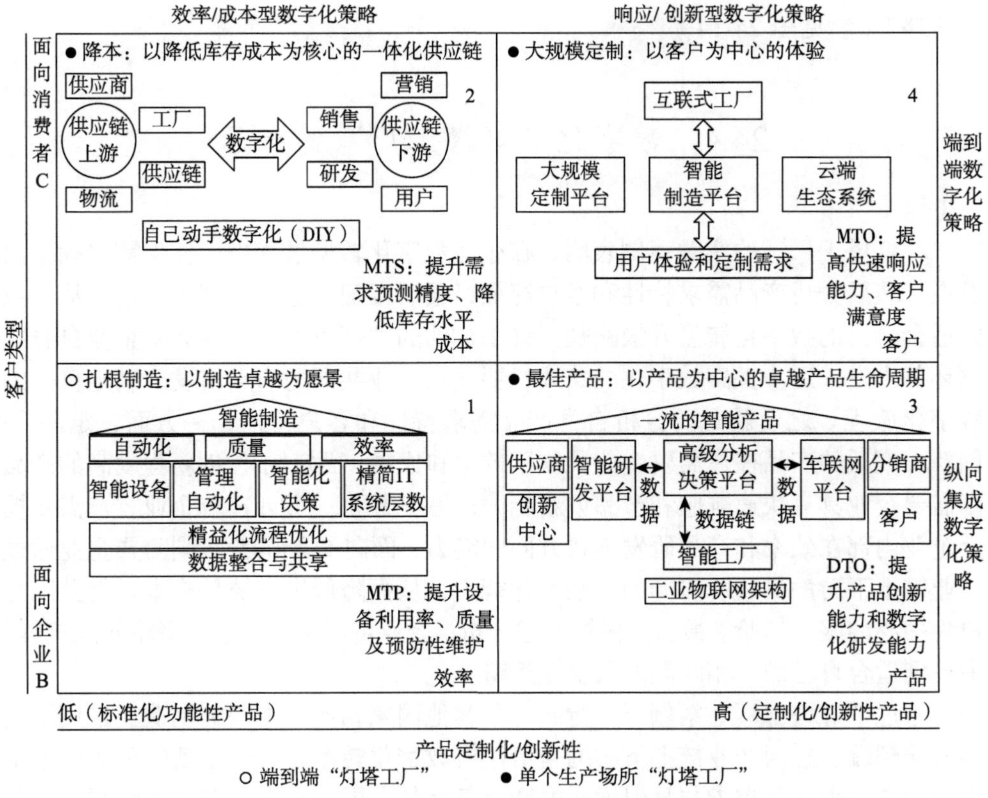

图 24-14　企业数字化策略匹配矩阵

企业数字化策略匹配矩阵的第一象限：企业需要提供面向企业客户的定制化程度较低的功能性产品，企业可采用 MTP 的方式，侧重点在于提升企业内部的设备利用率、质量及预防性维护等，因此，落在第一象限的企业应该匹配“效率/成本型数字化策略”和“纵向集成数字化策略”。该矩阵的第二象限：企业需要提供面向消费者端的定制化程度较低的功能性产品，企业可采用 MTS 的方式（即根据市场需求预测生产），侧重点在于提升需求预测精度、降低库存水平、通过供应链上下游协同预测消费者需求等，因此，落在第二象限的企业应该匹配“效率/成本型数字化策略”和“端到端数字化策略”。该矩阵的第三象限：企业需要提供面向企业客户的定制化程度较高的创新性产品，企业可采用 DTO 的方式，侧重点在于提升企业内部的产品创新能力和数字化研发能力等，因此，落在第三象限的企业应该匹配“响应/创新型数字化策略”和“纵向集成数字化策略”。该矩阵的第四象限：企业需要提供面向消费者端的定制化程度较高的创新性产品，企业可采用 MTO 的方式（即由客户订单拉动式的生产方式），侧重点在于通过供应链上下游协同提高端到端的快速响应能力、客户满意度等，因此，落在第四象限的企业应该匹配“响应/创新型数字化策略”和“端到端数字化策略”（参见图 24-14）。

24.4　数字化“灯塔工厂”的启示

“灯塔工厂”的实践案例表明，在企业数字化转型过程中，首先需要确定出发点，然后分析产品需求特性和客户特征，最后匹配合适的数字化策略，从而找到适合自己的数字化转型升级路径。许多成功的“灯塔工厂”要么从企业自身瓶颈环节出发，逐步探索数字化的路线；要么从行业共同的痛点出发，制定自己的数字化旅程。之后就是要分析自身产品需求特性和客户特征，一方面，定制化/创新程度低的产品往往需要企业聚焦于效率和成本，而定制化/创新程度高的产品则需要企业具有快速响应和产品创新能力；另一方面，面向 B 端企业客户需要提升企业内部在效率和产品研发创新方面的能力，面向 C 端消费者则需要企业通过产业链上下游的贯通、协同加强数字化能力，从而降低供应链总成本，提升以客户为中心的服务体验。最后，根据上述分析，企业可以从“数字化策略匹配矩阵”中找到适合自己的、相匹配的数字化策略。

通过“灯塔工厂”案例可以看出，与其他国家相比，中国的制造业采用了更多的端到端、打通产业链上下游的全价值链数字化转型。一个驱动的重要因素是中国用户的个性化需求与日俱增、电商业务蓬勃发展，也都在倒逼中国制造企业开展端到端的数字化转型。另外，中国端到端“灯塔工厂”在对数字化用例的选择上并非百花齐放，而是从用户、产品、效率、成本等维度出发，制定最合适的数字化战略。

全球“灯塔工厂”网络提供了一个指路明灯，帮助其他企业通过技术数字化、业务数字化和组织数字化，摆脱数字化“试点困境”来分享和学习最佳实践，培养新型合作关系，并加速向未来智能制造转型。

本 篇 小 结

本篇主要通过案例研究分析不同制造企业转型升级的路径及启示。首先分析了上海医药的转型历程，并从医药产业链的视角，提供了 SPD 模型、患者直销、数据驱动创新多个方向的数字化转型处方。其次，通过对海信和索尼两家企业的成长和发展历程的回顾，对其不同发展阶段的转型升级路径——流程升级、产品升级、功能升级和链条升级，总结其转型策略和发展经验。在新零售浪潮的推动下，供应链的管理模式朝着集成化、一体化的方向发展，从供应链整合的 1.0 链条升级到 2.0 的新零售模式，青岛金王找到数字化转型的策略与方向。再次，小米全面完整的生态产业链的打造，使得小米的转型升级是朝着融合“互联网生态圈”、“智能终端生态圈”以及“小米互联网平台生态圈”的方向前进。而京东方在工业互联网平台的赋能下，从单一的面板制造转型为智能化生产、数字化运维和精益化管理的全球工业互联网企业。最后分析了“灯塔工厂”对制造企业进行数字化转型的启示：在企业数字化转型过程中，首先需要确定出发点，其次分析产品需求特性和客户特征，最后匹配合适的数字化策略，从而找到适合自己的数字化转型升级路径。

第五篇　结论与展望

第 25 章　研究结论

本书基于成熟度模型理论和扩展的产品空间理论模型，分别构建了制造企业数字化成熟度的评价模型和制造企业数字化对企业产品转型能力影响机制的探究模型，并以问卷调查的形式收集了大样本数据，运用多种统计软件和方法对模型进行了实证研究，并获得了如下研究成果。

研读了国内外制造企业数字化相关文献、数字化成熟度模型的应用文献以及产品空间理论及其扩展理论的相关分析文献，理解了现有研究的关注点，并总结了已有文献中的优势和不足，重点针对不足之处进行研究。

基于科学性、完备性、独立性、客观性、可操作性的原则，在国内外相关学者对制造企业数字化成熟度相关评价研究的基础上，构建了包含维度、类、域三级指标体系的制造企业数字化成熟度评价模型。

以制造企业数字化成熟度评价模型为基础，进行了对应的问卷设计与调查实施，并基于通过信度和效度检验的问卷数据，采用 AHP-DEMATEL 评价方法，对我国制造企业数字化成熟度进行了评价。结果发现我国制造企业数字化成熟度综合分值 $S_O = 2.351$ ，可判定我国制造企业数字化成熟度等级为“数字化转型者”，可以说我国制造企业数字化转型升级已经取得了一定的成绩，但数字化整体水平仍有待进一步提高。此外本书还对不同地区、不同产业类型的制造企业数字化成熟度进行了对比分析。

以数字化成熟度评价模型以及扩展的产品空间理论模型为基础，综合国内外相关研究成果，构建了制造企业数字化对企业产品转型能力影响的假设模型，并进行了对应的问卷设计与调查实施，对所得数据进行了信度和效度检验。

利用 Amos 21.0 对制造企业数字化对企业产品转型能力影响的假设模型进行了结构方程模型路径检验，结果发现 12 条假设中有 10 条成立，可以说总体上制造企业数字化对企业产品转型能力有正向的影响。但同时发现数字化战略对企业的产品转型成本控制能力有显著的负向影响，数字化文化组织能力对企业产品转型成本控制能力没有显著影响。

本书将理论与实践充分结合，通过构建制造企业数字化成熟度评价模型并进行评价以及探究数字化对企业产品转型能力的影响机制，有效弥补了此前对制造企业数字化的理论研究较缺乏、理论与实践应用相脱节等不足之处，研究成果值得政府机关、制造企业、第三方咨询机构以及相关科研院所学习和借鉴。

第26章　对策与建议

26.1　企 业 层 面

26.1.1　认清自身数字化水平现状，明确与业内领先企业差距

根据本书研究可以发现，当前大多数企业已经充分认识到了数字化的重要性，但企业往往缺乏对自身数字化水平的全面了解，即习惯于发现一个问题解决一个问题，容易造成不同业务部门数字化能力不匹配的现象，形成一个个“信息孤岛”。因此，企业应当借助数字化成熟度评价工具对自身的数字化现状进行全面整体的评价分析，明确企业自身与业内领先企业在数字化的哪些维度、类和域存在差距，进而制订相应的数字化发展规划，以保障企业数字化举措得到合理、有效、及时、全面的实施。

26.1.2　加快数字化建设进程，早日成为“数字化专家”

根据本书研究可知，目前我国大多数制造企业尚处于“数字化转型者”阶段，还有一些企业仍处于“数字化升级者”甚至“数字化入门者”阶段，企业在战略和生态圈层面的数字化成熟度相对较高，在运营技术、文化组织能力方面相对较低，尤其是运营技术层面的数字化程度显著低于其他维度。因此，企业应当结合自身情况，加大对数字化建设尤其是数字化运营技术领域的投入力度，通过开发和引进先进的数字化技术与工具提高企业的数字化运营技术能力，此外，企业应重视数字化文化的塑造、数字化人才团队的培养以及对于数字化工具使用的培训，并继续保持数字化战略的实施和数字化生态圈的建设，争取早日实现全面的数字化转型升级，成为“数字化专家”。

26.1.3 梳理数字化影响企业转型内在机制，制定并实施针对性举措

根据本书研究可以发现，大多数企业领导者认同数字化建设对企业转型升级的促进作用，但并不清楚其具体内在影响机理，导致战略制定缺乏目的性。因此，企业应当更客观、全面了解不同数字化举措对企业转型的作用，制定更有针对性的数字化发展战略或企业转型战略，规避资源浪费。

26.2 产 业 层 面

26.2.1 构建资源共享、优势互补的数字化产业生态圈

根据本书研究可以发现，同一地区、同一产业类型的企业往往拥有相似的数字化发展诉求，因此，组建资源共享与优势互补的数字化产业生态圈就显得尤为重要。数字化产业生态圈其实是产业层面数字化生态圈优势的体现，产业生态圈能够通过产业链上的企业间相互合作，构建产业发展公共服务平台，通过平台内企业间信息资源的共享，促进公共技术问题的攻克，可以有效弥补产品和服务创新的技术短板，实现创新资源的合理配置，进而提升制造业产业整体的竞争优势。而产业整体竞争优势的提升也有助于为企业转型升级营造良好的外部环境，从而降低企业转型风险，增强企业转型能力。

26.2.2 促进关键产业领域的数字化先行试点应用与推广

根据本书研究结论可知，制造业数字化转型升级是一个梯次推进的过程，不同发展情况的企业所面临的转型升级问题不尽相同，通过面向产品研发设计、原材料采购、生产装配制造、供应链运营以及品牌营销推广等全生命周期阶段开展关键产业领域的企业数字化试点，可以为众多其他类似企业进行数字化转型升级提供有效的经验参考和知识积累，降低企业转型升级中的风险与成本。此外，关键行业领域的企业示范数字化解决方案的推广也有利于行业数字化技术标准与应用的协同发展，有助于构建数字化的产业生态圈。因此，鼓励支持建设一批关键产业领域的示范性数字化企业再予以推广能够促进制造企业的整体数字化转型升级。

26.2.3　充分发挥政府扶持引导作用，促进资源合理配置

根据本书研究可以发现，不同地区、不同产业类型的企业往往具有不同的数字化发展侧重，不同维度的数字化水平不尽相同。因此，政府在制订并实施制造企业数字化发展规划时应当充分考虑地区、产业差异性，尤其对数字化成熟度严重不足之处予以重点关注并考虑是否给予一定政策扶持。

第 27 章　研究不足与未来展望

本书由于研究时间并不充裕，收集制造企业数字化成熟度评价模型的问卷数据时没能充分考虑数据来源的全面性，一方面，来自不同地区、不同行业类型的问卷数量不够均匀，尤其缺乏经济发展较差地区的制造企业数字化调查问卷，另一方面，问卷的总体数量也略显不足。这些因素都会影响本书的研究结果与真实情况之间的贴近度。因而在未来的研究中，应当注重对问卷发放行业和地区的全面性把握并适当增加问卷的数量。

另外，在研究制造企业数字化对企业产品转型能力的影响时，数字化文化组织能力包含领域较广，导致其可能对企业产品转型成本控制能力同时产生了正向和负向的影响并相互抵消。以后的研究可以考虑探讨进一步细化的数字化领域对企业产品转型能力的影响机制，以加深对该机制的认识。

本 篇 小 结

本篇作为本书的最终篇，首先对全书的研究成果进行了总结，继而分别从企业层面和产业层面给出了相应的数字化发展对策与建议，并结合本书实际情况对研究不足之处予以剖析，对未来可能的研究方向进行了展望。

参 考 文 献

白静. 2001. 主题公园建设过程能力成熟度模型及建筑学关键域研究[D]. 成都：西南交通大学.

鲍文玉. 2017. 海信 CES 发布世界首台双色 4K 激光电视[EB/OL]. http://www.chinanews.com/it/2017/01-05/8114397.shtml[2018-12-01].

本刊编辑部. 2018. 2018 年政府工作报告关于网络安全和信息化的内容摘选[J]. 中国信息安全，（3）：28-29.

蔡梦. 2015. 家电进入更新换代高峰期消费升级倒逼行业高端转型[J]. 家用电器，（3）：40-41.

蔡敏，汪挺，商滔. 2016. 面向制造企业的数字化工厂评估[J]. 科技管理研究，36（15）：63-69.

蔡忠建. 2009. 对描述性统计量的偏度和峰度应用的研究[J]. 北京体育大学学报，32（3）：75-76.

陈春明，张洪金. 2017. 国外制造业转型升级比较与变革借鉴[J]. 国外社会科学，（5）：55-66.

陈红彬. 2010. 浅谈制造业从数字化制造到企业信息化[J]. 职业，（33）：24-25.

陈宏辉，罗兴. 2008. “贴牌”是一种过时的战略选择吗——来自广东省制造型企业的实证分析[J]. 中国工业经济，（1）：96-104.

陈建业，于昆，徐威娜. 2018. 企业人才管理成熟度模型的构建[J]. 中国人事科学，（6）：34-40.

陈柳，刘志彪. 2006. 代工生产、自主品牌与内生激励[J]. 财经论丛（浙江财经学院学报），（5）：8-13.

陈晓萍，徐淑英，樊景立. 2008. 组织与管理研究的实证方法[M]. 北京：北京大学出版社.

程文，张建华. 2011. 中国模块化技术发展与产业结构升级[J]. 中国科技论坛，（3）：28-34.

程文，张建华. 2013. 中国模块化技术发展与企业产品创新——对 Hausmann-Klinger 模型的扩展及实证研究[J]. 管理评论，25（1）：34-43.

迟宇宙. 2003. 海信经验：从青岛造到世界造[M]. 海口：海南出版社.

出井伸之，汪琳. 2011. 索尼变革的启示[J]. 21 世纪商业评论，（11）：114-116.

崔宝秋. 2019. 小米 AIoT 的创新发展与开源[J]. 软件和集成电路，（7）：38-39.

崔森. 2015. 服务型企业数字化转型的影响因素研究[D]. 长春：长春工业大学.

崔森，于立，周志明. 2014. 企业数字化转型的影响因素研究[J]. 中外企业家，（27）：90-91.

德勤. 2017. 采购的未来——数字化颠覆传统采购模式[J]. 经理人，（12）：16-17.

邓景毅，叶世绮，郑欣. 2002. 软件成熟度模型（CMM）发展综述[J]. 计算机应用研究，19（7）：6-9.

邓向荣，曹红. 2016. 产业升级路径选择：遵循抑或偏离比较优势——基于产品空间结构的实证分析[J]. 中国工业经济，（2）：52-67.

董明. 2019. 数字化转型推动制造业升级[N]. 解放日报，2019-02-12（10）.
董伟龙，屈倩如. 2015. 迎接智能制造：企业数字化转型[J]. 中国工业评论，（4）：32-37.
杜壮. 2015. 国家发改委正在牵头制定“互联网+”行动计划——让真正创新的企业能获利[J]. 中国战略新兴产业，（9）：37-39.
冯林祎，周裕美. 2014. 8个世界第一的中国数据说明什么？ [J]. 上海经济，（6）： 56-57.
高佳敏. 2017. 案例研究报告书 传统企业数字化转型过程中的营销模式研究——以旺旺集团为例[D]. 西安：西安外国语大学.
高铭君，宋弢. 2016. 海信智能工厂3年节省人工费超14亿元[N]. 大众日报，2016-01-06.
高晓雨，马冬妍，王涛. 2017. 中国制造信息化指数构建与评估研究[J]. 制造业自动化，39（3）：52-55.
葛敬豪. 2003. 论缩小数字鸿沟的数字化战略[J]. 工业技术经济，22（2）：41-42.
贵阳海信. 2017. 从“制造”迈向“智造”[N]. 贵阳日报，2017-12-25（A01）.
郭将，赵景艳. 2016. 产品空间结构视角下的产业升级研究——以江苏省装备制造业为例[J]. 技术与创新管理，37（2）：204-209.
国家统计局，国家发展和改革委员会，科学技术部. 2010. 中国高技术产业统计年鉴（2010）[M]. 北京：中国统计出版社：286-292.
国务院. 2015. 中国制造2025[M]. 北京：人民出版社.
韩建新. 2017. 高深：研发先行 助力施耐德电气“数字化”转型[J]. 电力系统装备，（9）：28-29.
黄宇芳. 2016. 数字化生态圈营销——企业“互联网+”转型的必由之路[J]. 通信企业管理，（12）：60-62.
及川洋. 2017. 互联工业：日本的成就、挑战与未来[J]. 上海质量，（12）：30-31.
贾晓霞，苏毅. 2012. 中小企业战略转型风险免疫机理研究[J]. 浙江工商大学学报，（2）：41-53.
姜勇，修国义. 2007. 企业战略转型的本质及其影响因素分析[J]. 科技与管理，9（2）：51-53.
江远涛. 2016. 商业生态圈：“互联网+”时代，构建互赢共生的商业生态模式[M]. 北京：当代世界出版社.
李伯虎. 1994. 计算机集成制造系统（CIMS）约定、标准与实施指南[M]. 北京：兵器工业出版社.
李清，王家齐，王焱. 2016. 数控机床及工装的发展与创新设计[J]. 航空制造技术，59（6）：47-52.
李松辉. 2004. 区域创新系统成熟度的测定与实证研究[D]. 武汉：华中科技大学.
李耀新. 1995. 生产要素密集型产业论[M]. 北京：中国计划出版社：221-222.
李勇坚. 2018. 大力促进数字经济均衡发展[J]. 中国发展观察，（11）：25-28.
李镇生，辛颖. 2008. 制约中小企业成长的管理问题对策分析[J]. 市场周刊（新物流），（7）：52-54.
李仲琦，焦建华. 2018. 基于DEMATEL方法的微信用户满意度影响因素分析[J]. 现代情报，38（12）：114-119.
林海. 2019. 索尼规则：“合理使用”的边界[J]. 检察风云，（7）：38-39.
刘成. 2017. 海信的“逆袭”[N]. 经济日报，2017-01-11（12）.
刘成明，丁荣贵，张晓丽. 2003. 企业组织成熟度初探[J]. 德州学院学报（哲学社会科学版），19（5）：44-46，62.
刘洁，孙唱，陆星廷，等. 2017. 中国制造业企业跨国弱势并购与价值链转型升级多案例研究[J]. 时代金融，（17）：135-136，138.
刘涛，杨雅清. 2017. 数字化时代企业组织的转型之路[J]. 信息通信技术，11（2）：8-15.

刘腾，熊熊. 2016. 中国保险业成熟度指数分析[J]. 上海管理科学，38（6）：13-17.
刘文广，赵建峰. 2005. 浅谈制造业数字化[J]. 内蒙古科技与经济，（3）：120-121.
刘文剑，王建高. 2015. 海信：吹响彩电技术“中国时代”的号角[N]. 科技日报，2015-07-20（005）.
刘亚威. 2018. 浅析美国军民一体化制造创新[N]. 中国航空报，2018-08-14（006）.
刘云生. 2009. 金融成熟度及其评价研究[J]. 金融与经济，（12）：33-35.
卢继平，何永熹. 1999. 虚拟制造技术与数字化工厂[J]. 航天工艺，（6）：40-44.
路风. 2016. 光变：一个企业及其工业史[M]. 北京：当代中国出版社.
罗超. 2017. 三大新品笑傲智能交通——海信网络科技举办南京新品发布会[J]. 中国公共安全，（9）：150-151.
罗凤. 2018. 新零售浪潮下供应链管理模式全面转型的探讨与研究[J]. 物流工程与管理，40（6）：107-108.
马颖. 2019. 多元化战略与我国民营企业竞争优势的构建[J]. 现代商业，（18）：20-21.
莫黎. 2019. 新零售驱动下流通供应链商业模式转型升级探讨[J]. 商业经济研究，（15）：26-30.
尼葛洛庞帝 N. 1996. 数字化生存[M]. 胡泳，范海燕译. 海口：海南出版社：14.
潘松挺，杨大鹏. 2017. 企业生态圈战略选择与生态优势构建[J]. 科技进步与对策，34（21）：80-87.
彭国甫，李树丞，盛明科. 2004. 应用层次分析法确定政府绩效评估指标权重研究[J]. 中国软科学，（6）：136-139.
彭晗，吴金妹，姚林晓. 2014. 基于 AHP-DEMATEL 法的公交换乘系统乘客满意度模糊评价[J]. 重庆交通大学学报（社会科学版），14（1）：19-22.
齐振彪. 2012. 珠三角地区家电产业转型升级路径研究[J]. 特区经济，（7）：57-59.
瞿英，路亚静，刘紫玉，等. 2016. 基于 AHP-DEMATEL 法的权重计算方法研究[J]. 数学的实践与认识，46（7）：38-46.
森德勒 U. 2015. 工业 4.0：即将来袭的第四次工业革命[M]. 邓敏，李现民译. 北京：机械工业出版社.
宋雪莲，张德洲. 2010. 企业研发成本控制策略探讨[J]. 财会通讯，（32）：89-90.
孙玉磊. 2014. 劳动力成本上升影响制造业产业结构的理论与实证研究[D]. 长沙：湖南大学.
谭智佳，魏炜，朱武祥. 2019. 商业生态系统的构建与价值创造——小米智能硬件生态链案例分析[J]. 管理评论，31（7）：172-185.
唐健雄，王国顺. 2008. 企业战略转型能力的自组织研究[J]. 科学学与科学技术管理，29（9）：171-175，185.
唐堂，滕琳，吴杰，等. 2018. 全面实现数字化是通向智能制造的必由之路——解读《智能制造之路：数字化工厂》[J]. 中国机械工程，29（3）：366-377.
田坪鑫，李楠. 2018. 上汽通用汽车物流数字化战略[J]. 经贸实践，（6）：211-212.
王斌. 2014. 索尼帝国缘何走向没落？[J]. 经理人，（4）：54-56，18.
王菲. 2016. 晋级制造强国需三十载[J]. 纺织科学研究，27（1）：24-26.
王娟. 2008. 网络关系对产业集群企业抗风险能力的影响研究[D]. 南京：南京航空航天大学.
王磊，黄柯鑫，欧立雄. 2009. 制造业持续发展能力体系研究[J]. 机械制造，47（12）：54-57.
王少博. 2016. 传统服装制造业技术转型分析[D]. 天津：天津工业大学.
王轩. 2011. 成熟度理论在 IT 能力管理中的应用研究[D]. 北京：北京邮电大学.

王盈. 2017. 数字化转型成主流 Infor 因势而动[J]. 软件和集成电路，(4)：56-59.
吴杰民. 2007. 基于生命周期的产品价值研究[D]. 武汉：武汉理工大学.
吴明隆. 2010. 结构方程模型：AMOS 的操作与应用[M]. 2 版. 重庆：重庆大学出版社.
吴琪，邱静，余婧. 2017. 数字化转型“三部曲”[J]. 销售与管理：65.
伍曼. 2016. 思科：全数字化转型助力金融企业赢得万亿美元商机[J]. 中国金融电脑，(11)：80-81.
伍应斌. 1999. 最新 CAD/CAM/CAPP 技术及软件介绍[J]. 重发科技，(3)：14-20.
谢泓. 2005. 营销能力成熟度模型研究[D]. 武汉：武汉大学.
谢雄标，吴越，严良. 2015. 数字化背景下企业绿色发展路径及政策建议[J]. 生态经济，31(11)：88-91.
熊谦. 2012. PLM 在大型制造企业的研究与应用[D]. 成都：电子科技大学.
徐天和，徐勇勇. 2004. 医学研究统计分册[M]. 北京：人民卫生出版社：56-68.
徐孝新，李颢. 2019. 生产能力禀赋与中国产业转型升级路径——基于产品空间理论的视角[J]. 当代财经，(2)：98-107.
徐苑. 2012. 中小企业研发投入与公司业绩相关性实证研究[D]. 北京：财政部财政科学研究所.
亚太博宇. 2004. 务实的索尼全球物流运营[J]. 中国物流与采购，(13)：34-35.
闫国庆，孙琪，仲鸿生，等. 2009. 我国加工贸易战略转型及政策调整[J]. 经济研究，44(5)：66-78.
杨小平，秦柳花，王惠珍，等. 2006. 临床护理专家认证评价指标体系的信度和效度考评[J]. 护理研究（上旬版），20(7)：593-596.
杨一平. 2000. 基于 CMM 模型提出我国软件产业发展规划构想[J]. 计算机系统应用，9(7)：4-7.
杨懿. 2005. 转型期中的中国民营企业文化研究[D]. 上海：复旦大学.
姚孟良. 2013. 供应链策略对产业升级助推作用[J]. 电子商务，(5)：49-50.
佚名. 2011. 索尼回购 CMOS 生产线[J]. 照相机，(2)：87
佚名. 2013. 索尼的复兴[J]. 大江周刊（经法），(12)：11-13.
佚名. 2017.《英国数字化战略》发布[J]. 中国教育网络，(5)：7.
殷文英. 2014. 高管过度自信、企业转型战略选择与转型绩效的关系研究[D]. 徐州：中国矿业大学.
于璇. 2019. 索尼后复兴策略首战告捷[J]. 电器，(5)：51.
郁明华. 2003. 企业转型风险的缘起——基于企业能力理论的思考[J]. 现代管理科学，(2)：39-40.
臧冀原，王柏村，孟柳，等. 2018. 智能制造的三个基本范式：从数字化制造、“互联网+”制造到新一代智能制造[J]. 中国工程科学，20(4)：13-18.
曾贵. 2011. 我国本土加工贸易企业转型升级的意愿探讨——基于风险、成本和收益分析的视角[J]. 国际经贸探索，27(7)：10-14.
张军. 2003. 中国的工业改革与经济增长——问题与解释[M]. 上海：上海三联书店、上海人民出版社.
张礼立. 2016. 如何让中国智能制造的数字化转型避免“优步”化？[J]. 中国工业评论，(5)：108-110.
张立国. 2015. 我国物流业转型升级研究综述[J]. 技术经济与管理研究，(1)：125-128.
张其仔. 2008. 比较优势的演化与中国产业升级路径的选择[J]. 中国工业经济，(9)：58-68.

张淑云. 2008. 我国中小企业电子采购模式战略研究[D]. 天津：天津大学.
张威威. 2008. 欧盟批准中企收购欧洲家电巨头 Gorenje[EB/OL]. http://www.cankaoxiaoxi.com/finance/20180810/2307204.shtml[2018-12-01].
张文彤. 2004. SPSS 统计分析高级教程[M]. 北京：高等教育出版社：220-364.
张雯. 2012. 生产者服务业投入与制造业升级——基于四种升级类型的研究[D]. 南京：南京大学.
张小宁，赵剑波. 2014. 互联网时代的制造业企业转型与创新：海尔经验[J]. 中国商贸，(11)：27-28.
张妍妍，吕婧. 2014. 基于产品空间结构重构的东北老工业基地产业升级研究[J]. 工业技术经济，33（4）：11-18.
张悦雯. 2019. 青岛金王全产业链战略的实现路径及协同效应研究[D]. 杭州：浙江工商大学.
赵荣泳，张浩，樊留群，等. 2004. 数字化工厂与虚拟制造的关系研究[J]. 计算机集成制造系统，(S1)：46-50，55.
赵星，董晓松. 2017. 数字化革新战略实施路径与管理框架[J]. 软科学，31（1）：20-23.
郑刚，刘剑. 2018. 小米：构建商业系统生态链[J]. 清华管理评论，(12)：126-132.
钟毅恒. 2006. 浅谈我国制造业升级的路径[J]. 改革与战略，22（7）：38-39.
周厚健. 2006. 技术是根 人才是本 创新是魂[J]. 求是，(15)：23-24.
周济. 2012. 制造业数字化智能化[J]. 中国机械工程，23（20）：2395-2400.
周济. 2015. 智能制造——"中国制造 2025"的主攻方向[J]. 中国机械工程，26（17）：2273-2284.
周文龙. 2017. 基于物联网平台的创新策略研究[D]. 南京：东南大学.
周志明，崔森. 2014. 制造型企业数字化转型的研究[J]. 管理观察，(21)：80-82.
朱建芸. 2018. 西门子"数字化双胞胎"入选"世界智能制造十大科技进展"[J]. 轻工机械，36（1）：78.
朱晓培. 2019. 2019 小米双引擎战略[J]. 上海信息化，(3)：33-36.
左晓栋. 2016. G20"数字经济倡议"与网络安全[J]. 微型机与应用，35（18）：1-2.
Ackx S. 2014. Emerging technologies, disrupt or be disrupted[C]//Reimer H, Pohlmann N, Schneider W. ISSE 2014 Securing Electronic Business Processes. Wiesbaden：Springer Vieweg：177-187.
Ashurst C, Doherty N F, Peppard J. 2008. Improving the impact of IT development projects：the benefits realization capability model[J]. European Journal of Information Systems，17（4）：352-370.
Clarke R. 2016. Big data，big risks[J]. Information Systems Journal，26（1）：77-90.
de Carolis A，Macchi M，Negri E，et al. 2017. A maturity model for assessing the digital readiness of manufacturing companies[C]//Lödding H，Riedel R，Thoben K-D，et al. Advances in Production Management Systems：The Path to Intelligent，Collaborative and Sustainable Manufacturing. Cham: Springer International Publishing：13-20.
Evans N D. 2016. Future skills[J]. ITNOW，58（1）：50-51.
Harrison R，Flood D，Duce D. 2013. Usability of mobile applications：literature review and rationale for a new usability model[J]. Journal of Interaction Science，1（1）：1-16.
Hausmann R, Klinger B. 2006. Structural transformation and patterns of comparative advantage in the product space[R]. CID Working Paper No. 128.
Hausmann R，Klinger B. 2007. The structure of the product space and the evolution of comparative advantage[R]. Center for International Development at Harvard University.

He F，Han S. 2006. A method and tool for human-human interaction and instant collaboration in CSCW-based CAD[J]. Computers in Industry，57（8/9）：740-751.

Hidalgo C A，Hausmann R. 2009. The building blocks of economic complexity[J]. Proceedings of the National Academy of Sciences of the United States of America，106（26）：10570-10575.

Hidalgo C A，Klinger B，Barabási A L，et al. 2007. The product space conditions the development of nations[J]. Science，317（5837）：482-487.

Humphrey J，Schmitz H. 2002. How does insertion in global value chains affect upgrading in industrial clusters？[J]. Regional Studies，36（9）：1017-1027.

Kuehn W. 2006. Digital factory-integration of simulation enhancing the product and production process towards operative control and optimization[J]. International Journal of Simulation，7（7）：27-39.

Lasi H，Fettke P，Kemper H G，et al. 2014. Industry 4.0[J]. Business & Information Systems Engineering，6（4）：239-242.

Lee J，Lee D，Kang S. 2007. An overview of the business process maturity model（BPMM）[C]//Chen L，Liu C F，Zhang X，et al. Advances in Web and Network Technologies，and Information Management. Berlin：Springer-Verlag，Heidelberg：384-395.

Leyh C，Schäffer T，Bley K，et al. 2016. SIMMI 4. 0-a maturity model for classifying the enterprise-wide it and software landscape focusing on Industry 4.0[C]//Ganzha M，Maciaszek L，Paprzycki M. 2016 Federated Conference on Computer Science and Information Systems（FedCSIS）. New York：IEEE：1297-1302.

Lichtblau K，Stich V，Bertenrath R，et al. 2015. Industrie 4.0-Readiness[M]. Frankfurt：Impuls-Stiftung.

Markus M L，Benjamin R I. 1997. The magic bullet theory in IT-enabled transformation[J]. Sloan Management Review，38（2）：55-68.

Marston S，Li Z，Bandyopadhyay S，et al. 2011. Cloud computing–the business perspective[J]. Decision Support Systems，51（1）：176-189.

Matt C，Hess T，Benlian A. 2015. Digital transformation strategies[J]. Business & Information Systems Engineering，57（5）：339-343.

Paulk M C，Curtis B，Chrissis M B，et al. 1993. Capability maturity model，version 1.1[J]. IEEE Software，10（4）：18-27.

Saaty T L. 2008. Decision making with the analytic hierarchy process[J]. International Journal of Services Sciences，1（1）：83-98.

Schuh G，Anderl R，Gausemeier J，et al. 2017. Industrie 4.0 maturity index：managing the digital transformation of companies[R]. Acatech STUDY.

Schumacher A，Erol S，Sihn W. 2016. A maturity model for assessing industry 4.0 readiness and maturity of manufacturing enterprises[J]. Procedia CIRP，52：161-166.

Schumacker R E，Lomax R G. 2004. A Beginner's Guide to Structural Equation Modeling[M]. London：Psychology Press.

Turber S，Smiela C. 2014. A business model type for the Internet of things[R]. Tel Aviv-Yafo：the 22nd European Conference on Information Systems.

Westerman G, Bonnet D, McAfee A. 2014. LEADING DIGITAL：Turning Technology into Business Transformation[M]. Boston：Harvard Business Review Press.

Worn H，Frey D，Keitel J. 2000. Digital factory-planning and running enterprises of the future[R]. Nagoya：IEEE International Conference on Industrial Electronic，Control and Instrumentation. 21st Century Technologies.

Wu W W，Lee Y T. 2007. Developing global managers' competencies using the fuzzy DEMATEL method[J]. Expert Systems with Applications，32（2）：499-507.

Yoo S，Harman M，Tonella P，et al. 2009. Clustering test cases to achieve effective and scalable prioritisation incorporating expert knowledge[C]//Rothermel G. Proceedings of the Eighteenth International Symposium on Software Testing and Analysis. NewYork：ACM Press：201-212.

附　录　1

制造企业数字化成熟度评价研究调查

尊敬的业界朋友：

您好！

首先感谢您在百忙之中抽出时间填写这份问卷。本问卷专注调研制造企业数字化发展现状，并将制造企业数字化划分为战略、运营技术、文化组织能力以及生态圈四大维度共 13 个细分类别。

基于本问卷的分析将只用于学术研究，绝不涉及商业用途，并承诺只会对所有问卷结果进行综合统计分析，不会具体分析或泄露任何个别企业问卷填写情况。本人也很乐意与您分享最终的调查结果。

由于问卷篇幅较长，烦请您抽出一定时间耐心填写。本问卷如无提示说明则均为单选题。请不要随意作答，如有确实无法回答的问题可以考虑跳过。同时本问卷不强制要求每个人回答整份问卷，只需回答与自己岗位相关的、熟悉的领域的相关问题即可，力求问卷答案真实有效。

（一）问卷填写人基本情况

1. 您目前在公司的职位：[单选题] *

○普通员工
○主管（储备主管）
○部门经理或副经理（储备经理）
○业务总监（分公司经理）
○公司总经理或副总经理
○董事长
○其他 ________________

2. 您截至目前最高学历为：[单选题] *

○小学及以下
○初中
○高中
○大专
○本科
○硕士
○博士

3. 您目前所在公司名称：[填空题] *

____

4. 您目前所在公司所属地：[单选题] *

○安徽	○北京	○重庆	○福建	○甘肃	○广东	○广西	○贵州
○海南	○河北	○黑龙江	○河南	○香港	○湖北	○湖南	○江苏
○江西	○吉林	○辽宁	○澳门	○内蒙古	○宁夏	○青海	○山东
○上海	○山西	○陕西	○四川	○台湾	○天津	○新疆	○西藏
○云南	○浙江	○国外					

（二）企业基本情况

5. 贵公司所属行业：[单选题] *

○材料 钢铁、贵金属、建材、基本金属	○电力设备 电工电网、发电设备	○机械装备 工程机械、重型机械、航天军工、工业机械、能源设备
○航空航天 航空、航天器及设备制造	○化工 精细化工、石油化工、化纤、橡胶、塑料	○农林造纸 包装、造纸
○汽车整车制造	○汽车零部件	○制药 化学制剂药、生物制品、中药、保健品、原料药
○医疗器械	○快消 食品、酒类、软饮料、日用品、办公用品	○服装鞋业 纺织服装、鞋业
○家用家居 家具、金属厨具、陶瓷洁具等	○消费电子 手机、平板电脑、智能电视；空调、冰箱、洗衣机；安防设备；通信设备等	○电子元器件 电池、电容、电阻等
○半导体 分立器件、集成电路等	○其他，请说明：________	

6. 贵公司主要生产产品：[填空题] *

____

填空，可列出 1~3 种主要产品

7. 贵公司年收入规模：[单选题] *

○0~100 万元
○100 万~500 万元
○500 万~1000 万元
○1000 万~5000 万元
○5000 万~1 亿元
○1 亿~10 亿元
○10 亿~50 亿元
○50 亿元及以上

8. 贵公司员工人数：[单选题] *

○少于 50 人
○50~150 人
○150~500 人
○500~1000 人
○1000~5000 人
○5000 人及以上

9. 贵公司企业性质为[单选题] *

○国有
○民营
○外资
○中外合资
○其他________________

（三）企业数字化建设具体情况

说明：限于篇幅，本处将仅用第 10 题和第 11 题作为示例来展示问卷第三部分的真实结构，第 11 题以后的指标问题仅罗列题干，对指标问题的重要性测量问题的记录予以省略。

10. 贵公司的数字化战略/举措在多大程度上可以融入企业战略中？[单选题] *

○0 分：没有专门的数字化战略或者有一些数字化举措，但这些举措并不能构成统一的数字化战略也不能对企业战略起到帮助
○1 分：数字化举措可以统一成数字化战略，但没有融入企业战略

续表

○2 分：数字化举措可以统一成数字化战略，但仅有少部分可以融入企业战略
○3 分：数字化举措可以统一成数字化战略，但数字化战略并不连贯，并且还有部分未融入企业战略中去
○4 分：数字化举措可以形成连贯统一的数字化战略，并且可以完全融入企业战略中去

11. 考虑到上一问题所涵盖的领域，以及该领域做得好与差会对公司造成的影响，您认为该问题对贵公司数字化建设的重要程度是多少？[单选题] *

很不重要	○0	○1	○2	○3	○4	很重要

12. 数字化在贵公司战略规划流程中扮演何种角色/占据怎样的地位？[单选题] *

13. 您如何看待数字化对于贵公司所属行业/产业链及贵公司业务模式的冲击？[单选题] *

14. 您如何描述贵公司数字化举措的质量？[单选题] *

15. 贵公司数字化战略的时间跨度是怎样的？[单选题] *

16. 贵公司数字化战略/举措是否跟公司现状、经营水平相符合？[单选题] *

17. 贵公司制定数字化战略时多大程度上考虑以成本为导向？[单选题] *

18. 贵公司制定数字化战略时多大程度上考虑了是否满足客户核心需求？[单选题]*

19. 贵公司制定数字化战略时是否有考虑运用数字化手段增加一些额外增值服务，进行一些业务模式上的改变？[单选题] *

20. CAD [单选题] *

21. CAE [单选题] *

22. CAM [单选题] *

23. CAPP [单选题] *

24. 3D 打印技术[单选题] *

25. 产品仿真测试（基于虚拟仪器的虚拟测试技术）[单选题] *

26. 虚拟测试技术（基于虚拟现实的虚拟测试技术）[单选题] *

27. AI 分析提高研发效率[单选题] *

28. AI 分析提高组织运行效率[单选题] *

29. 个性化定制平台[单选题] *

30. 产品模块化[单选题] *

31. 先进支出报告&自动化采购洞见[单选题] *

32. 品类战略端到端平台 Category strategy workflow portal[单选题] *

33. 数字化成本结构分析[单选题] *

34. 业务协作门户 Business collaboration portals [单选题] *

35. 供应商深度透视 Supplier qualification and selection：supplier x-ray [单选题] *

36. 电子化采购活动：电子化 RFX、电子目录、电子竞价 eSourcing events：eRFX，eCatalogs，eAuctions [单选题] *

37. 供应商协作平台 Supplier collaboration platforms [单选题] *

38. PTP（procure to pay，采购到付款）流程工作流 PTP process workflows [单选题] *

39. 自动化合规管理：供应商、合同和采购员 Automated compliance management：vendors，contracts，buyers [单选题] *

40. 供应商绩效评分卡 Supplier performance scorecards [单选题] *

41. 采购组织绩效评分卡 Procurement organizational performance scorecards [单选题] *

42. 智能能耗管理 Smart energy consumption [单选题] *

43. 生产批次柔性管理[单选题] *

44. 实时收率优化 Real-time yield optimization [单选题] *

45. 数字质量管理 Digital quality management [单选题] *

46. 先进过程控制[单选题] *

47. 统计过程控制[单选题] *

48. 人机合作 Human-robot collaboration [单选题] *

49. 可穿戴设备[单选题] *

50. 生产数字绩效管理 Manufacture digital performance management [单选题] *

51. 知识型工作自动化 Automation task of knowledge works[单选题] *

52. 虚拟现实技术[单选题] *

53. 机器柔性 Machine flexibility [单选题] *

54. 远程监控 Remote monitoring and control [单选题] *

55. 预见性维护 Predictive maintenance [单选题] *

56. 基于增强现实的 MRO Augmented reality for MRO [单选题] *

57. 动态网络配置 Dynamic network configuration [单选题] *

58. 供应链细分 Micro segmentation [单选题] *

59. 针对需求计划的预测性分析 Predictive analytics in demand planning [单选题] *

60. 先进闭环计划 Closed-loop planning [单选题] *

61. 先进利润优化 Advanced profit optimization [单选题] *

62. 仓储自动化 Automation of ware-housing [单选题] *

63. 自主智能车辆 Autonomous and smart vehicles [单选题] *

64. 人机交互 Human-machine interfaces [单选题] *

65. 智能物流计划算法 Smart logistics planning algorithms [单选题] *

66. 原位 3D 打印 In-situ 3D printing [单选题] *

67. 自动根因分析 Automated root cause analyses [单选题] *

68. 供应链端数字化绩效管理 Supply chain digital performance management [单选题]*

69. 可靠在线订单跟踪 Reliable on-line order monitoring [单选题] *

70. 实时计划重排 Real-time re-planning [单选题] *

71. 非接触式订单流程 No-touch order processing [单选题] *

72. 端到端/多级互联 End-to-end/ multi-tier connectivity [单选题] *

73. 供应链云 Supply chain cloud [单选题] *

74. 客户细分与定位[单选题] *

75. 自动化定价与优化[单选题] *

76. 数字化多渠道策略[单选题] *

77. 市场行情分析[单选题] *

78. 社交媒体互动[单选题] *

79. 数字化精准营销[单选题] *

80. 增强现实技术[单选题] *

81. 贵公司在采取数字化举措所承担风险方面的接受程度如何？[单选题] *

82. 贵公司是否有一套架构、流程和系统进行产品的“测试并学习”，以促进公司快速推出新产品，从而支持公司的数字化市场、销售和服务？[单选题] *

83. 您如何描述贵公司数字化组织内决策制定的速度以及关键数字化举措的执行速度？[单选题] *

84. 贵公司对于数字化研发、采购、制造、供应链、营销等流程中相关的角色与职责是否已明确定义？[单选题] *

85. 是否存在一个清晰的数据所有权结构？[单选题] *

86. 贵公司的数字化人才（如确定的数字化业务负责人或者那些投入大量时间推动数字化的人）有多少在加入本公司之前就有数字化经验的？[单选题] *

87. 贵公司数字化的负责人在公司属于什么管理层级/资历水平？[单选题] *

88. 你如何描绘贵公司执行领导团队在制定投资决策时对于数字化相关趋势的了解？[单选题] *

89. 贵公司在招聘时对于具有数字化技能或者责任的人如何看待？[单选题] *

90. 贵公司是如何有效建立、跟踪并改进与数字化举措相关的 KPI 的？[单选题]*

91. 贵公司的高管（如 C-等级和他们的直接报告上司）能说出多少主要的数字化 KPI？注：C-等级指 CEO\CFO\CTO\CIO[①]等[单选题] *

---

① CFO 即 chief financial officer，首席财务官；CTO 即 chief technology officer，首席技术官；CIO 即 chief information officer，首席信息官。

92. 对于与数字化 KPI 相关的公司绩效，贵公司有没有一个强大的问责制度？[单选题] *

93. 你如何描述贵公司执行领导团队为优先治理数字化举措而制定的流程？[单选题] *

94. 你如何描述贵公司数字化举措的透明度和一致性水平？[单选题] *

95. 贵公司如何有效地理解和遵守与数字化相关的法律法规（如隐私权、数据获取权）？[单选题] *

96. 贵公司的数字化举措在投资决策过程中有多重要？[单选题] *

97. 贵公司如何衡量由数字化投资带来的投资回报率？[单选题] *

98. 贵公司对于数字化预算是怎样分配的？[单选题] *

99. 贵公司对于来自不同客户的数据源进行整合的水平如何？[单选题] *

100. 分析方法应用的广度和深度如何？[单选题] *

101. 您的公司如何利用您收集的数据（如基于态度和行为细分客户的数据）来产生有关数字化能力和绩效的洞见（如可预测客户行为的模型）？[单选题] *

102. 对于使用数字化能力作为工具促进生产自动化流程实现自动化转型，贵公司做得如何？[单选题] *

103. 贵公司是否使用数字化技术管理员工绩效和能力？[单选题] *

104. 贵公司是如何有效使用数字化工具来共享、协调和简化工作的？[单选题] *

105. 贵公司的 IT 架构和平台是否支持公司实施核心的数字化举措？[单选题] *

106. 贵公司是如何有效地管理和投资公司数字化 IT 基础架构的？[单选题] *

107. 贵公司的 IT 基础设施在同行业中处于什么水平？[单选题] *

108. 贵公司的应用开发和维护能力在同行业中处于什么水平？[单选题] *

109. 您怎样描述在开展数字化举措的过程中，贵公司发生的内部合作？[单选题] *

110. 贵公司在多大程度上拥有促进高绩效文化的愿景和责任制度？[单选题] *

111. 对于数字化能力的构建，贵公司是否会根据自身所缺乏的资源、能力去积极获取外部资源或寻求合作？[单选题] *

非常感谢您的参与！祝您身体健康，事业顺利！

附 录 2

制造企业数字化对企业产品转型能力的影响研究调查问卷

尊敬的业界朋友：

您好！

首先感谢您在百忙之中抽出时间填写这份问卷。本问卷专注调研制造业企业数字化对企业产品转型能力的影响。基于本问卷的分析将只用于学术研究，绝不涉及商业用途，并承诺只会对所有问卷结果进行综合统计分析，不会具体分析或泄露任何个别企业问卷填写情况。本人也很乐意与您分享最终的调查结果。

（一）问卷填写人基本情况

1. 您的性别：[单选题] *

○男	○女

2. 您的年龄段：[单选题] *

○18 岁以下	○18~25 岁	○26~30 岁	○31~40 岁	○41~50 岁	○51~60 岁	○60 岁以上

3. 您目前在公司的职位：[单选题] *

○普通员工
○主管（储备主管）
○部门经理或副经理（储备经理）
○业务总监（分公司经理）
○公司总经理或副总经理
○董事长
○其他 ________________

4. 您截至目前最高学历为：[单选题] *

○小学及以下
○初中
○高中
○大专
○本科
○硕士
○博士

（二）企业基本情况

5. 您所在公司名称：[填空题] *

____

6. 贵公司所属行业：[单选题] *

○材料 钢铁、贵金属、建材、基本金属	○电力设备 电工电网、发电设备	○机械装备 工程机械、重型机械、航天军工、工业机械、能源设备
○航空航天 航空、航天器及设备制造	○化工 精细化工、石油化工、化纤、橡胶、塑料	○农林造纸 包装、造纸
○汽车整车制造	○汽车零部件	○制药 化学制剂药、生物制品、中药、保健品、原料药
○医疗器械	○快消 食品、酒类、软饮料、日用品、办公用品	○服装鞋业 纺织服装、鞋业
○家用家居 家具、金属厨具、陶瓷洁具等	○消费电子 手机、平板电脑、智能电视；空调、冰箱、洗衣机；安防设备；通信设备等	○电子元器件 电池、电容、电阻等
○半导体 分立器件、集成电路等	○其他，请说明： ________________	

7. 贵公司年收入规模：[单选题] *

○0~100 万元
○100 万~500 万元
○500 万~1000 万元
○1000 万~5000 万元
○5000 万~1 亿元
○1 亿~10 亿元

续表

○10 亿~50 亿元
○50 亿元及以上

8. 贵公司企业性质为 [单选题] *

○国有
○民营
○外资
○中外合资
○其他________________ 为便于分析，港澳台企业视为外资

（三）企业数字化水平

9. 与业务战略关联度：贵公司的数字化战略/举措可以很好地融入企业战略中 [单选题] *

○非常不同意	○2	○3	○4	○非常同意

10. 以长期数字化战略为导向：贵公司分别有短期（小于 1 年）、中期（1~3 年）以及长期（3~5 年）的数字化举措 [单选题] *

○非常不同意	○2	○3	○4	○非常同意

11. 以实现客户价值为中心：贵公司通过调研、评估深入了解了客户核心需求后制定数字化战略，是由当下和预期的客户需求驱动的，不仅仅与短期绩效相关，在数字化战略中清晰指出了用数字化方式满足客户核心需求的路径 [单选题] *

○非常不同意	○2	○3	○4	○非常同意

12. 数字化研发：贵公司借助计算机辅助设计（CAD、CAE、CAM、CAPP）、虚拟测试等数字化技术缩短了研发周期并提升了产品模块化的能力 [单选题] *

○非常不同意	○2	○3	○4	○非常同意

13. 数字化采购：贵公司拥有电子化采购平台、供应商协作平台、供应商洞见监控、自动化合规管理等数字化工具支持公司的采购活动 [单选题] *

○非常不同意	○2	○3	○4	○非常同意

14. 数字化制造：贵公司拥有数字化制造平台或系统支持生产制造执行、能耗管理、质量控制，或拥有自动化较高的生产设备，实现了较高程度的人机合作 [单选题] *

○非常不同意	○2	○3	○4	○非常同意

15. 数字化供应链：贵公司拥有数字化供应链协作平台支持客户、公司与供应商的协作，或拥有先进的仓储、物流设备系统，实现了实物流的数字化、自动化 [单选题] *

○非常不同意	○2	○3	○4	○非常同意

16. 数字化营销：贵公司拥有数字化的平台用来分析市场、动态定价、掌握客户需求、处理客户关系或通过对用户画像的智能分析进行数字化精准营销 [单选题] *

○非常不同意	○2	○3	○4	○非常同意

17. 文化：贵公司拥有统一的愿景文化，敢于承担数字化活动带来的风险，拥有比较快速的决策能力和自适应学习能力 [单选题] *

○非常不同意	○2	○3	○4	○非常同意

18. 组织：贵公司对研发、采购、制造、供应链、营销等环节有清晰的数字化角色与职责定位，公司领导层对数字化趋势有敏锐意识并能做出科学决策，有足够数量的数字化人才 [单选题] *

○非常不同意	○2	○3	○4	○非常同意

19. 能力：贵公司拥有强大的数据驱动决策能力、组织流程自动化能力以及端到端的 IT 系统集成能力 [单选题] *

○非常不同意	○2	○3	○4	○非常同意

20. 内部协作：贵公司在开展数字化举措的过程中，拥有高效的内部合作能力（跨部门的团队、统一的愿景、员工间高度的信任等） [单选题] *

○非常不同意	○2	○3	○4	○非常同意

21. 外部适应力：对于数字化的构建，贵公司会根据自身所缺乏的资源、能力去积极获取外部资源或寻求合作 [单选题] *

○非常不同意	○2	○3	○4	○非常同意

（四）数字化对企业产品转型能力的影响

重要提示：影响指转型期间的影响，不考虑转型失败或成功以后的影响；产品转型指企业产品发生了跳跃式的创新，而非简单的生产工艺技术创新，如从生产轮胎转型生产汽车，甚至从生产汽车转型生产手机等。

22. 研发能力：相对于开展数字化建设前，贵公司现在进行产品转型时的研发能力显著提升 [单选题] *

○非常不同意	○2	○3	○4	○非常同意

23. 市场开拓能力：相对于开展数字化建设前，贵公司现在进行产品转型时的市场开拓能力显著提升 [单选题] *

○非常不同意	○2	○3	○4	○非常同意

24. 管理能力：相对于开展数字化建设前，贵公司现在进行产品转型时的管理能力（包括决策制定、组织管理、制度创新、人力资源管理等）显著提升 [单选题] *

○非常不同意	○2	○3	○4	○非常同意

25. 产品关键技术：相对于开展数字化建设前，贵公司现在进行产品转型时，产品关键技术掌握能力显著提升 [单选题] *

○非常不同意	○2	○3	○4	○非常同意

26. 产品品牌：相对于开展数字化建设前，贵公司现在进行产品转型时，新产品的品牌影响力显著提升 [单选题] *

○非常不同意	○2	○3	○4	○非常同意

27. 产品产量：相对于开展数字化建设前，贵公司现在进行产品转型时，新产品的产量（单位时间内的产量）显著提升 [单选题] *

○非常不同意	○2	○3	○4	○非常同意

28. 研发成本控制能力：相对于开展数字化建设前，贵公司现在进行相同程度的产品转型时，研发成本显著下降 [单选题] *

○非常不同意	○2	○3	○4	○非常同意

29. 资源更新成本控制能力：相对于开展数字化建设前，贵公司现在进行相同程度的产品转型时，为匹配新产品的研发、生产所需的资源更新成本（设备、劳动力等）显著下降 [单选题] *

○非常不同意	○2	○3	○4	○非常同意

30. 营销推广成本控制能力：相对于开展数字化建设前，贵公司现在进行相同程度的产品转型时，所需的营销成本（渠道拓展、广告、营销团队等）显著下降 [单选题] *

○非常不同意	○2	○3	○4	○非常同意

非常感谢您的参与！祝您身体健康，事业顺利！

附　录　3

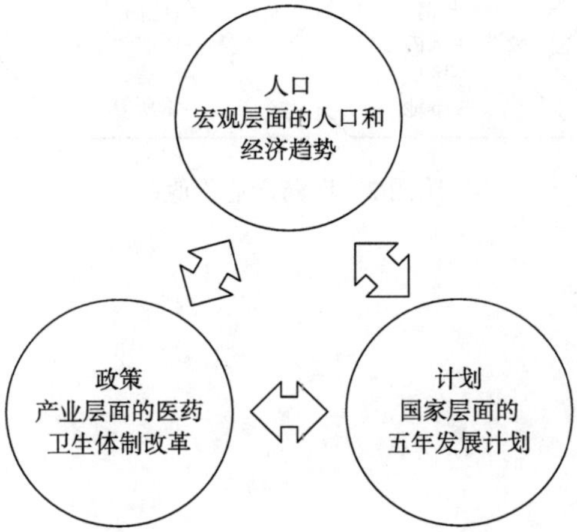

附图 1　中国医疗市场的驱动力

资料来源：麦肯锡咨询公司，“中国医疗行业：进入未知水域”，http://www.mckinsey.com/industries/healthcare-systems-and-services/our-insights/health-care-in-china-entering-uncharted-waters，于 2016 年 10 月 19 日访问

附 录 4

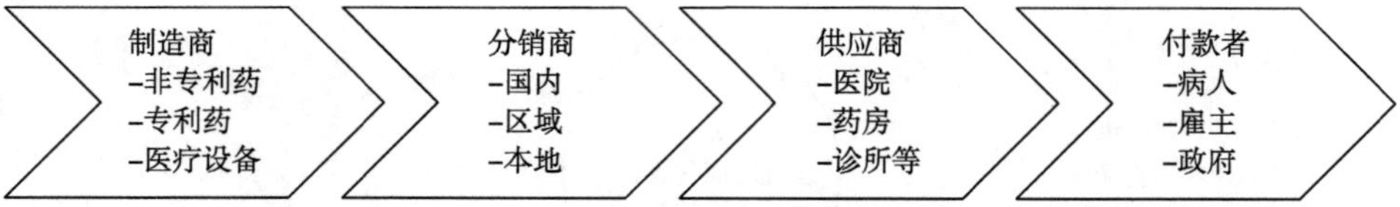

附图 2　医药产业价值链

附　录　5

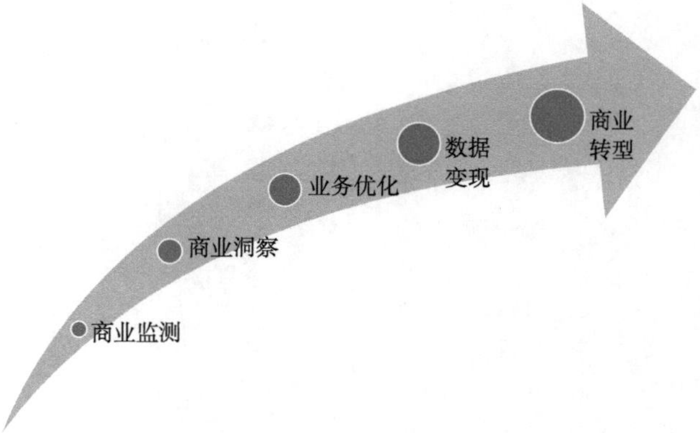

附图 3　大数据商业模式成熟指数图

资料来源：戴尔易安信，“数据湖泊：商业转型的平台”，https://www.delltechnologies.com/en-us/blog/data-lake-platform-business-transformation/，于 2016 年 11 月 8 日访问